JOHANNES PAUL II.
VERSÖHNUNG ZWISCHEN DEN WELTEN

Johannes Paul II.

Versöhnung zwischen den Welten

Im Gespräch mit den Religionen

Herausgegeben und eingeleitet
von Matthias Kopp

VERLAG NEUE STADT
MÜNCHEN · ZÜRICH · WIEN

2004, 1. Auflage

Umschlagabbildung: KNA-Bild
Satz: Neue-Stadt-Graphik
Druck: Memminger MedienCentrum, Memmingen
ISBN 3-87996-590-0

Inhalt

Vorwort

Lange bevor Samuel Huntington mit seiner These vom „Kampf der Kulturen“ (clash of civilizations) auf sich aufmerksam machte, warnte Papst Johannes Paul II. vor „Religionskriegen“. Neben dem facettenreichen Pontifikat des römischen Pontifex ist es vor allem der Dialog des Christentums mit den anderen Religionen sowie der Religionen untereinander, den Johannes Paul II. zu fördern sucht. Das hat ihm Bewunderung, aber auch Kritik eingebracht. Doch der Papst aus Polen richtet seine Politik der Verständigung und Aussöhnung nicht nach dem Applaus des Zeitgeistes; er geht seinen Weg aus Überzeugung und konsequent – nicht zuletzt ist es diese Haltung, die seine Dialogbemühungen gelingen lässt. Die Friedensgebete in Assisi sind dafür ein beredtes Zeichen.

Vor dem Hintergrund des jüngsten Assisi-Treffens 2002 fragen wir: Wo steht heute die katholische Kirche im Dialog der Religionen? „Die katholische Kirche ist unwiderruflich zum ökumenischen und interreligiösen Dialog verpflichtet.“ Dazu bekannte sich Johannes Paul II. bereits 1993 im überwiegend islamischen Sudan. Mit seinen Pilgerfahrten aus Anlass des Heiligen Jahrs 2000 wollte er – „bei aller Klarheit des Zeugnisses“ – Anstöße dafür geben, „einander [besser] kennen und schätzen zu lernen“. Nicht erst der 11. September 2001 hat ja gezeigt, wie wenig die Religionen voneinander wissen. Nach Auffassung des Papstes muss ein Dialog der Religionen notwendigerweise „vom Wert eines religiösen Engagements Zeugnis geben sowie der Sehnsucht nach einer Gesellschaft, die dem Plan Gottes besser entspricht, Ausdruck verleihen“.

Johannes Paul II. ist in seinem Bemühen, Brücken zwischen den Religionen zu bauen, vom Konzilsdekret über die nichtchristlichen Religionen geprägt. Darin heißt es, die Kirche lehne nichts von alledem ab, „was in diesen Religionen wahr und heilig ist", auch wenn manche ihrer Handlungen und Lehren „von dem abweichen, was sie [die katholische Kirche] selbst für wahr hält und lehrt, doch nicht selten einen Strahl jener Wahrheit erkennen lassen, die alle Menschen erleuchtet" („Nostra aetate", Nr. 2). Der Papst weiß sich verpflichtet, die „Saatkörner der Wahrheit" in den anderen Religionen ins Gespräch zu bringen.

Johannes Paul II. möchte die Religionen miteinander versöhnen; in ihrer Lehre dürfen sie sich nicht mehr als von Gegensätzen zueinander geprägt darstellen. Aus seinem vorsichtigen Herantasten, das sich zwischen Achtung und Akzeptanz bewegt, hat sich ein Dialog entwickelt, der heute die unumkehrbare Grundlage für ein dem Frieden dienendes Gespräch zwischen den Religionen darstellt.

Über den gemeinsamen Glaubensursprung hinaus liegt Johannes Paul II. das gemeinschaftliche Wohl aller am Herzen, und jede Religion in einem Staat hat daran mitzuwirken. Wenn so gelebte Koexistenz gelingt, ist eine entscheidende Voraussetzung gegeben, um einem „Kampf der Kulturen" entgegenzuwirken. Denn für den Papst sind die Angehörigen anderer Religionen keine Feinde. Vielmehr setzt er sich über die religiösen Grenzen hinweg dafür ein, dass die Religionen gemeinsam ihre Verantwortung für die Welt wahrnehmen. Er will die Gläubigen aller Religionen zu einem Erneuerungsprozess ermutigen, weil dadurch Misstrauen und Vorurteile überwunden werden können. Deshalb halte ich das Bemühen Johannes Paul II. um einen Dialog der Religionen für eine der nachdrücklichsten Umsetzungen des Zweiten Vatikanischen Konzils und einen entscheidenden Beitrag dieses Papstes zur Versöhnung zwischen den Welten.

Der Gestaltwerdung dieses interreligiösen Dialogs im Pontifikat Johannes Paul II. geht das vorliegende Buch nach.

Das an den Anfang gestellte Lebensbild des Papstes will dem besseren Verständnis seines Anliegens und seiner Motivation dienen. Anschließend werden die einzelnen Religionen in den Blick genommen. Zunächst geht es in zwei Kapiteln um das Verhältnis zum Judentum und zum Islam, das jeweils auch anhand von Originaltexten ausführlich dokumentiert wird. Es sind fast ausschließlich Ausschnitte aus Reden des Papstes, denen immer eine kurze Einordnung in den historischen Kontext vorangestellt ist; diese soll die Bedeutung der päpstlichen Aussagen klarer erfassen helfen.

In einem weiteren Kapitel wird das Verhältnis zu Hinduismus, Buddhismus und den Naturreligionen behandelt. Der Papst ist ja auch mit Vertretern dieser Religionen zusammengetroffen. Mit ihnen ist der Dialog allerdings längst nicht so intensiv wie mit Juden und Muslimen.

Das letzte Kapitel beleuchtet weiterführend die vom Papst angestoßenen Begegnungen von Religionsvertretern in Assisi. Es schließt mit den Worten, die der Papst am Ende der letzten Versammlung in Assisi 2002 sagte: „Nie wieder Gewalt! Nie wieder Krieg! Nie wieder Terrorismus! Im Namen Gottes bringe jede Religion der Welt Gerechtigkeit und Frieden, Vergebung und Leben, Liebe!"

Ziel des vorliegenden Buches ist, das Engagement eines solchen Friedenszeugnisses der Religionen, ihre theologische Suche und – wenn notwendig – politische Standortbestimmung in den Blick zu nehmen. Die dokumentierten Texte aus dem Pontifikat Johannes Paul II. stellen zwar nur eine Auswahl dar, können aber durchaus als repräsentativ angesehen werden. Die meisten Texte sind der deutschsprachigen Ausgabe des L'Osservatore Romano und der Sammlung „Der Apostolische Stuhl" entnommen; die übrigen, die noch nicht in deutscher Sprache vorliegen, wurden für dieses Buch aus dem Italienischen übersetzt (Quelle: L'Osservatore Romano).

Dem Papst für seine Worte, die er an die Religionen gerichtet hat, zu danken, steht dem Herausgeber vielleicht nicht zu. Aber ich möchte all denen danken, die mich bei der Verwirklichung dieses Projektes begleitet und so beigetragen haben zur Sensibilisierung für die anderen Religionen.

An erster Stelle möchte ich Erzbischof Michael Fitzgerald nennen. Als Präsident des Päpstlichen Rats für den interreligiösen Dialog ist er seit Jahren dem Dialog verpflichtet – nicht zuletzt in seiner Ordensgemeinschaft der „Weißen Väter". In vielen Begegnungen und Gesprächen hat er mich immer wieder teilhaben lassen an diesem Dialog, wofür ich ihm besonders herzlich danke. Danken möchte ich auch denen, die mir die Möglichkeit gegeben haben, mich in ihren Medien zu den Religionen und dem Dialogbemühen des Papstes zu äußern, vor allem dem Rheinischen Merkur mit Ressortleiter Dr. Rudolf Zewell und den Redaktionen von L'Osservatore Romano und Radio Vaticana.

Auf vielen Reisen durch den Nahen Osten, Israel und in islamische Länder sind Freundschaften entstanden, wurden Kontakte vertieft. Allen, die mich dort ermutigt haben, sage ich meinen Dank, stellvertretend für sie dem Großmufti von Damaskus, Scheich Mohammed Kuftaro, dem Großmufti von Aleppo, Scheich Ahmed Hassoun, dem Großmufti der Al-Azhar-Universität Scheich Ali Goma und dem früheren Oberrabbiner von Jerusalem, Meir Lau.

In Deutschland wurde ich in besonderer Weise von der Thomas-Morus-Akademie in Bensberg mit Dr. Wolfgang Isenberg und Elisabeth Bremekamp begleitet. Bei vielen und den unterschiedlichsten Veranstaltungen konnten wir gemeinsam unseren Beitrag zum Dialog der Religionen und dieses Papstes leisten. Ich danke dem Verband der Diözesen Deutschlands, der mir für dieses Buch die Abdruckrechte an den Papstansprachen erteilt hat. Besonderer Dank gilt dem Verlag Neue Stadt, Herrn Stefan Liesenfeld und dem ganzen Team. Ich finde es mutig, ein solches Buch in das Programm aufzunehmen; zugleich zeugt es von Weite, sich diesem spannenden und von Tag zu Tag wichtiger werdenden Thema zuzuwenden. Die Geduld des Verlags geht einher mit der Geduld meiner Frau Dr. Barbara Marnach, die mich von Anfang an bei diesem Projekt begleitet hat und – trotz viel investierter Zeit – gewähren ließ.

Ich wünsche dem Buch aufmerksame Leserinnen und Leser, die dem nachspüren, was Johannes Paul II. für das Verhältnis der katholischen Kirche zu den Religionen der Welt geleistet hat.

Köln, Neujahr und „Welttag des Friedens" 2004
Matthias Kopp

Geleitwort

von Erzbischof Michael L. Fitzgerald

Karol Wojtyla wurde am 16. Oktober 1978 zum Papst gewählt. Im April des darauf folgenden Jahres empfing er die Mitglieder und Mitarbeiter des Sekretariats für die Nichtchristen (später in Päpstlicher Rat für den interreligiösen Dialog umbenannt) in Audienz. Bei dieser Gelegenheit sagte er: „Paul VI., der dieses Sekretariat gegründet und einen großen Teil seiner Liebe, seines Interesses und seiner Inspiration den Nichtchristen gewidmet hat, weilt nicht mehr unter uns. Und vielleicht hat sich der eine oder andere von Ihnen gefragt, ob wohl auch der neue Papst in ähnlicher Weise seine Sorge und Aufmerksamkeit den nichtchristlichen Religionen zuwenden werde." Er fuhr fort, dass er der Vision des Zweiten Vatikanischen Konzils treu nachkommen werde, und versicherte: „Die Kirche und der Papst haben die nichtchristliche Welt immer vor Augen. Wir verpflichten uns aufrichtig, dass wir ihr großzügig dienen wollen."

Johannes Paul II. ist seinen Worten treu geblieben. Bei vielen Gelegenheiten kam er auf die Lehre des Konzils über das Verhältnis der Kirche zu den nichtchristlichen Religionen zu sprechen. Er kommentierte insbesondere die Erklärung „Nostra aetate". Auf die Erklärung über die Religionsfreiheit „Dignitatis humanae" berief er sich in seinem beharrlichen Eintreten für dieses so grundlegende Menschenrecht.

Die Lehre des Konzils hat er in seinen Apostolischen Schreiben weiter entfaltet. In der Enzyklika „Dominus et vivificantem" unterstreicht er die Bedeutung des Heiligen Geistes, in „Redemptoris missio" ist die Verpflichtung zum interreligiösen Dialog fest im Missionsauftrag der Kirche verankert. In Vorbereitung auf das Große Jubiläumsjahr 2000 widmete er sich in einer Reihe von Katechesen während der Generalaudienzen am Mittwoch auf allgemein verständliche Weise verschiedenen Aspekten des interreligiösen Dialogs, dem Dialog mit dem Judentum, mit dem Islam und mit Gläubigen asiatischer Religionen. Auch auf seinen apostolischen Reisen kam er in seinen Reden immer wieder auf die interreligiösen Beziehungen zu sprechen, ebenso in Ansprachen an einzelne Diplomaten wie an das Diplomatische Korps, das beim Heiligen Stuhl akkreditiert ist. So entstand eine beträchtliche Sammlung offizieller Lehräußerungen über den interreligiösen Dialog.

Paul VI. prägte den Ausspruch: „Der heutige Mensch hört lieber auf Zeugen als auf Gelehrte, und wenn er auf Gelehrte hört, dann deshalb, weil sie Zeugen sind“ („Evangelii nuntiandi“, Nr. 41). Dieses Wort lässt sich auf hervorragende Weise auf Johannes Paul II. anwenden. Er hat nicht nur von der Begegnung mit Menschen anderer Religionen gesprochen. Er hat selbst ein Beispiel dafür gegeben. Man denke nur an seine Marokko-Reise 1985, als er im Stadion von Casablanca zu muslimischen Jugendlichen sprach, oder an sein langes Verharren im Gebet beim Grabmal Mahatma Gandhis in Indien im darauf folgenden Jahr. Dann seine unvergessliche Pilgerreise ins Heilige Land: der Gebetszettel, den er in eine Spalte der Westmauer steckte, und sein Besuch des Felsendoms. 2000 reiste er nach Ägypten, um Moses zu gedenken; in der Al-Azhar-Universität in Kairo wurde er herzlich empfangen. Im Jahr darauf reiste er auf den Spuren des Paulus nicht nur nach Athen, sondern auch nach Damaskus; dort besuchte er die Omajjaden-Moschee, betete am Reliquien-Monument Johannes des Täufers und traf sich mit dem Großmufti von Syrien. Als erster Papst betrat er eine Moschee, wie er auch als erster Papst die Synagoge in Rom besucht hatte.

Von wohl noch nachhaltigerer Wirkung war seine Initiative zu den Friedensgebeten in Assisi, zu denen er nicht nur Angehörige verschiedener Kirchen und kirchlicher Gemeinschaften einlud, sondern auch Gläubige unterschiedlicher Religionen. Das gemeinsame Auftreten Johannes Paul II. mit dem Erzbischof von Canterbury, dem Vertreter des Ökumenischen Patriarchen von Konstantinopel, dem Dalai Lama, mit jüdischen, muslimischen, buddhistischen und hinduistischen Führungspersönlichkeiten, ermutigte Menschen überall in der Welt, sich dafür einzusetzen, Barrieren abzubauen. Assisi, die Stadt des „Poverello“, steht in besonderer Weise für den Geist der Versöhnung. Wiederholt hat Papst Johannes Paul II. nach Assisi eingeladen: 1993, um für den Frieden in Europa und besonders auf dem Balkan zu beten, sowie im Januar 2002, um sich nach dem Terroranschlag vom 11. September 2001 neu für den Frieden zu verpflichten. All diese Ereignisse waren Gelegenheiten, ins Gedächtnis zu rufen, wie wichtig das Gebet für den Frieden ist und welche Bedeutung die Religion in der Gesellschaft hat.

Diese Unterweisungen sind oft verstreut. Es ist daher hilfreich, nun zum ersten Mal in deutscher Sprache eine Auswahl von Schriften und Reden des Papstes in einem Band vorliegen zu haben. Matthias Kopp hat einen wertvollen Beitrag damit geleistet, verschiedene Texte gesammelt und unter ein gemeinsames Thema gestellt zu haben: Dialog mit dem Judentum, Dialog mit dem Islam, Dialog mit den Angehörigen asiatischer Religionen, Einsatz für den Frieden. Die Einführungen in die einzelnen Kapitel und kurze Erklärungen der Texte erleichtern ihre Einordnung und das Verständnis. Der Herausgeber ist bestens geeignet für diese Aufgabe, denn er hat einige Jahre bei Radio Vatikan gearbeitet und konnte auf diese Weise die Unterweisungen des Papstes aus allernächster Nähe verfolgen. Außerdem hatte er die Möglichkeit, den Papst auf mehreren Reisen zu begleiten, vor allem in islamische Länder.

Es ist zu wünschen, dass diese Sammlung den deutschen Leserinnen und Lesern – den Katholiken in erster Linie, aber auch anderen Christen oder Menschen anderer Religionen – als Ermutigung dient, gute interreligiöse Beziehungen anzustreben. Sie könnten sich hierbei die Worte Johannes Paul II. vor Augen halten, die er am Ende des ersten Gebetstages in Assisi ausgesprochen hat: „Entweder lernen wir, in Frieden und Harmonie miteinander zu gehen, oder wir werden vom Weg abgetrieben und zerstören uns selbst und die anderen." Wir sollten immer daran denken, dass die Entwicklung der Menschheit „dem Unterwegssein von Geschwistern gleicht, die einander begleiten zum transzendenten Ziel, das Gott ihnen gesetzt hat".

Rom, am 1. Januar 2004

Erzbischof Michael L. Fitzgerald
Präsident des Päpstlichen Rates
für den interreligiösen Dialog

Der Papst und die Religionen:
25 Jahre Pontifikat Johannes Paul II.

Als am 16. Oktober 1978 um 19.26 Uhr MEZ der Dekan des Kardinalskollegiums auf die Loggia der Peterskirche in Rom trat und verkündete, dass ein neuer Papst gewählt sei, horchte die Welt auf: „*Annuntio vobis gaudium magnum: Habemus papam. Eminentissimum ac Reverendissimum Dominum, Karol Sanctae Romanae Ecclesiae Cardinalem Wojtyla, qui sibi nomen imposuit Joannem Paulem II.*“ Jener polnische Kardinal Karol Wojtyla sollte als Johannes Paul II. den Vatikan, die Kirche und auch die Welt ein Stück verändern.

Ein Lebensbild Johannes Paul II.: Versuch im Fragment

Versucht man, sich dem Leben und Denken Johannes Paul II. zu nähern, um sein Verhältnis zu den Religionen zu verstehen, kommt man nicht umhin, ein facettenreiches Lebensbild des Pontifex zeichnen zu müssen – ein solches Unterfangen ist in unserem begrenzten Rahmen jedoch nicht möglich. Hier wird deshalb der Versuch unternommen, eine Skizze des Pontifikats zu entwerfen; sie bildet gleichsam die Folie, auf der die Aussagen des Papstes über die Religionen reflektiert werden.

Viele haben es bereits unternommen, das Leben dieses Papstes zusammenzufassen, doch jeder Entwurf bleibt letztlich ein Fragment. Auch das brillante Werk von Jan Ross, „Johannes Paul II. – Drama und Geheimnis“, endet zu Lebzeiten des Papstes und ist damit ein Stückwerk der Geschichte. Und das wird wohl auch in Zukunft so bleiben, wenn Johannes Paul II. einmal nicht mehr lebt. Jeder Versuch einer Würdigung, jedes Buch über ihn, wird fragmentarisch arbeiten. Selbst das Vatikanische Geheimarchiv – die vielleicht vollständigste Sammlung von Schriftstücken über den Papst – nimmt nicht jeden Kommentar eines bedeutenden Medienorgans über diesen Papst in seine Magazine auf. Auch das vorliegende Buch bietet also nur einen Ausschnitt, verbunden mit persönlicher Sympathie für ein Kirchenoberhaupt, das die Welt bewegt.

Johannes Paul II. hat einmal selbst folgende Differenzierung vorgenommen: Die Kirche ist nicht von dieser Welt und lebt doch in dieser Welt; anders gewendet: Kirche ist nicht nur in dieser Welt, sondern gehört immer auch einer anderen Dimension an. Sie ist Ferment und entscheidende Größe in dieser Gesellschaft, und sie ist weltweit, „global", katholisch, allumfassend. Diese doppelte Dimension, dieses Spannungsverhältnis prägt Johannes Paul II. in seinem religiösen Selbstverständnis, von dem her er auch sein Amt als Pontifex Maximus versteht. Diesem Auftrag ist er seit seiner ersten Segenshandlung auf der Loggia des Petersdoms bis heute treu geblieben.

Spiritualität und Weltlichkeit

Johannes Paul II. stellt dar, dass die Kirche auch heute ihren Platz in der Welt haben muss, dass sie aber ebenso der spirituellen Dimension bedarf. Denn sie kann ihre geistigen Wurzeln nicht vergessen, aus denen sie ihren Dienst an Welt und Gesellschaft vollzieht. Wo dieses geistig-geistliche Fundament gesichert ist, kann der Weltdienst realisiert werden. Die Kirche nimmt ihren Dienst an den Menschen vor Ort wahr, kann sich also einer im Weltlichen verankerten Dimension nicht entziehen. Johannes Paul II. hat das einmal deutlich erklärt, als er sich am 20. März 2000 auf dem jordanischen Flughafen in Amman mit folgenden Worten an den jungen König Abdallah II. wandte: „Ohne zu vergessen, dass ihre Sendung in erster Linie spiritueller Art ist, möchte die katholische Kirche immer mit einzelnen Nationen und Menschen guten Willens zusammenarbeiten, um die Würde des Menschen zu fördern und geltend zu machen. Sie tut dies besonders in ihren Schulen und in ihren Erziehungsprogrammen sowie durch ihre karitativen und sozialen Einrichtungen."

Die geistlichen Elemente, die das Leben des Papstes und gerade auch sein Pontifikat prägen, gehen zurück auf seine Erlebnisse als junger Priester, von denen er in dem autobiografischen Buch „Geschenk und Geheimnis" berichtet. Sie finden sich in seinen Erfahrungen als Konzilsvater, dessen Handschrift in den Dokumenten über das Priesterbild und die Religionsfreiheit unverkennbar ist. Und sie prägen ihn auch als Papst, der Gäste aus aller Welt zu seinen Frühmessen einlädt, einmal im Monat öffentlich den Rosenkranz betet, auf jeder Reise der Menschheit zeigt, dass die Eucharistiefeier Quelle und Zentrum des Glaubens ist.

Die Spiritualität Johannes Paul II. – und dies ist ihre doppelte Dimension – war immer auch weltlich, denn das Kirchenoberhaupt ist von der Idee beseelt, diese Welt mit seiner Botschaft zu durchdringen – spätestens dann wird ein frommes Herz notwendigerweise weltlich. Dieser sein Wunsch, bei den Menschen zu sein, die unermüdlichen, fast marathonhaften Audienztermine, die er durch seine Ansprachen und Gebete zu einem geistlichen Geschehen zu gestalten sucht – gerade dieser Wille prägt den Menschen Johannes Paul II. 17 Millionen Besucher haben den Pontifex in Rom bei den Generalaudienzen erlebt. Vielleicht lässt sich kaum an einem anderen Ort der Welt als auf dem Petersplatz die Schnittlinie – oder besser Schnittmenge – definieren, wo Spiritualität und Weltlichkeit zusammenkommen. War es nicht dieser Papst, der fast viel zu früh sein geistlich-politisches Amt hätte aufgeben müssen? Am 13. Mai 1981 fielen die nahezu tödlichen

Schüsse von Mehmed Ali Agca auf dem Petersplatz. Eine weltliche Katastrophe war das damals, die einen geistlichen Führer schwächen sollte. Aber der Papst ging zu Agca in die Gefängniszelle, verzieh ihm und räumte so die Schuld aus. Unwillkürlich kommen einem die vielen Schuldbekenntnisse in den Sinn, die dieses Pontifikat – oft auch im politischen Kontext – prägen.

Ein Aspekt der Weltlichkeit, der Weltzugewandtheit des Papstes ist sein gekonntes, fast spielerisches Verhältnis zu den Medien. Johannes Paul II. hat mit einem öffentlichkeitswirksamen Renommee der Kirche zu einer neuen Dimension verholfen, in dem er die Klaviatur der sozialen Kommunikationsmittel brillant zu spielen wusste. Als Medienstar des Jahres wurde er von vielen internationalen Journalisten gewürdigt. Mit Ausnahme des amerikanischen Präsidenten gibt es weltweit wohl kaum eine Person, die mehr und ausführlicher Gegenstand der Medien ist als der Papst. Hier zeigt sich nochmals seine weltzugewandte Seite: kein abgeschottetes Leben hinter den Mauern des Kirchenstaates, sondern ein offenes und vorwärts gewandtes Wirken mit Fernsehen, Hörfunk, Printmedien und Internet. Er ist ein Papst, der in Flugzeugen Pressekonferenzen gibt, gegen das zähe vatikanische Protokoll auf Journalisten zugeht und mit ihnen scherzt – ein Papst, der wie kein anderer die Medien einzusetzen weiß, um seine Botschaft in die Welt zu bringen, damit sie jeder hört und sieht.

Kirche als theologischer Faktor

Johannes Paul II. ist in seinem ganzen weltkirchlichen und politischen Wirken nicht zu verstehen ohne sein theologisches Denken und seine Grundüberzeugung als Priester dieser Kirche. Einige Andeutungen müssen genügen. Ohne Frage hat der Apostolische Stuhl einen außerordentlichen und nicht unumstrittenen Einfluss auf die Theologie der 80er und 90er Jahre genommen. Die erste von 14 Enzykliken des Papstes, „Redemptor hominis“ – Der Erlöser des Menschen –, ist wohl aus ureigener Feder des Pontifex geflossen. Johannes Paul II. ist in seinem theologischen Denken vom Konzil geprägt. Er hat aber auch einen starken Hang zur Tradition, ist durchaus zurückhaltend gegenüber den neueren Forschungen in der Theologie, argumentiert vornehmlich aus Bibelforschung und Väterkunde heraus.

Abgesehen von seiner theologischen Verankerung im Zweiten Vatikanischen Konzil und seiner Sorge vor durchgreifenden theologischen Reformen, kann man Johannes Paul II. als einen Pontifex bezeichnen, der sich in seinem Denken an der Soziallehre der Kirche ausrichtet. Diese wiederum gründet auf klaren, unumstößlichen moralisch-ethischen Prinzipien. Es ist verständlich, dass für den Papst christliche Gesellschaftslehre und Morallehre aufs Engste zusammengehören. Was die die gesellschaftliche Entwicklung betrifft, sind seine Sozialschreiben gekennzeichnet von der Suche nach einem dritten Weg, für den er zugleich werbend eintritt. Der Papst ist gleichermaßen bekannt für seine Kapitalismuskritik wie für seine Verurteilung kommunistischer Tendenzen. Die soziale Marktwirtschaft ist für ihn ein solcher dritter Weg. Dieser kommt seiner Auffassung nach auch in der Befreiungstheologie zum Tragen, die er in sich würdigt, aber es unterlässt, die Verbindung von Theologie und Politik (an sich das Markenzeichen seines Pontifikats) hier konsequent zu Ende zu denken. Johannes Paul II. kritisiert die Befreiungstheologie aufgrund ihrer kommunistisch-marxistischen Einflüsse, möchte sie aber weiterdenken und von diesem Übel befreien. Aus der Biografie des Papstes wird diese Einstellung verständlich. Kritisch sei angemerkt, dass wir uns von diesem politischen Pontifikat in manchen Momenten eine deutlichere Kritik an politischen Systemen – gerade auf dem lateinamerikanischen Kontinent – gewünscht hätten, um das katholische soziale Engagement noch konsequenter zu leben. Auf der anderen Seite muss man an die unermüdlichen Appelle des Papstes gegenüber den Vereinten Nationen erinnern, das Embargo gegen den Irak aufzuheben – und dies aus humanitärer, im christlichen Menschenbild begründeter Überzeugung.

Ein anderes Element dieses Pontifikats in theologischer Hinsicht sind die 15 Bischofssynoden und 13 nachsynodalen Schreiben. Weiter sind das neue Kirchenrecht und der Katechismus der Katholischen Kirche zu nennen. Der Papst ist für seine überraschenden Personalentscheidungen berühmt geworden. In neun Konsistorien ernannte er 232 Kardinäle. Mit Pater Carlo Maria Martini setzte er beispielsweise einen Jesuiten an die Spitze der bevölkerungsreichsten italienischen Diözese. Mit Michel Sabbah ernannte der Papst nach über 140 Jahren erstmals einen Palästinenser zum lateinischen Erzbischof von Jerusalem. Gleichzeitig gab es die umstrittenen Personalentscheidungen um Kardinal Hans-Hermann Groer und Erzbischof Wolfgang Haas sowie die Amtsenthebung Jacques Gaillots. Ein Pontifikat also, das aus Spannungen lebte und lebt.

Nicht ungenannt bleiben soll die persönliche Seite des Papstes als Metropolit der italienischen Kirchenprovinz. Es gibt kaum eine größere Stadt in Italien, die Johannes Paul II. auf seinen 144 inländischen Pastoralreisen nicht besucht hat. Rund 300 römische Pfarrgemeinden und katholische Einrichtungen der Stadt suchte er auf. Er attackierte die Mafia des Landes und bekam 1994 prompt die Antwort in Form von zwei Bombenanschlägen indirekt zu spüren. Auch das ist das Pontifikat dieses Papstes, der als Hirte seine Herde begleitet, vor politischen Äußerungen nicht zurückschreckt und vor allem Seelsorger sein will. 1.494 Taufen von Erwachsenen und Kindern, 1.581 Firmungen, das Hören von rund 300 Beichten, 77 Trauungen, 274 Krankensalbungen, 2.125 Priester- und 321 Bischofsweihen sowie 477 Heilig- und 1327 Seligsprechungen prägen das silberne Papstjubiläum Johannes Paul II. Die Jugend liegt ihm ganz besonders am Herzen. Nach dem außer der Reihe abgehaltenen Heiligen Jahr 1983/84 mit seinem großen internationalen Jugendtreffen lädt der Papst seit 1986 regelmäßig zu den Weltjugendtagen ein. In den Jugendlichen sieht das Kirchenoberhaupt die Zukunft der Kirche und die „Baumeister einer neuen Zivilisation der Liebe und Gerechtigkeit".

Kirche als universalpolitischer Faktor – oder: Ein Reisepontifikat zwischen Pastoral und Politik

Die Kirche kann in dieser Welt nur wirken, wenn sie zu den Menschen geht – Kardinal Joseph Höffner prägte den Ausspruch: Sie müsse eine „Geh-Hin"-Kirche sein, nicht eine „Warte-Ab"-Kirche. In vielfacher Weise gelingt das. Johannes Paul II. hat das Pontifikat genutzt, um mit seinen 102 Auslandsreisen die Welt – und zwar weit über die katholische Welt hinaus – für sich, ja für die Kirche und ein Interesse an ihr, zu gewinnen. „Hinaus aus dem Vatikan" ist sein Motto. Auf diese Weise möchte er den Menschen, die ihn nicht in Rom erleben können, die spirituelle Dimension vermitteln. Die viel gescholtenen Kosten solcher Reisen, gern von denen ins Feld geführt, die kaum über die Finanzierung dieser Reisen Bescheid wissen, können nicht als Argument gelten, um diesen vom Papst fast bis zur Selbstaufgabe vollzogenen Dienst an den Menschen einzustellen. Johannes Paul II. hat 129 Länder besucht; nur wenige weiße Flecken kennt seine Landkarte, wie China, Vietnam, Russland und viele Staaten der arabisch-islamischen Welt. In den bereisten Ländern suchte er 617 Orte auf und hielt 2.399 Ansprachen. Insgesamt war er 579 Tage, das sind 6,5 Prozent des gesamten Pontifikats, unterwegs und hat dabei eine Strecke von 1.160.113 Kilometern zurückgelegt, was dem 29-fachen Erdumfang oder drei Flügen zum Mond entspricht.

Mit diesem „Reisepontifikat" verbunden ist nicht nur der pastorale Auftrag, auch wenn der Papst selbst diesen stets kompromisslos in den Vordergrund gestellt hat. Die zahllosen politischen Begegnungen waren ein wesentlicher Impuls für die politische Einflussnahme und die politische Bedeutung der katholischen Kirche. Zum symbolischen „Markenzeichen" in dieser Hinsicht wurde die erste Rede des Papstes vor den Vereinten Nationen 1979: ein politisches Grundlagenprogramm, reflektiert auf dem sozial-ethischen Hintergrund der katholischen Theologie. In diese Reihe gehören auch die politisch brisante Reise in die Türkei desselben Jahres sowie die Aufenthalte in vielen islamischen Ländern, vor allem 1985 in Marokko. 890 Staatsbesuche und Empfänge im Vatikan für Politiker und Präsidenten, Putschisten und Partisanen haben gezeigt: Johannes Paul II. ist souverän – in Palästen und in Slums.

Zu erinnern ist neben diesem universalkirchlichen Faktor, der nicht ohne Einfluss auf die Politik blieb, auch an die Interventionen des Heiligen Stuhls bei den großen UNO-Konferenzen. Während Rom entgegen den Erwartungen der öffentlichen Meinung die Delegation bei der Internationalen Frauenkonferenz in Peking durch eine Frau anführen ließ, machte der Heilige Stuhl zuvor bei der Weltbevölkerungskonferenz in Kairo Druck Richtung Amerika, das Recht auf Abtreibung einzuschränken. Eine ähnlich scharfe Haltung vertraten auch islamische Staaten, so dass damals gern von der geheimen Achse islamisch-arabischer Staaten mit dem Heiligen Stuhl gesprochen wurde. Zu den strategischen Allianzen des Papstes gehört seine Entscheidung, der Basisgemeinschaft Sant'Egidio die Fortführung der Friedensgebete seit Assisi 1986 anzuvertrauen. Sant'Egidio vertritt im Auftrag des Papstes eine friedenspolitische Option, für die der Vatikan aufgrund diplomatischer Verflechtungen vielleicht nicht immer direkt und offen eintreten kann. Sant'Egidio hat viel für den Frieden in Mosambik, für die Bemühungen um Friedensverhandlungen in Algerien, die jedoch gescheitert sind, und für ein Zusammenfinden der Religionen getan! Das ist anerkennenswert und darf auch als ein Element dieses Pontifikats gelten.

Kein anderer als Papst Johannes Paul II. hat die doppelte Dimension des Kirche-Seins, nicht von dieser Welt und doch in dieser Welt, so eindrucksvoll in seinem Leben, in seinem Pontifikat, in seiner tiefsten inneren Überzeugung – das was man altmodisch und doch treffend als Mission bezeichnen kann – darzustellen verstanden. Deutlicher als jeder andere hat dieser Papst vor Augen geführt, dass Politik und Religion kaum zu trennen sind, dass es Momente gibt, in denen die Religion ihre Stimme bei den politischen Kräften erheben muss. Das ist bei den Auslandsreisen des Papstes ebenso deutlich geworden wie bei vielen anderen politischen Missionen dieses Pontifikats.

Johannes Paul II. ist geprägt durch die persönliche Erfahrung mit einem totalitären Regime. Gerade deshalb versteht er das „In-dieser-Welt-Sein der Kirche" in dem Sinn, auch von kirchlicher Seite deutliche politische Worte zu finden. Im Unterschied zu seinem Vorgänger Paul VI. verschärfte er den ostpolitischen Kurs der katholischen Kirche; gleichzeitig hat er mit allen Führern dieser Welt das Gespräch gesucht. Dabei wird dem Papst häufig unterstellt, er lasse sich von totalitären Regierungen instrumentalisieren, sei es auf seinen Reisen oder bei Empfängen mit Staatsleuten aus aller Welt. Hier haben die Kritiker bis heute nicht verstanden, dass Johannes Paul II. dadurch einen weiteren wesentlichen Aspekt seines Pontifikats wahrnimmt: den der globalen Verantwortung. Zu dieser globalen Verantwortung zählt auch das Treffen, das er in den 80er Jahren mit dem sich damals noch zum Terrorismus bekennenden Yassir Arafat gehabt hat, oder mit dem chilenischen General Pinochet oder im vergangenen Jahrzehnt mit Fidel Castro und dem iranischen Staatspräsidenten Chatami. Die Kirchengeschichte wäre ärmer ohne diese Begegnungen!

Kirche in ihrer spirituellen Dimension ist nicht von dieser Welt, aber als politische Größe muss sie ganz tief in diese Welt eintauchen. Das hat Johannes Paul II. verwirklicht: ganz bei den Menschen dieser Welt zu sein. Die katholische Kirche hat eine Verpflichtung, auch mit Diktatoren, Aggressoren und politisch Unverantwortlichen das Gespräch zu suchen, um durch diesen Einsatz für moralische Ideen und christliches Gedankengut zu werben. Wer kann das besser als die Autorität des Papstes? Bei so umstrittenen Begegnungen wie mit den Sandinisten in Nicaragua, dem Militärregime im Sudan oder der korrupten Politikerwelt auf den Philippinen versucht Johannes Paul II. den Spiel- und Handlungsraum für die Christen – oft in Minderheitensituationen befindlich – auszuloten und zu erweitern. Noch ist die Welt nicht frei von Christenverfolgungen. Auch deshalb muss die Kirche in der Welt von heute ihre politische Option wahrnehmen, um ihren Gläubigen die bestmögliche Lebensgrundlage zu sichern. Darin ist Johannes Paul II. über die Grenzen der Ökumene hinaus anerkannt. Immer mehr Konfessionen sind in jenen Ländern, wo die Christen eine Minderheit darstellen, bemüht, die staatliche und moralische Autorität dieses Papstes als ihr Sprachrohr zu nutzen. Auch hierin zeigt sich der Weltauftrag des „In-der-Welt-Seins“ der Kirche.

Der Papst als Versöhner zwischen den Religionen

Die dritte Säule heißt des päpstlichen Wirkens neben der pastoralen Arbeit und dem politischen Weltauftrag ist fraglos die Ökumene der christlichen Kirchen und der Dialog der Religionen. Auf den interreligiösen Dialog wird in den weiteren Kapiteln dieses Buches eingegangen.

Was die Ökumene betrifft, sei hier beispielhaft an eine positive Erfahrung erinnert: Bei seiner 93. Auslandsreise hielt sich der Papst am 4. und 5. Mai 2001 in Athen auf, eine Visite in einer ökumenisch aufgeheizten Stimmung. Mit den dortigen Gesprächen hat Johannes Paul II. gezeigt, wie er die katholische Kirche in der Welt von heute versteht: als Kirche, die auf die anderen Kirchen zugeht, um sich – zu deren Überraschung – mit ihnen zu versöhnen. Die Szene, die man beobachten konnte – der Athener Metropolit Christodoulos und Papst Johannes Paul II. stützen sich gegenseitig, während sie langsam den Areopag hinaufsteigen (schon Paulus hatte dort seine Schwierigkeiten, den Hellenen klar zu machen, wen er eigentlich verkünden wollte) –, hat die Menschen bewegt. Kurz zuvor hatte Christodoulos noch einmal unter dem Druck seines Heiligen Synods – der theologischen Hochburg in den orthodoxen Klöstern –, aber auch aufgrund der lauten Stimmen auf der Straße die katholische Kirche wegen ihrer Vergehen gegenüber der Orthodoxie angegriffen. Doch der Papst ließ sich dadurch nicht ins Abseits drängen, sondern tat das, was ihm schon lange ein Anliegen war: Er bat um Vergebung: „Selbstverständlich leiden wir unter der Last vergangener und gegenwärtiger Kontroversen und immer noch bestehender Missverständnisse. Aber im Geist der gegenseitigen Liebe können und müssen diese überwunden werden, denn das verlangt der Herr von uns. Es ist offenkundig, dass ein Bedürfnis nach einem befreienden Prozess zur Reinigung des Gedächtnisses besteht. Für vergangene und gegenwärtige Situationen, in denen Söhne und Töchter der katholischen Kirche durch Handlungen oder Unterlassungen gegen ihre orthodoxen Brüder und Schwestern gesündigt haben, bitten wir den Herrn um seine Vergebung." Das erneute *„Mea culpa"*, nach der Vergebungsbitte vom ersten Fastensonntag im Jahr 2000, war keine Anpassung an den Zeitgeist. Es war die vom Papst konsequent gewollte und als ein Grundpfeiler dieses Pontifikats geltende Aussöhnung zwischen den christlichen Kirchen. Mit solchen Worten geht Johannes Paul II. nicht zu weit; bewusst hat er in voller Kenntnis der Geschichte und mit dem inneren Willen zur „Reinigung des Gedächtnisses" diesen Prozess der gegenseitigen Vergebung in Gang gesetzt. Dieser Prozess zeigt, wie sehr die Kirche im Jetzt, im Hier und Heute steht und sich mit ihrer Realität – einer geschichtlichen Erblast – auseinandersetzt. Das ist gleichsam der „innerkirchliche Prozess“ von „Gerechtigkeit und Frieden“. Dieser ist dem Papst nicht weniger ein Anliegen als der entsprechende „außerkirchliche“ Prozess, den er unermüdlich anmahnt.

Auf bleibende Fragen antworten – oder: Johannes Paul II. und die Welt nach dem 11. September

Die Kirche hat eine Verpflichtung, die in ihrer Tradition und damit auch im Zweiten Vatikanischen Konzil verwurzelt ist, das sich dieser Papst in langjähriger Reflexion zu Eigen gemacht hat. In der Pastoralkonstitution „Gaudium et spes“ heißt es: „Zur Erfüllung dieses ihres Auftrags obliegt der Kirche allzeit die Pflicht, nach den Zeichen der Zeit zu forschen und sie im Licht des Evangeliums zu deuten. So kann sie dann in einer jeweils einer Generation angemessenen Weise auf die bleibenden Fragen der Menschen nach dem Sinn des gegenwärtigen und des zukünftigen Lebens und nach dem Verhältnis beider zueinander Antwort geben. Es gilt also, die Welt, in der wir leben, ihre Erwartungen, Bestrebungen und ihren oft dramatischen Charakter zu erfassen und zu verstehen“ („Gaudium et spes“, Nr. 4). Hier liegt die Motivation dieses Pontifikats: die Zeichen der Zeit erkennen und sie für die gegenwärtige (also diesseitige) Phase des Lebens fruchtbar machen ebenso wie für die künftige (also jenseitige) Phase des Lebens – und so die transzendente beziehungsweise spirituelle Dimension des Lebens der Kirche ausschöpfen. In diesen wenigen Worten des Konzilsdokuments wird das gesamte Wirken Johannes Paul II. unmissverständlich deutlich. Um die Tiefe und Tragfähigkeit eines solchen Textes zu erfassen, braucht es nicht immer neue Erklärungen und Dokumente. Die Geschichte der Kirche zeigt, dass es vielmehr an der Zeit ist, das Vorhandene neu zu lesen. Und weil Johannes Paul II. in seinen Predigten und Ansprachen unermüdlich auf das Konzil zurückgreift, ist er der beste Vorreiter für diese so dringend notwendige Relecture in der katholischen Kirche.

Als die Welt vielleicht dachte, auf alle Fragen der Menschheit eine Antwort zu haben, wurde sie zutiefst erschüttert – und ist es bis auf den heutigen Tag. Der 11. September 2001 hat die Welt nicht nur verändert, er hat eine stets gleiche Frage plötzlich neu aufbrechen lassen: Und jetzt?

Am Tag nach den Terroranschlägen in New York hat sich ein kleines – von den Medien der Welt kaum wahrgenommenes Zeichen – ereignet, das deutlich machte, wie weit der Dialog zwischen den Religionen bereits gediehen ist: Gemeinsam verurteilten der Päpstliche Rat für den interreligiösen Dialog und das interreligiöse Dialog-Komitee der obersten Lehrinstanz des sunnitischen Islam, die Al-Azhar-Universität in Kairo, die Terroranschläge: „Solche Gewaltakte führen nicht zum Frieden in der Welt." Die religiösen Führer seien aufgerufen, auch weiterhin zu lehren, dass „Gerechtigkeit und gegenseitiger Respekt die wahre Grundlage für den Frieden ist".

Unweigerlich kommt man bei einer Bewertung des Pontifikats und der gegenwärtigen Bemühungen des Heiligen Stuhls wieder auf das Gespräch der Religionen zurück. Die Reise des Papstes nach Kasachstan und Armenien (22.-27.9.2001) kann daher als eine Zusammenfassung der bisherigen Bestrebungen gesehen werden, Christentum und Islam im Gespräch zu halten. Mit bekannten Worten verurteilte Johannes Paul II. jede Form von Gewaltanwendung und warb erneut für eine positive Auseinandersetzung mit dem Islam. In der kasachischen Hauptstadt Astana lautete sein Appell: „Wir dürfen nicht zulassen, dass das, was geschehen ist, zu einer Vertiefung der Spaltungen führt. Religion darf niemals als Grund für einen Konflikt missbraucht werden. Von diesem Ort aus lade ich Christen und Muslime ein, ein intensives Gebet an den einen, allmächtigen Gott zu richten, dessen Kinder wir alle sind, damit das hohe Gut des Friedens in der Welt regieren möge." Und er wiederholte, was dieses Pontifikat prägt: „Die katholische Kirche hat hohen Respekt vor dem authentischen Islam, dem Islam, der betet und mit den Armen solidarisch ist ... Nach den jüngsten Verirrungen müssen alle Gläubigen zusammenstehen. Hass, Fanatismus und Terrorismus entweihen den Namen Gottes und entstellen das echte Bild des Menschen."

Das interreligiöse Treffen in Assisi am 24. Januar 2002 hat eine weitere Bemühung dieses Papstes gezeigt: sein Selbstverständnis einer Friedensbotschaft und sein Wunsch, die Religionen an einen Tisch zu bringen. In guter Absicht – zugleich vom Zweifel begleitet, ob die Basis damit erreicht wird –, wurde in Assisi das Friedenspotential der Religionen gewürdigt. Aufgrund dieses Potentials ist jede Religion verpflichtet, sich für den Frieden in Politik und Gesellschaft einzusetzen. Wenn auf diese Weise Koexistenz gelingt, ist eine entscheidende Voraussetzung geschaffen, um einem Zusammenprall der Kulturen (Huntington) entgegenzuwirken. Mit jeder Reise hat der Papst versucht, für die Gemeinsamkeiten der Glaubenspraxis und die Verantwortung in der Welt einzutreten. Es geht ihm dabei um die Verteidigung von Werten und ethischen Maßstäben sowie den Einsatz für Frieden und Religionsfreiheit, um durch einen Erneuerungsprozess Feindschaften, Misstrauen und Missverständnisse zu überwinden. Vielleicht ist sein Bemühen gegenüber dem Islam eine der deutlichsten Konkretisierungen dessen, was das Konzil gefordert hat.

Ausblick: Weltverantwortung

Was bleibt? Der Papst hat der Welt in 25 Jahren gezeigt: Er versteht sein Pontifikat als konsequenten Auftrag. Eine der letzten Aussöhnungsgesten seit dem Ende des Kirchenstaats war die Rede Johannes Paul II. vor dem italienischen Parlament. Die Kirche, dieser Papst, der Heilige Stuhl, müssen Weltverantwortung wahrnehmen. Das mag manchmal einem „Gang nach Canossa" gleichkommen – zumindest meinten das einige italienische Tageszeitungen –, als Johannes Paul II. im Herbst 2002 vor den Abgeordneten seine Rede hielt – durch häufigen Applaus unterbrochen und mit stehenden Ovationen gefeiert: Themen waren die hohe Arbeitslosigkeit in Italien, die neuen Formen der Armut und Ausgrenzung, die überfüllten Gefängnisse – allein der Vorstoß des Papstes zu einer Art Generalamnestie hat zu einer heftigen innenpolitischen Debatte in Italien beigetragen. Es waren klare Worte, die Regierungschef Silvio Berlusconi höchstens mit Kopfnicken zur Kenntnis nahm.

Die Kirche will Sauerteig sein und muss ihre Stimme erheben. Johannes Paul II. verkörpert diese Kirche als Wirklichkeit, die jenseits dieser Welt und zugleich in dieser Welt ist. Er hat vieles bewegt. Wenn dieser Hirte einmal seinen Hirtenstab aus der Hand legt, wird die Welt merken, was sie an ihm gehabt hat – und zwar über die katholische Kirche hinaus.

Johannes Paul II. macht klar: Die katholische Kirche ist ein „global player". Trotz ihres radikalen Akzeptanzverlustes in der deutschen Öffentlichkeit ist offensichtlich: Rom denkt in weltweiten Dimensionen, nicht nur mit Blick auf die deutsche Situation. Das meint auch Matthias Dobrinski in einem Kommentar der Süddeutschen Zeitung vom 24. Juli 2001: „Der Weltligaspieler Johannes Paul II. hat dem Weltligaspieler George W. Bush, dem starken Mann des G-8-Gipfels, die Leviten gelesen. Die katholische Kirche sei besorgt über die soziale Ungerechtigkeit des Globalisierungsprozesses, so der Papst, und mahnte Entwicklungsmöglichkeiten für arme Länder an, Schuldenerlasse, eine offene Einwanderungspolitik, den Schutz des menschlichen Lebens. Es war fast wie nach einer Papstwahl, wo dem neuen Machthaber ein rasch verglühendes Wergbündel vors Gesicht gehalten wird: Asche wird sein, worauf du heute baust. Nun lässt sich Papst Johannes Paul II. schlecht als Globalisierungsgegner bezeichnen, ist er doch, salopp gesagt, selber Chef einer globalen Institution, nicht nur irgendeiner, sondern der ältesten der Welt. Gerade das macht den Appell so stark, weil er zeigt: Der globale Markt mit seinen Vorteilen und Chancen, Risiken und Ungerechtigkeiten braucht ein globales Gegenüber, ein weltweites humanitäres, soziales und religiöses Gewissen. Man kann der katholischen Kirche manchen Machtmissbrauch ihrer weltweiten Macht vorwerfen – aber es gibt kaum jemanden, der die Idee der globalen sozialen Verantwortung des Kapitals so konsequent vertritt wie dieser Papst." Auch die jüngste Entwicklung zeigt diese Verantwortung des Heiligen Stuhls. Anlässlich seines 75. Geburtstags hat im Herbst 2002 Kardinalstaatssekretär Angelo Sodano erklärt, man müsse verstärkt über eine volle Mitgliedschaft des Heiligen Stuhls bei den Vereinten Nationen nachdenken. Erst kurz zuvor hatte sich der scheidende UNO-Botschafter des Heiligen Stuhls, Erzbischof Renato Martino, für die Vollmitgliedschaft des Heiligen Stuhls ausgesprochen. Dafür sei es jetzt an der Zeit, so Martino.

Als am 16. Oktober 1978 zur Mittagszeit weißer Rauch aus dem Schornstein der Sixtinischen Kapelle aufstieg, sollte ein neues Stück Weltgeschichte beginnen. Einige Stunden später zeigte sich der Neugewählte auf der Loggia der Peterskirche. Seine Worte, die über den ellipsenförmigen berninischen Petersplatz zu hören waren, hallten noch lange nach – bis heute. „Habt keine Angst! Öffnet, ja reißt die Tore weit auf für Christus. Öffnet die Grenzen der Staaten, die wirtschaftlichen und politischen Systeme für seine rettende Macht!“ Johannes Paul II. ist ein zutiefst religiöser Mensch mit einem geschickt eingesetzten, sich der Macht bewussten politischen Kalkül im Regierungsstil. Ein Stil – seit 1978 – der neuen, ja persönlichen Art mit einer unmittelbaren Sprache. „Habt keine Angst!“ In diesen drei Worten lässt sich das Leben dieses Papstes zusammenfassen.

Ihr seid unsere älteren Brüder:

Der Papst und das Judentum

Verhältnisbestimmung Pontifikat – Judentum

Die Leistung Papst Johannes Paul II. hinsichtlich einer Aussöhnung zwischen katholischer Kirche und Judentum ist kaum ohne eine detaillierte Kenntnis der zahlreichen historischen Probleme dieses Verhältnisses zu verstehen. Diese Schwierigkeiten können hier nur angedeutet werden. Doch die ausgewählten Texte sprechen für sich und zeigen die kontinuierliche Weiterentwicklung des Versöhnungsgedankens Johannes Paul II.: Dieser fand in der Vergebungsbitte vom ersten Fastensonntag 2000 und der anschließenden historischen Heilig-Land-Reise mit dem Besuch der Holocaust-Gedenkstätte Yad Vashem ihren unüberbietbaren Höhepunkt.

Das belastete Verhältnis zwischen katholischer Kirche und Judentum hat die Geschichte über Jahrhunderte gewissermaßen als Hypothek geprägt. Im 20. Jahrhundert wurde diese Problematik in einer Audienz Pius X. für Theodor Herzl deutlich. 1904 betonte der Papst gegenüber dem intensivsten Verfechter eines eigenen jüdischen Staates, dass man zwar die Juden nicht hindern könne, nach Jerusalem zu gehen; aber es sei unmöglich, diesen Schritt zu akzeptieren: „Der Boden Jerusalems … ist geheiligt durch das Leben Jesu Christi.“ Der UN-Teilungsplan 1947 stieß später auf Zustimmung des Heiligen Stuhls, da er eine Internationalisierung Jerusalems vorsah, womit die Garantie zum Schutz der heiligen Stätten verbunden war, die Rom in besonderer Weise einforderte. Noch vor der Staatsgründung Israels richtete der Heilige Stuhl am 11. Februar 1948 eine „Apostolische Delegatur“ in Ost-Jerusalem ein, die die diplomatische Interessenvertretung des Papstes in Palästina darstellen sollte. Angesichts der ersten palästinensischen Fluchtwelle im israelisch-arabischen Krieg 1948/49 eröffnete der Vatikan am 1. Juni 1949 die „Päpstliche Mission für Palästina“, die von Seiten der katholischen Kirche die Versorgung der Flüchtlinge sichern sollte.

Die Beziehungen Roms zum neuen Staat Israel auf politischer Ebene entwickelten sich – wie gegenüber dem Judentum auf theologischer Ebene – nur langsam. Eine Annäherung zeigte sich beispielsweise in der Teilnahme einer israelischen Delegation an den Begräbnisfeierlichkeiten für Pius XII. und später auch für Johannes XXIII. Der Roncalli-Papst hatte auf dem Konzil ein eigenes Dokument zur Judenfrage angestoßen, das sich in einer historisch mittlerweile gut aufgearbeiteten Entstehungsgeschichte rasant und schleppend zugleich zur Konzilserklärung über die nichtchristlichen Religionen, „Nostra aetate“, entwickelte. Maßgeblich daran beteiligt war Papst Paul VI., der während des Konzils vom 4. bis 6. Januar 1964 Jordanien und Israel besuchte. Die Hypothek der Geschichte versuchte dieser Papst in seinen beiden Adressen an den israelischen Staatspräsidenten Zalman Shazar zu bewältigen, indem er zunächst den rein spirituellen Grund seiner Reise betonte: „Eure Exzellenz wissen und Gott ist Unser Zeuge, dass Wir bei diesem Besuch durch keine anderen Motive geleitet werden als durch rein spirituelle. Wir kommen als Pilger, um die heiligen Stätten zu verehren. Wir kommen, um zu beten.“ Vor seinem Abschied unterstrich der Papst noch einmal die Verdienste seines Vorgängers Pius XII.: „Gleichwohl hat man … das Andenken dieses großen Papstes mit Verdächtigungen und sogar mit Anschuldigungen beflecken wollen. Wir sind froh, dass Wir Gelegenheit haben, an diesem Tag und an dieser Stelle versichern zu können: Nichts ist ungerechter als dieser Angriff auf ein so ehrwürdiges Andenken.“ Dieser Versuch, der Reise einen ganz unpolitischen Charakter zu geben, sich aber auch nicht von der

Öffentlichkeit Israels zurechtweisen zu lassen, war gewagt, verfehlte aber seinen Erfolg in der Wahrnehmung durch die Öffentlichkeit nicht. Spätestens seit dieser ersten Auslandsreise eines Kirchenoberhaupts wurde das Verhalten des Heiligen Stuhls gegenüber dem jüdischen Volk aufmerksamer als zuvor verfolgt.

Nach dem Sechs-Tage-Krieg von 1967 verstärkte der Heilige Stuhl seine politischen Interventionen, insbesondere zugunsten der Palästinaflüchtlinge, aber auch aus Sorge um eine Verhinderung der Internationalisierung Jerusalems. Dies war jedoch keine Einschränkung für katholische und jüdische Theologenkommissionen, verstärkt auch eine intellektuell-theologische Annäherung zu suchen. Auf politischer Ebene wurden diese Bemühungen vom Besuch der israelischen Ministerpräsidentin Golda Meir bei Papst Paul VI. am 15. Januar 1973 flankiert. Das persönliche Schicksal der Familie Meirs, das sie dem Papst schilderte, muss diesen nachhaltig bewegt haben, denn in der Folgezeit legte er immer intensiveren Wert auf die theologische Auseinandersetzung und damit auch auf die Annäherung an das Judentum. Am 22. Oktober 1974 richtete er die Päpstliche Kommission für die religiösen Beziehungen zu den Juden ein, die heute eine Abteilung des Päpstlichen Rats zur Förderung der Einheit der Christen ist. Die Angliederung der Kommission an das Ökumene-Dikasterium im Vatikan spiegelt die sensible Nähe des Christentums als Geschwister der jüdischen Religion wider, was später Johannes Paul II. auch konkret so benennen sollte.

Wichtige Impulse für den Dialog erfolgten in dieser Kommission bereits wenige Monate später mit dem Dokument „Richtlinien und Hinweise für die Durchführung der Konzilserklärung ‚Nostra aetate' ". Die Annäherung an die jüdische Gemeinschaft unterstrich Paul VI. bei einer Begegnung der Mitglieder des Internationalen Verbindungskomitees zwischen der katholischen Kirche und dem Judentum am 10. Januar 1975. Sicherlich war der Dialog noch nicht so weit, konkrete Handlungsmaßnahmen bekannt zu geben, wohl aber ging es dem Papst um eine Erinnerung an die christlichen und jüdischen Denker des Mittelalters, die zum Erbe beider Religionen beigetragen haben. Erinnert sei auch an das sichtbarste Zeichen der Annäherung, als mit der Neufassung des Missale Romanum vom 26. März 1970 die über viele Jahrhunderte gültige Karfreitagsfürbitte für die Juden wesentlich geändert wurde. Jetzt lautet sie: „Lasst uns auch beten für die Juden, zu denen Gott, unser Herr, zuerst gesprochen hat: Er bewahre sie in der Treue zu seinem Bund und in der Liebe zu seinem Namen, damit sie das Ziel erreichen, zu dem sein Ratschluss sie führen will."

Was unter Paul VI. im Licht des Konzils zunächst zaghaft, dann immer deutlicher reflektiert wurde, setzte Papst Johannes Paul II. von Beginn seines Pontifikats an zügig um. Bereits in seiner ersten Enzyklika „Redemptor hominis" vom 4. März 1979 ist eine Passage dem Dialog der Religionen allgemein gewidmet. Darin heißt es unter anderem: „Was die Religion betrifft, handelt es sich in der Hauptsache um die Religion als universales Phänomen, das von Anfang an mit der Geschichte des Menschen verbunden ist ... Zu Recht sahen die Kirchenväter in den verschiedenen Religionen gleichsam auch Reflexe einer einzigen Wahrheit als ‚Keime des Wortes', die bezeugen, dass das tiefste Streben des menschlichen Geistes, wenn auch auf verschiedenen Wegen, so doch in eine einzige Richtung ausgerichtet ist ... Das Konzil hat eine besondere Aufmerksamkeit der jüdischen Religion gewidmet. Es hat die Christen und Juden an das große gemeinsame geistige Erbe erinnert" (Nr. 11).

Die Rede des Papstes vor den Vereinten Nationen am 2. Oktober 1979 machte die politische Option für den Nahen Osten deutlich, die nicht unabhängig von der Annäherung an die jüdische Religion gesehen werden kann. Johannes Paul II. sprach zum ersten Mal in der Geschichte der Kirche vom „Staat Israel" und forderte zugleich eine „gerechte Lösung des Problems der Palästinenser". Die Theologenkommissionen erhielten neuen Elan, und kontinuierlich besuchte der Papst auch jüdische Gemeinden während seiner Reisen.

In der theologisch-politischen Reflexion des Apostolischen Schreibens „Redemptionis anno“ vom 20. April 1984 stellte Johannes Paul II. noch einmal die religiös und politisch begründeten Forderungen zum Schutz der heiligen Stätten im Nahen Osten dar. Jerusalem bezeichnete er dabei als „Erbe der ganzen Menschheit“. Die theologischen Annäherungen und die intensiven Begegnungen mit jüdischen Vertretern, vor allem aber die persönlichen Freundschaften des Papstes aus der polnischen Zeit führten am 13. August 1986 zum eigentlichen Durchbruch der Annäherung, als er die Synagoge in Rom besuchte und die Juden als „unsere älteren Brüder“ würdigte. Nie so deutlich in der Geschichte wie bei dieser Begegnung hat der Papst die Schrecken des Holocausts aus Sicht der katholischen Kirche als „Genozid“ bezeichnet.

In der Folgezeit war es aber auch für Johannes Paul II. nicht einfach. Nach einer Privataudienz für UN-Generalsekretär Kurt Waldheim am 25. Juni 1987 sah sich der Papst internationaler jüdischer Kritik ausgesetzt. In einem Brief an die Bischofskonferenz der USA vom 8. August 1987 reagierte Johannes Paul II. darauf, indem er einerseits die aktuellen persönlichen Bemühungen um den Dialog mit dem Judentum darstellte, andererseits indirekt Stellung zur Kritik an jener Privataudienz nahm. Massive Verstimmung in der israelischen Regierung erzeugte der Papst mit der Ernennung des Palästinensers Michel Sabbah am 11. Dezember 1987 zum Lateinischen Patriarchen von Jerusalem. Sabbah nahm sehr bald die Haltung eines Patriarchen ein, der auch politische Forderungen stellte. Die palästinensische Bevölkerung dankte dem Papst die Personalentscheidung. In der Folge reiste PLO-Präsident Yassir Arafat häufiger in den Vatikan als zuvor. Die politische Führung Israels und zahlreiche jüdische Denker kritisierten offen die vermeintliche Parteinahme für die Palästinenser.

Was die theologische Diskussion in den vatikanischen Dikasterien betrifft, gab es unter dem Pontifikat Johannes Paul II. immer wieder neue Impulse. So veröffentlichte der Päpstliche Rat „Gerechtigkeit und Frieden" am 3. November 1988 das Dokument „Die Kirche und der Rassismus. Für eine brüderliche Gemeinschaft". Darin wird auch auf das hebräische Volk und die Zeit des Nationalsozialismus eingegangen: „Unter den Äußerungen systematischen Rassenmisstrauens muss ausdrücklich der Antisemitismus noch einmal erwähnt werden. Obwohl tragischste Form der rassistischen Ideologie in unserem Jahrhundert mit dem ganzen Schrecken des ‚Holocaust', ist der Antisemitismus unseligerweise immer noch nicht gänzlich verschwunden."

Neben den theologischen Debatten nutzte Johannes Paul II. weitere Mittel, um dem Dialog zwischen der katholischen Kirche und dem Judentum Anstöße zu geben. In seinem Apostolischen Schreiben zum 50. Jahrestag des Beginns des Zweiten Weltkriegs vom 27. August 1989 forderte der Papst ein prozesshaftes Nachdenken über die Vergangenheit: „Aus Anlass dieses schmerzvollen Jahrestags richte ich mich noch einmal an alle Menschen. Ich lade sie ein, ihre Vorurteile zu überwinden und gegen alle Formen des Rassismus anzukämpfen, indem man bereit ist, in jedem Menschen die fundamentale Würde und das Gute in ihm anzuerkennen sowie sich immer mehr dessen bewusst zu werden, dass alle zu einer einzigen Menschheitsfamilie gehören, die von Gott gewollt und zusammengeführt worden ist. Ich möchte hier mit Nachdruck wiederholen, dass die Feindschaft oder der Hass gegen das Judentum im vollkommenen Gegensatz zu der christlichen Sicht von der Würde des Menschen stehen."

Bei einer der vielen Begegnungen im Vatikan traf Johannes Paul II. am 16. März 1990 mit einer Delegation des „American Jewish Committee" zusammen und würdigte die Konzilserklärung „Nostra aetate": Jetzt, 25 Jahre nach Veröffentlichung des Dokuments, sei die Zeit gekommen, „um eine systematische

Studie über die Lehren des Konzils zu dieser Frage anzustellen".

Natürlich gab es in der theologischen Diskussion und Annäherung auch Krisen. Gerade dann griff der Papst gern persönlich in die Probleme ein; mit deutlichen Aussagen konnte er nicht nur beeindrucken, sondern häufig auch festgefahrene Debatten neu beleben. Ein Beispiel dafür ist die Audienz für eine Delegation des Britischen Rates für Juden und Christen am 16. November 1990, bei der Johannes Paul II. erneut den Antisemitismus als „eine Sünde gegen Gott und die Menschheit" bezeichnete. In Brasilia betonte er ein Jahr später, dass „Nostra aetate" auf „eine radikale Wandlung der Beziehungen zwischen Christen und Juden" hindeute. Mit der Approbation des Katechismus der Katholischen Kirche am 25. Juni 1992, dem 30. Jahrestag der Eröffnung des Zweiten Vatikanischen Konzils, werden diese Bemühungen ebenfalls unterstrichen: In vielen Punkten geht der Katechismus auf das jüdische Volk ein und gründet die christliche Glaubenslehre auf der jüdischen, so zum Beispiel in der Darstellung über die Einheit von Erstem und Neuem Testament und der Beziehungshaftigkeit Jesu und Israels. Ein Jahr später, am 23. April 1993, veröffentlichte die Päpstliche Bibelkommission das Dokument „Die Interpretation der Bibel in der Kirche". Verschiedene Interpretationszugänge von katholischer Seite werden darin erörtert. Besonderes Interesse erregte das Dokument, weil es auch Zugänge über die jüdische Interpretation ermöglicht. Die jüdische Welt und die jüngsten Entdeckungen von Qumran werden genannt. Das Dokument fügt wörtlich hinzu: „Die Interpretation der Heiligen Schrift begann in diesem Milieu." Die alten jüdischen Traditionen erlaubten es, Folgeinterpretationen wie die Septuaginta besser zu verstehen.

Eine besonders harte Probe erfuhr das katholisch-jüdische Verhältnis mit der so genannten Auschwitz-Krise. Mehrere Jahre zog sich der Konflikt hin, der zunächst unbemerkt von der Öffentlichkeit blieb. Aus historischer Perspektive soll er hier genannt werden. Polnische Karmelitinnen waren im Sommer 1984 in das alte Theater außerhalb des Lagers von Auschwitz eingezogen, um in der Kontemplation für die Opfer der Verbrechen zu beten. Ein Spendenaufruf in den Benelux-Ländern anlässlich des Papstbesuchs im Mai 1985 provozierte plötzlich das öffentliche Interesse – insbesondere der jüdischen Seite – am Karmel in Auschwitz. Proteste, auch von kirchlicher Seite, setzten ein und führten zu einem langwierigen, dem Anliegen in keiner Weise gerecht werdenden Prozess. Auschwitz sei das Realsymbol der Shoah und müsse unverändert bleiben; auch ein christliches Kloster könne nicht geduldet werden.

1987 wurde der offizielle katholisch-jüdische Dialog ausgesetzt, weil die Absprachen zwischen katholischen und jüdischen Vertretern nach einer Konferenz in Genf, bei der der Bau eines Informations- und Dokumentationszentrums beschlossen worden war, nicht eingehalten wurden. Erst als die polnische Seite Bereitschaft zeigte, den Bau zu realisieren, kamen die Gespräche wieder in Gang. Das 13. Jahrestreffen des Internationalen Verbindungskomitees zwischen der katholischen Kirche und dem Judentum vom 4. bis 6. September 1990 in Prag war dafür ein beredtes Zeichen. Den jahrelangen Konflikt legte der Papst persönlich bei, indem er in einem Brief vom 9. April 1993 an den Schwesternkonvent anordnete, den Lagerbereich von Auschwitz zu verlassen: „Dem Willen der Kirche zufolge müsst ihr nun an einen anderen Ort in Auschwitz übersiedeln.“

Nach der Kuweit-Krise 1990 und dem daraus resultierenden Golfkrieg 1991 sowie den Madrider Friedensgesprächen sah auch der Vatikan den Zeitpunkt gekommen, die eigene Nahostpolitik in eine neue Etappe zu führen. 1992 errichteten der Heilige Stuhl und der Staat Israel eine Kommission, die die „Normalisierung der Beziehungen“ einleiten sollte, das heißt mit den Vorbereitungen für die Aufnahme voller diplomatischer Beziehungen zu beginnen. Ein langer Verhandlungsmarathon führte am

30. Dezember 1993 zur Unterzeichnung des so genannten „Fundamental agreement“ (Grundlagenvertrag) und am 15. Juni 1994 zur Aufnahme diplomatischer Beziehungen.

Im Grundlagenvertrag, der die politische Basis für die spätere, auch theologisch vollzogene Aussöhnung zwischen katholischer Kirche und Judentum war, betonen die Vertragspartner in der Präambel das „Bewusstsein der einzigartigen Natur der Beziehungen zwischen der katholischen Kirche und dem jüdischen Volk und des historischen Prozesses der Versöhnung sowie des wachsenden gegenseitigen Verständnisses und der Freundschaft zwischen Katholiken und Juden“. Im zweiten Artikel des Vertrags verpflichten sich beide Seiten zu „geeigneter Zusammenarbeit im Kampf gegen alle Formen des Antisemitismus und jede Art von Rassismus und religiöser Intoleranz“. Art. 2, § 2 ergänzt, dass der Heilige Stuhl festhält an einer Verurteilung „von Hass, Verfolgung und jeder anderen Erscheinungsform des Antisemitismus, seien sie gegen das jüdische Volk oder einzelne Juden überall, zu jeder Zeit und durch jede Person gerichtet“. In der Folgezeit haben der Vatikan und der Staat Israel an diesem Grundlagenvertrag weitergearbeitet, so dass am 10. November 1997 ein Folgevertrag unterzeichnet werden konnte, der der katholischen Kirche quasi den Status einer Körperschaft öffentlichen Rechts in Israel einräumt. Noch kurz zuvor hatte sich der Papst auf der diplomatischen Ebene in den zwischen Yassir Arafat und Israels Premier Benjamin Netanjahu eskalierenden Streit eingeschaltet.

Neben den politischen Arbeiten des Papstes war es vor allem sein Anliegen, den theologischen Dialog und die Forschung voranzubringen. In einem intensiven, bereits 1987 begonnenen und zwischenzeitlich von Krisen geprägten Prozess gelang dem Vatikan unmittelbar vor dem Heiligen Jahr 2000 die Veröffentlichung eines der wichtigsten Texte in der Aussöhnung zwischen Judentum und katholischer Kirche. Die Kommission für die religiösen Beziehungen zu den Juden konnte unter ihrem Vorsitzenden, Kardinal Edward Idris Chassidy, am 16. März 1998 das

Dokument „Wir erinnern: Eine Reflexion über die Shoah" publizieren. In einem Geleitbrief an Kardinal Chassidy schrieb Papst Johannes Paul II.: „Deshalb ermutigt sie [die Kirche] ihre Söhne und Töchter, ihre Herzen durch Reue über die Irrtümer und Treulosigkeiten der Vergangenheit zu läutern. Sie ruft sie dazu auf, in Demut vor den Herrn zu treten und sich selbst im Blick auf die Verantwortung zu prüfen, welche auch sie für die Übel unserer Zeit haben." Der Papst bezeichnete das vorbereitete Dokument als eine entscheidende Hilfe, „die Wunden der Missverständnisse und Ungerechtigkeiten in der Vergangenheit zu heilen. Möge es dem Gedenken ermöglichen, seinen notwendigen Teil zum Aufbau einer Zukunft beizutragen, in der die unsagbare Schandtat der Shoah nie wieder möglich sein wird." Das Papier selbst versucht den historischen Hintergrund des Antisemitismus darzustellen. Dabei werden die Tragödie der Shoah und die Pflicht zur Erinnerung unterstrichen. Dieses Dokument führte in der Folge zu zahlreichen Stellungnahmen auch von jüdischer Seite.

Insgesamt nutzte Johannes Paul II. die zwei Jahre vor dem Heiligen Jahr, um mit der Reflexion des Shoah-Dokuments die entsprechenden Weichen für den Höhepunkt des Aussöhnungsprozesses – in dieser Phase mehr im Hintergrund – zu stellen.

Nach vielen öffentlichen Spekulationen kündigte der Papst ein Jahr später seine historische Reise in das Heilige Land an. Am 29. Juni 1999 veröffentlichte er ein Schreiben, in dem er über die Dimension einer Pilgerreise zu den heilsgeschichtlichen Stätten der Menschheit nachdachte. In diesem Zusammenhang war die Veröffentlichung der Verkündigungsbulle des Großen Jubiläums am 29. November 1999 ein weiterer wichtiger Impuls für die Vorbereitung auf das Heilige Jahr. Die eigentliche Neuigkeit der Bulle war, dass das Jahr außer in Rom in „gleicher Würde und Bedeutung" auch im Heiligen Land gefeiert werden solle: „Möge uns das Jubiläum einen weiteren Schritt im wechselseitigen Dialog voranbringen, bis wir eines Tages alle – Juden, Christen und Muslime – miteinander in Jerusalem den Friedensgruß austauschen können." Vor allem kündigte der Papst in der Bulle jenes bereits im Apostolischen Schreiben „Tertio millennio adveniente" grundgelegte Schuldbekenntnis der Kirche an, das für die Aussöhnung mit dem Judentum besondere Relevanz haben sollte: „Als Nachfolger Petri fordere ich, dass die Kirche, gestärkt durch die Heiligkeit, die sie von ihrem Herrn empfängt, in diesem Jahr der Barmherzigkeit vor Gott niederkniet und von ihm Vergebung für die Sünden ihrer Kinder aus Vergangenheit und Gegenwart erfleht. Alle haben gesündigt, und niemand kann sich vor Gott gerecht nennen." Johannes Paul II. verwendete in der Bulle gezielt den Begriff der „Reinigung des Gedächtnisses". Wörtlich schrieb er dazu: „Es verlangt von allen einen mutigen Akt der Demut, nämlich die Verfehlungen zuzugeben, die von denen begangen wurden, die den Namen Christi trugen und tragen."

Der Höhepunkt in der Aussöhnung mit dem jüdischen Volk erfolgte für die katholische Kirche in der österlichen Bußzeit während des Jubiläumsjahres 2000. Unmittelbar vor dem ersten Fastensonntag und der historischen Vergebungsbitte der katholischen Kirche veröffentlichte die Internationale Theologische Kommission des Vatikan am 7. März 2000 das Dokument „Erinnern und Versöhnen. Die Kirche und die Verfehlungen in ihrer Vergangenheit". Das Papier ist eine wissenschaftliche Studie, die versucht, das genannte Thema theologisch zu erläutern. Sie gilt als päpstlich autorisierte Interpretationshilfe im Prozess der „Reinigung des Gedächtnisses". Sünde, Reue und Umkehr sowie Vergebung werden theologisch gedeutet und gleichzeitig in Beziehungen zum historischen Kontext kirchlichen Lebens gesetzt. Die gottesdienstliche Feier am ersten Fastensonntag, 12. März 2000, war eine Liturgie voller Symbole. Das große Schuldbekenntnis Johannes Paul II. umfasste verschiedene Bereiche, in denen die Kirche Schuld auf sich geladen hat. Eine Vergebungsbitte richtete sich insbesondere an das jüdische Volk.

Dramaturgisch perfekt inszeniert, reiste der Papst wenige Tage später in das Heilige Land. Er besuchte Jordanien, Palästina und Israel, wobei in unserem Zusammenhang der Aufenthalt in Israel von besonderem Interesse ist. Bei der Ansprache im Oberrabbinat von Jerusalem traf Johannes Paul II. mit den beiden Oberrabbinern Meir Lau und Eliyahu Bakshi-Doron zusammen. Sie begrüßten den Papst als Menschen, „der es für angebracht hielt, im Namen der katholischen Kirche Reue für die schrecklichen Taten auszudrücken, die gegen das jüdische Volk im Verlauf der letzten 2000 Jahre verübt wurden". Dabei würdigten sie die Verdienste des Papstes für die Einsetzung der Holocaust-Kommission, die das Dokument zur Shoah vorbereitet hatte. Außerdem hoben die Oberrabbiner das Verdienst des Papstes hervor, sich für das Rückkehrrecht der Juden in das Heilige Land und ihr Leben dort eingesetzt zu haben; dies sei – so die Rabbiner – besonders im Gebet für den Erfolg der israelischen Friedensbemühungen zum Ausdruck gekommen, das der Papst 1999 in Auschwitz gesprochen hatte. Während seines Besuchs beim israelischen Staatspräsidenten Ezer Weizmann würdigte auch dieser die Verdienste des Papstes: „Es steht da jene Frage im Raum, ob es die Geschichte ist, die eine Führungspersönlichkeit hervorbringt, oder ob es die Führungspersönlichkeit ist, die Geschichte schreibt. Sie, Eure Heiligkeit, werden zweifelsohne klare Zeichen in der Geschichte hinterlassen." Weizmann nutzte die Gelegenheit, vor dem Papst auf die Bedeutung Jerusalems als „der ewigen Hauptstadt Israels hinzuweisen, eines religiösen Zentrums von besonderer Bedeutung für das Judentum, das Christentum und den Islam". Der Besuch des Papstes sei ein Zeichen des Friedens, so Weizmann, und verwies auch auf den bevorstehenden Gang von Johannes Paul II. nach Yad Vashem. Johannes Paul II. sei eine Persönlichkeit, die „immer vehement gegen Rassismus und Antisemitismus aufgetreten“ sei. Diese Würdigung verkörperte der Papst persönlich bei seinem Besuch der Holocaust-Gedenkstätte von Yad Vashem und an der jüdischen Klagemauer.

Die Euphorie der Heilig-Land-Reise Papst Johannes Paul II. konnte die Ernüchterung wenige Monate später nicht überspielen, als mit dem Beginn der Al-Aksa-Intifada am 28. September 2000 eine tragische mehrjährige Welle der Gewalt den Nahen Osten heimsuchte und alle Hoffnungen auf einen dauerhaften Frieden begrub. Immer wieder wandte sich der Papst – jetzt mit deutlichen politischen Worten – an die Führer Palästinas und Israels. Einer der Höhepunkte in der politisch angespannten Lage war die Entsendung von Kurienkardinal Roger Etchegaray zu Israels Premier Ariel Sharon und anschließend zu Palästinenserpräsident Yassir Arafat im April 2002, um eine Befreiung der besetzten Geburtskirche in Betlehem zu erwirken. Tatsächlich führte die mehrtägige Mission des Kardinals zum Erfolg und zeigte einmal mehr, wie es um die Chancen des Dialogs zwischen Kirche und den jeweiligen politischen Größen stand. Allerdings musste Johannes Paul II. auch das Scheitern seines Engagements erleben, als er im Frühjahr 2003 durch eindringliche Appelle den Irak-Krieg zu verhindern suchte. Dennoch setzte das Kirchenoberhaupt immer wieder auf den Dialog und ermutigte die Theologenkommissionen, weiter nach dem gemeinsamen Erbe zu forschen.

Gerade das Jahr 2003 hat gezeigt, dass die Suche nach einem theologischen Weg des Dialogs oft eng verbunden ist mit politischen Implikationen, vor allem im Nahen Osten. Da war es in der Wahrnehmung des öffentlichen Interesses fast eine Ausnahme, als vom 3. bis 5. Dezember zum dritten Mal in der gemeinsamen Geschichte eine Delegation des israelischen Oberrabbinats mit der vatikanischen Kommission für die religiösen Beziehungen zum Judentum in Jerusalem zusammenkam. Unter dem Leitwort „Die Bedeutung der gemeinsamen Heiligen Schriften für die Gesellschaft und für die Erziehung künftiger Generationen" forderten beide Seiten ein verstärktes Eintreten für Toleranz vom Elternhaus über die Schule bis hin zur internationalen Politik. Jede Art von Gewalt gegen Unschuldige und der Antisemitismus wurden einhellig verurteilt. Religiöse Führer müssten ihre Gemeinden, Schulen und Familien zu Gerechtigkeit, Mitmenschlichkeit und Toleranz anhalten. Studium und Lehre der gemeinsamen Heiligen Schriften sollten im Dienst von Menschlichkeit, Weltfrieden und Gerechtigkeit stehen. Der entscheidende Schritt für die ganze Region sei „ein Ende der Plagen und Drangsal in dem Land, das uns über alles heilig ist". Diese Begegnung hat noch einmal gezeigt, wie sehr dem Heiligen Stuhl und speziell dem Papst daran gelegen ist, die theologische Diskussion fortzusetzen und sie – dort, wo es notwendig ist – auch mit politischen Optionen zu ergänzen.

Papst Johannes Paul II. hat das schwere historische Erbe des schwierigen Verhältnisses von katholischer Kirche und Judentum mit großem Engagement angetreten und bewältigt. Er konnte die wichtigen Vorarbeiten seiner Vorgänger weiterführen und, vor allem aufgrund seiner persönlichen Erfahrung in Polen während des Zweiten Weltkriegs und danach, einen sichtbaren Beitrag für die Aussöhnung mit dem jüdischen Volk leisten. Dieser theologisch fundierte Einsatz hat in dem 25-jährigen Pontifikat zu den genannten, teilweise spektakulären Szenen geführt.

In allem hat Johannes Paul II. demonstriert, was das Herzensanliegen seines päpstlichen Dienstes, ja seines ganzen Lebens ist: der Mensch, der zur Freiheit berufen ist und der deshalb unter dem Siegel der Religionsfreiheit leben soll. Religionsfreiheit mit Blick auf das Judentum heißt für diesen Papst Dialog. Und weil Johannes Paul II. ein politischer Pontifex ist, hat er im Lauf der vergangenen Jahre versucht, neben dem theologischen Diskurs auch politische Töne anzuschlagen und mit Blick auf den Staat Israel auch politisch motivierte Vorstellungen zu artikulieren. Das hat ihm ebenso Bewunderung wie Skepsis eingebracht und häufig auch lautstarke Kritik. Doch der Papst ist konsequent auf das Judentum zugegangen, ohne dabei Unterschiede der beiden Religionen zu relativieren. Diese Entschiedenheit hat den Papst vom Tiber bis nach Auschwitz, vom Brandenburger Tor bis nach Yad Vashem geführt. Die Aussöhnung zwischen der katholischen Kirche und dem Judentum führte der römische Pontifex am ersten Fastensonntag 2000 zu einem vorläufigen Höhepunkt und besiegelte ihn symbolisch für alle sichtbar, als er später mit demütiger Geste ein Blatt mit der Vergebungsbitte in eine Fuge der Klagemauer, dem jüdischen Heiligtum, steckte.

12. März 1979: Ansprache an Persönlichkeiten jüdischer Organisationen (Vatikan)

In seiner ersten Enzyklika „Redemptor hominis" vom 4. März 1979 hatte Papst Johannes Paul II. nicht nur die Grundzüge seines Pontifikatskurses dargelegt, sondern auch von der Notwendigkeit eines Dialogs der Religionen gesprochen. Wenige Tage später nutzte er die erste Gelegenheit dieses Dialogs mit einer Ansprache an Persönlichkeiten unterschiedlicher jüdischer Organisationen, die sich im Vatikan eingefunden hatten. Die Rede von Johannes Paul II., in der er sich vor allem auf die Konzilsaussagen in „Nostra aetate" konzentrierte, darf als Grundlage für das gesamte weitere Gespräch mit dem Judentum gelten.

Das Konzil stellte mit aller Klarheit fest, dass es „bei seiner Besinnung auf das Geheimnis der Kirche des Bandes gedenkt, wodurch das Volk des Neuen Bundes mit dem Stamme Abrahams geistlich verbunden ist" („Nostra aetate", Nr. 4). Das Konzil begriff also, dass unsere beiden Religionsgemeinschaften auf der Ebene ihrer je eigenen religiösen Identität eng und beziehungsvoll miteinander verbunden sind … Aufgrund all dessen erkennen wir mit höchster Klarheit, dass der Weg, den wir mit der jüdischen Religionsgemeinschaft weitergehen sollten, der des brüderlichen Dialogs und der fruchtbaren Zusammenarbeit ist …

Ich glaube, dass beide Seiten ihre eifrigen Bemühungen fortsetzen müssen, um die Schwierigkeiten der Vergangenheit zu überwinden sowie Gottes Liebesgebot zu erfüllen und einen wirklich fruchtbaren und brüderlichen Dialog zu fördern, der zum Wohl beider beteiligten Seiten und zu unserem besseren Dienst an der Menschheit beiträgt …

Sie sind hier hergekommen, so glaube ich, um uns beim Nachdenken über das Judentum zu helfen. Und ich bin sicher, dass wir in Ihnen und den von Ihnen vertretenen Komitees eine echte und tiefe Bereitschaft zum Verständnis des Christentums und der katholischen Kirche, so wie sie heute ist, finden, so dass wir von beiden Seiten her auf unser gemeinsames Ziel, nämlich die Überwindung jeder Art von Vorurteil und Diskriminierung, zusteuern können ...

Die katholische Kirche verwirft ... im Prinzip und in der Praxis jede Verletzung der Menschenrechte, wo immer in der Welt sie auftritt. Ich bin besonders glücklich, heute in Ihrer Gegenwart den eifrigen und wirkungsvollen Einsatz meines Vorgängers Pius XII. für das jüdische Volk in Erinnerung zu rufen. Und ich werde meinerseits fortfahren, mit Gottes Hilfe in meinem pastoralen Dienstamt in Rom – wie ich es schon als Bischof von Krakau mich zu tun bemühte – all denen Beistand zu leisten, die leiden oder in irgendeiner Weise unterdrückt werden.

Wenn ich so in die Fußstapfen vor allem Paul VI. trete, möchte ich den geistlichen Dialog unterstützen und alles, was in meiner Macht steht, für den Frieden in dem Land tun, das Ihnen wie uns heilig ist, in der Hoffnung, dass die Stadt Jerusalem als harmonischer Mittelpunkt für die Anhänger der drei großen monotheistischen Religionen, des Judentums, des Islams und des Christentums, die alle diese Stadt hoch in Ehren halten, garantiert wird.

7. Juni 1979:
Predigt bei der Eucharistiefeier im Konzentrationslager Birkenau (Polen)

Eine der ersten Auslandsreisen führte Papst Johannes Paul II. in seine polnische Heimat. Am 7. Juni besuchte er das Konzentrationslager Auschwitz. Anschließend feierte er im rund drei Kilometer ent-

fernt liegenden Lagerteil Birkenau die Eucharistie. Der Altar war an jener Rampe aufgebaut, über die rund vier Millionen Menschen in den Tod geschickt worden waren. Die Predigt ist das tiefgehende Zeugnis eines Papstes, der die Shoah niemals vergessen will.

Diese Anlage wurde auf dem Fundament des Hasses und der Verachtung des Menschen errichtet, im Namen einer entarteten Ideologie. Sie wurde auf Grausamkeit gebaut. Zu ihr führt ein heute noch vorhandenes Tor mit der zynischen Inschrift „Arbeit macht frei“, denn zu dieser Aussage stand die Wirklichkeit in radikalem Widerspruch …

An diesem Ort, wo die Würde des Menschen auf so schreckliche Weise mit Füßen getreten wurde – der Sieg eines Menschen durch Glaube und Liebe! Kann sich eigentlich noch jemand wundern, dass der Papst, der in diesem Land geboren und erzogen wurde, der Papst, der auf den Stuhl des heiligen Petrus aus jener Diözese kam, in deren Gebiet das Lager Auschwitz liegt, seine erste Enzyklika mit den Worten „Redemptor hominis“ begonnen hat – und dass er sie insgesamt der Sache des Menschen widmete, der Würde des Menschen, seinen Gefährdungen, schließlich seinen Rechten? Unveräußerlichen Rechten, die so leicht mit Füßen getreten und zunichte gemacht werden können – durch den Menschen! Es genügt, ihn in eine Uniform zu stecken, ihm einen Gewaltapparat und Vernichtungsmittel zur Verfügung zu stellen, es genügt, ihm eine Ideologie umzuhängen, in der die Rechte des Menschen den Erfordernissen des Systems unterworfen werden, so vollständig, dass sie faktisch nicht existieren.

Ich komme heute als Pilger hierher … und beuge mein Knie auf diesem Golgota unserer Zeit, vor diesen Gräbern, die großenteils keine Namen tragen, wie das große Grab des Unbekannten Soldaten … Ich verweile am Ende gemeinsam mit euch … vor der Tafel in hebräischer Inschrift. Sie weckt das Andenken an das Volk, dessen Söhne und Töchter zur totalen Ausrottung bestimmt waren …

Auschwitz ist eine solche Schuld. Man kann es nicht nur besuchen oder aufsuchen. Man muss sich hier mit Furcht fragen, wo liegen die Grenzen des Hasses – die Grenzen der Vernichtung des Menschen durch den Menschen –, die Grenzen der Grausamkeit. … Wenn jedoch diese große Mahnung von Auschwitz, der Schrei des hier gemarterten Menschen Frucht für Europa (und auch für die Welt) bringen soll, dann muss man alle Konsequenzen aus der Erklärung der Menschenrechte ziehen, wie Papst Johannes XXIII. in der Enzyklika „Pacem in terris" betonte …

Wir stehen an einem Ort, an dem wir von jedem Volk und von jedem Menschen als Bruder denken wollen. Und wenn in dem, was ich gesagt habe, auch Bitterkeit war … habe ich das nicht gesagt, um irgendjemanden anzuklagen. Ich habe das gesagt, um zu erinnern. Ich spreche nämlich nicht nur mit den Gedanken an diejenigen, die umkamen … ich spreche im Namen aller, deren Rechte irgendwo auf der Welt missachtet und vergewaltigt werden. Ich spreche, denn mich, uns alle verpflichtet die Wahrheit. Ich spreche, denn mich, uns alle verpflichtet die Sorge um den Menschen, und daher bitte ich alle, die mich hören, dass sie alle ihre Kräfte auf diese Sorgen um den Menschen konzentrieren.

17. November 1980: Ansprache an den Zentralrat der Juden und die Rabbinerkonferenz in Mainz

Bei seinem ersten Deutschlandbesuch traf Papst Johannes Paul II. mit dem Zentralrat der Juden und der deutschen Rabbinerkonferenz zusammen. Die Begegnung fand im Mainzer Dommuseum statt. Schon auf früheren Reisen – unter anderem in Frankreich und Brasilien – hatte der Papst dort auch die jüdischen Gemeinden besucht. Die Sensation eines Papstbesuches auf deutschem Boden war ebenso bedeutend wie das Gespräch mit der jüdischen Gemeinschaft in jenem Land, von dem die nationalsozialistische Verfolgung ausging.

Auf theologischer Ebene betonte der Papst die Begegnung zwischen dem Gottesvolk des nie gekündigten Alten Bundes und dem des Neuen Bundes.

Die konkreten brüderlichen Beziehungen zwischen Juden und Katholiken in Deutschland bekommen einen ganz besonderen Wert vor dem dunklen Hintergrund der Verfolgung und der versuchten Ausrottung des Judentums in diesem Lande.

Die unschuldigen Opfer in Deutschland und anderswo, die zerstörten oder versprengten Familien, die für immer vernichteten Kulturwerte und Kunstschätze sind ein tragischer Beweis dafür, wohin Diskriminierung und Verachtung der Menschenwürde führen können, vor allem wenn sie beseelt sind von perversen Theorien über eine angebliche Verschiedenwertigkeit der Rassen oder über die Aufteilung der Menschen in „wertvolle" und „lebenswerte" gegenüber den „wertlosen" und „lebensunwerten". Vor Gott sind alle Menschen gleich wertvoll und wichtig.

In diesem Geist haben sich auch Christen während der Verfolgung, oft unter Lebensgefahr, eingesetzt, die Leiden ihrer jüdischen Brüder zu verhindern oder zu lindern. Ihnen möchte ich in dieser Stunde Anerkennung und Dank aussprechen. Ebenso jenen, die als Christen in der Bejahung ihrer Zugehörigkeit zum Volk der Juden den Leidensweg ihrer Brüder und Schwestern bis zum Ende mitgegangen sind – wie die große Edith Stein … Erwähnen möchte ich ferner auch Franz Rosenzweig und Martin Buber, die durch ihren schöpferischen Umgang mit der jüdischen und der deutschen Sprache eine bewundernswerte Brücke für eine vertiefte Begegnung beider Kulturbereiche geschaffen haben …

Tiefe und Reichtum unseres gemeinsamen Erbes erschließen sich uns besonders in wohlwollendem Dialog und vertrauensvoller Zusammenarbeit. Ich freue mich, dass dies alles hierzulande bewusst und zielstrebig gepflegt wird. Viele öffentliche und private Initiativen im pastoralen, akademischen und sozialen Bereich dienen diesem Anliegen … Dabei geht es nicht nur um die

Berichtigung einer falschen religiösen Sicht des Judenvolkes, welche die Verkennungen und Verfolgungen im Lauf der Geschichte zum Teil mitverursachte, sondern vor allem um den Dialog zwischen den zwei Religionen, die – mit dem Islam – der Welt den Glauben an den einen, unaussprechlichen, uns ansprechenden Gott schenken durften und stellvertretend für die ganze Welt ihm dienen wollen …

Die deutschen Bischöfe widmen das Abschlusskapitel ihrer Erklärung [über das Verhältnis der Kirche zum Judentum vom 28. April 1980] den Aufgaben, die wir gemeinsam haben. Juden und Christen sind als Söhne Abrahams berufen, Segen für die Welt zu sein, indem sie sich gemeinsam für den Frieden und die Gerechtigkeit unter allen Menschen und Völkern einsetzen, und zwar in der Fülle und Tiefe, wie Gott selbst sie uns zugedacht hat, und mit der Bereitschaft zu den Opfern, die dieses hohe Ziel erfordern mag. Je mehr diese heilige Verpflichtung unsere Begegnung prägt, desto mehr gereicht sie auch uns selbst zum Segen.

Im Lichte dieser abrahamitischen Verheißung und Berufung blicke ich mit Ihnen auf das Schicksal und die Rolle Ihres Volkes unter den Völkern. Gern bete ich mit Ihnen um die Fülle des Schalom für alle Ihre Volks- und Glaubensbrüder und auch für das Land, auf das alle Juden mit besonderer Verehrung blicken … Möchten bald alle Völker in Jerusalem versöhnt und in Abraham gesegnet sein.

6. März 1982: Ansprache an Vertreter nationaler Bischofskonferenzen für die Beziehungen mit dem Judentum (Vatikan)

Eine wichtige Konferenz fand auf Einladung der vatikanischen Kommission für die religiösen Beziehungen zum Judentum zu Beginn der 80er Jahre statt. Rund 40 Vertreter nationaler Bischofskonferenzen waren nach Rom gekommen, um gemeinsam über den durch Papst Johannes Paul II. intensivierten christlich-jüdischen

Dialog zu reflektieren. In seiner Ansprache ging es dem Papst vor allem um eine „Bestandsaufnahme" des gemeinsamen Erbes.

Als vor zweitausend Jahren an dem gemeinsamen Stamm ein neuer Zweig auftauchte, waren die Beziehungen zwischen unseren beiden Gemeinschaften natürlich von dem Unverständnis und den Ressentiments gekennzeichnet, die uns bekannt sind. Und wenn es seit dem Tag der Trennung Missverständnisse, Irrtümer und sogar Beleidigungen gegeben hat, geht es jetzt darum, sie in Verständnis, Frieden und gegenseitiger Achtung zu überwinden. Die schrecklichen Verfolgungen, die die Juden in den verschiedenen Geschichtsepochen erlitten haben, haben endlich die Augen geöffnet und die Herzen aufgerüttelt. Die Christen befinden sich auf dem guten Weg, dem Weg der Gerechtigkeit und der Brüderlichkeit, wenn sie mit Achtung und Ausdauer versuchen, sich mit ihren semitischen Brüdern um das für alle so reiche gemeinsame Erbe zu sammeln. Bedarf es, vor allem für diejenigen, die noch immer skeptisch, ja sogar feindselig bleiben, der Klarstellung, dass diese Annäherung sich nicht mit einem gewissen religiösen Relativismus und noch weniger mit einem Identitätsverlust verbinden dürfe? Die Christen bekennen für ihren Teil unmissverständlich ihren Glauben an den universalen Heilscharakter des Todes und der Auferstehung Jesu Christi. Ja, die Klarheit und die Wahrung unserer christlichen Identität sind eine wesentliche Grundlage, wenn wir authentische, fruchtbare und dauerhafte Beziehungen zum jüdischen Volk anknüpfen wollen.

20. April 1984: Apostolisches Schreiben „Redemptionis anno" über die Stadt Jerusalem

Zum Ende des außerordentlichen Heiligen Jahres der Erlösung 1983/84 veröffentlichte der Papst am Karfreitag 1984 ein Schreiben über die Stadt Jerusalem, „heiliges Erbe aller Glaubenden, ersehnter Kreuzpunkt des Friedens für alle Völker des Nahen Ostens". Darin ging er neben der spirituellen Dimension Jerusalems vor allem auf die politischen Erwartungen der Gegner in Nahost ein. Das Schreiben ist eine eindrucksvolle Dokumentation des theologisch-spirituellen wie auch politischen Denkens Johannes Paul II.

Jerusalem war, noch ehe es zur Stadt Jesu, des Erlösers, wurde, der geschichtliche Ort der biblischen Offenbarung Gottes, die Stätte, an der mehr als an jedem anderen Ort sich der Dialog zwischen Gott und den Menschen vollzogen hat, gleichsam der Ort der Begegnung zwischen Erde und Himmel … Für die Juden ist Jerusalem Gegenstand lebendiger Liebe und ewiger Mahnung, reich an zahllosen Spuren und Erinnerungen seit der Zeit Davids, der sie zur Hauptstadt gewählt, und der Zeit Salomons, der dort den Tempel errichtet hat. Seit damals blicken sie, kann man sagen, jeden Tag auf Jerusalem und bezeichnen es als Symbol der Nation, ihrer Existenz und Freiheit …

Die Heilige Stadt birgt deshalb eine tiefe Aufforderung zum Frieden, die sich an die ganze Menschheit und besonders an die Verehrer des einzigen großen Gottes, des barmherzigen Vaters der Völker, richtet. Aber leider muss man feststellen, dass Jerusalem Anlass zu fortdauernder Rivalität, zu Gewalt und Ausschließlichkeitsansprüchen ist … Die ganze Menschheit und vor allem die Völker und Nationen, die in Jerusalem ihre Glaubensbrüder haben, Christen, Juden und Muslime, haben Grund, sich betroffen zu fühlen und alles nur Mögliche zu tun, um den heiligen, einzigartigen und unvergleichlichen Charakter der Stadt zu bewahren … Es ist meine Überzeugung, dass die religiöse Identität der Stadt und insbesondere die gemeinsame monotheistische Glaubensüberlieferung den Weg ebnen können, um die Eintracht zwischen allen jenen zu fördern, die in verschiedener Weise die Heilige Stadt als ihre Stadt ansehen … Für das jüdische Volk, das im Staat Israel lebt und in jenem Land so kostbare Zeugnisse seiner Geschichte und seines Glaubens bewahrt, müssen wir um die gewünschte Sicherheit und die gerechte Ruhe bitten, die das Vorrecht jedes Volkes und die Voraussetzung für Leben und Fortschritt jeder Gesellschaft sind.

6. Juli 1984: Ansprache an das Exekutivkomitee des Internationalen Rates der Christen und Juden (Vatikan)

Die von Papst Johannes Paul II. seit Beginn der 80er Jahre vertretene deutliche theologische Annäherung an das Judentum setzte er mit verschiedenen Begegnungen kontinuierlich fort. Dabei erinnerte er bei einem Treffen mit Vertretern des Internationalen Rates der Christen und Juden, dass beide Religionen ein „reiches gemeinsames geistliches Erbe" hätten. Trotz dieses Schatzes gebe es aber auch immer wieder berechtigten Anlass zur Sorge, so der Papst. Gleichzeitig ermutigte er konkret, beherzt gegen die Gefahr des Antisemitismus einzuschreiten.

Außerdem besteht die Gefahr einer stets gegebenen und manchmal wieder neu auflebenden Tendenz, Völker und Menschengruppen zu diskriminieren, wobei einige emporgehoben, andere verachtet werden. Eine Tendenz, die gelegentlich nicht vor der Gewaltanwendung zurückschreckt. Solche Tatbestände auszumachen und anzuprangern und gemeinsam Front gegen sie zu machen, ist eine edle Tat und ein Beweis für unsere gegenseitige brüderliche Verpflichtung. Man muss aber durch Erziehung, besonders durch die Erziehung zum Dialog, solchem Übel an die Wurzel gehen. Das würde freilich nicht genügen, wenn es nicht mit einem tiefen Wandel in unserem Herzen, mit einer echten geistlichen Umkehr verbunden wäre. Das bedeutet auch, dass wir immer wieder die gemeinsamen religiösen Werte beteuern und auf eine persönliche religiöse Verpflichtung in der Liebe Gottes, unseres Vaters, und in der Liebe aller Männer und Frauen hinarbeiten … Die Goldene Regel haben, das wissen wir gut, Juden und Christen gemeinsam … Das gemeinsame Studium unserer religiösen Quellen ist ebenfalls ein Punkt auf Ihrem Aktionsprogramm. Ich ermutige Sie, die wichtige Empfehlung, die das Zweite Vatikanische Konzil in der Erklärung „Nostra aetate" über „biblische und theologische Studien" gegeben hat, die die Quelle des „gegenseitigen Verständnisses und der Achtung" sind, gut anzuwenden. Solche gemeinsam unternommenen Studien, die sich grundlegend von den früheren „Disputationen" unterscheiden, haben in der Tat die wahre Kenntnis jeder Religion und auch die freudige Entdeckung des „gemeinsamen Erbes" zum Ziel, von dem ich anfangs sprach, wobei stets die Würde des anderen sorgfältig beachtet wird …

19. April 1985: Ansprache an die Teilnehmer eines Konzilskolloquiums in Rom (Vatikan)

Anlässlich eines Kolloquiums zum 20. Jahrestag der Veröffentlichung der Konzilserklärung „Nostra aetate" erinnerte Papst Johannes Paul II. an die großen Fortschritte des gemeinsamen „brüderlichen Gesprächs". Die theologische Forschung müsse fortgeführt werden, ohne die je eigene Identität der jeweiligen Religion aufzugeben, lautete die Grundaussage der von einem starken Drang zur Reflexion geprägten Ansprache. Mitte der 80er Jahre konzentrierte sich das Kirchenoberhaupt also noch weiterhin vorrangig auf den theologischen Diskurs.

Juden und Christen müssen einander besser kennen lernen. Nicht nur oberflächlich als Menschen verschiedener Religionen, die lediglich am selben Ort nebeneinander leben, sondern als Mitglieder solcher Religionen, die eng miteinander verbunden sind. Das bedeutet, dass Christen versuchen, so genau wie möglich die charakteristischen Glaubensüberzeugungen, religiösen

Praktiken und die Spiritualität der Juden kennen zu lernen, und dass umgekehrt die Juden versuchen, die Glaubensüberzeugungen, Praktiken und die Spiritualität der Christen kennen zu lernen. Das scheint der geeignete Weg zu sein, um Vorurteile zu zerstreuen. Aber auch um auf christlicher Seite die tiefen jüdischen Wurzeln des Christentums zu entdecken und auf jüdischer Seite die besondere Weise richtiger zu beurteilen und anzuerkennen, in der die Kirche seit den Tagen der Apostel das Alte Testament gelesen und das jüdische Erbe empfangen hat …

In diesem Zusammenhang bemerke ich in eurem Programm die Bezugnahme auf die Katastrophe, die das jüdische Volk vor und während des Kriegs besonders in den Todeslagern so grausam dezimierte. Ich bin mir sehr bewusst, dass das traditionelle Datum für ein derartiges Gedenken gerade jetzt gegeben ist. Gerade ein Fehlen des Glaubens an Gott und folglich der Liebe und Achtung für unsere Mitmenschen kann leicht solche Katastrophen herbei führen. Lasst uns miteinander beten, dass niemals wieder etwas derartiges geschieht und dass alles, was wir tun, um einander besser kennen zu lernen, um miteinander zusammen zu arbeiten und Zeugnis zu geben von dem einen Gott und seinem Willen, wie er in den Zehn Geboten zum Ausdruck kommt, dazu helfe, den Menschen immer noch mehr den Abgrund bewusst zu machen, in den die Menschheit stürzen kann, wenn wir andere Menschen nicht als Brüder und Schwestern, als Söhne und Töchter desselben himmlischen Vaters anerkennen. Jüdisch-christliche Beziehungen sind niemals eine akademische Übung. Im Gegenteil, sie sind Teil des echten Werkraums unserer religiösen Verpflichtungen und unserer Berufungen als Christen und als Juden …

13. April 1986: Ansprache beim Besuch der Großen Synagoge in Rom

Einen Meilenstein der Aussöhnung mit dem Judentum setzte der Papst beim ersten Besuch eines Kirchenoberhaupts überhaupt in einer Synagoge. Bereits 1981 waren der römische Oberrabbiner und Johannes Paul II. bei einem Pfarreibesuch des Papstes zusammengetroffen. In der römischen Synagoge wurde der Papst jetzt von Oberrabbiner Elio Toaff willkommen geheißen, der in den folgenden Jahren zu einem seiner Wegbegleiter werden sollte, vor allem als es um die vorsichtige Aufnahme voller diplomatischer Beziehungen mit Israel ging. Toaff bezeichnete die Synagoge am Tiber als die älteste der jüdischen Diaspora und würdigte die Verdienste Johannes XXIII. und die Bedeutung der Konzilserklärung „Nostra aetate". Für die Geschichte der Beziehungen sei diese Begegnung ein wichtiger Augenblick, so Toaff, auf „dass die unglückseligen Erfahrungen der Vergangenheit von einem fruchtbaren Dialog abgelöst werden, der uns bei aller Unterschiedlichkeit die Möglichkeit gebe, in einträchtigem Einsatz und in aufrichtiger und ehrlicher Zusammenarbeit jene allgemein gültigen Ziele zu verfolgen, die sich aus unseren gemeinsamen Wurzeln ergeben".

Der Blick auf die Jahrhunderte alten kulturellen Bedingungen könnte jedoch nicht verhindern anzuerkennen, dass die Akte der Diskriminierung, der ungerechtfertigten Einschränkung der religiösen Freiheit und der Unterdrückung auch auf der Ebene der bürgerlichen Freiheit gegenüber den Juden objektiv äußerst bedauerliche Vorfälle gewesen sind. Ja, die Kirche beklagt nochmals durch mich mit den Worten des bekannten Dekretes „Nostra aetate" „alle Hassausbrüche und Verfolgungen, alle Manifestationen des Antisemitismus …". Ein Wort tiefer Verabscheuung möchte ich noch einmal zum Ausdruck bringen für den während des letzten Krieges gegen das jüdische Volk beschlossenen Genozid, der zum Holocaust von Millionen unschuldiger Opfer geführt hat ... Auch die jüdische Gemeinde in Rom hat einen hohen Blutzoll bezahlt. Und es ist sicher eine bedeutungsvolle Geste gewesen, als sich in den dunklen Jahren der Rassenverfolgung die Pforten unserer Ordenshäuser, unserer Kirchen, des Römischen Seminars, Gebäude des Heiligen Stuhles und des Vatikanstaates selbst weit geöffnet haben, um so vielen von ihren Verfolgern gehetzten Juden in Rom Zuflucht und Rettung zu bieten. Der heutige Besuch will einen entscheidenden Beitrag leisten zur Festigung der guten Beziehungen zwischen unseren beiden Gemeinschaften; er tut dies unter dem Ansporn des Beispiels so vieler Männer und Frauen, die sich von der einen wie von der anderen Seite dafür eingesetzt haben – und dies immer noch tun –, dass die alten Vorurteile überwunden werden und man Raum gibt für eine immer vollere Anerkennung jenes „Bandes" und jenes „gemeinsamen geistigen Erbes", die zwischen Juden und Christen bestehen ...

Die jüdische Religion ist für uns nicht etwas „Äußerliches", sondern gehört in gewisser Weise zum „Inneren" unserer Religion. Zu ihr haben wir somit Beziehungen wie zu keiner anderen Religion. Ihr seid unsere bevorzugten Brüder und, so könnte man gewissermaßen sagen, unsere älteren Brüder ... Natürlich bin ich nicht deswegen zu euch gekommen, weil die Unterschiede zwischen uns schon überwunden wären. Wir wissen gut, dass es nicht so ist. Jede unserer Religionen will im vollen Bewusstsein der vielen Bande, die die eine mit der anderen verbinden, und an erster Stelle jenes „Bandes", von dem das Konzil spricht, vor allem in der eigenen Identität anerkannt und geachtet sein, ohne jeden Synkretismus und jede zweideutige Vereinnahmung. Ferner muss gesagt werden, dass der eingeschlagene Weg noch an den Anfängen steht. Deshalb bedarf es trotz der großen Anstrengungen, die von der einen oder anderen Seite schon unternommen worden sind, noch ziemlich viel, um jede – auch die subtile – Form des Vorurteils zu überwinden, um jede Ausdrucksweise entsprechend anzupassen und somit uns selbst und den anderen immer und überall das wahre Antlitz der Juden und des Judentums wie auch der Christen und des Christentums zu zeigen, und das auf allen Ebenen der Mentalität, der Lehre und der Kommunikation …

Es bleiben zwischen uns vielleicht noch Schwierigkeiten praktischer Natur, die auf der Ebene der brüderlichen Beziehungen auf ihre Überwindung warten: Sie sind die Frucht von Jahrhunderten gegenseitigen Unverständnisses oder auch verschiedener Positionen und Verhaltensweisen, die in einer so komplexen und delikaten Materie nicht leicht zu vereinbaren sind.

Niemandem entgeht, dass der anfängliche grundsätzliche Unterschied in der Zustimmung der Katholiken zur Person und zur Lehre Jesu von Nazaret besteht, der ein Sohn eures Volkes ist … Aber diese Zustimmung gehört dem Bereich des Glaubens an, das heißt der freien Zustimmung der Vernunft und des Herzens, die vom Geist geleitet werden. Sie darf niemals in dem einen oder anderen Sinn zum Gegenstand von äußerem Druck werden. Das ist der Grund dafür, warum wir bereit sind, den Dialog unter uns in Loyalität und Freundschaft zu vertiefen, indem wir die Elemente der Offenbarung, die wir als „großes geistiges Erbe“ gemeinsam haben (vgl. „Nostra aetate“, Nr. 4), als wesentliche Grundlage nehmen. Ferner muss gesagt werden, dass die Wege, die für unsere Zusammenarbeit offen stehen im Licht des vom Gesetz und von den Propheten stammenden gemeinsamen Erbes, vielfältig und bedeutend sind. Wir möchten vor allem erinnern an die Zusammenarbeit zum Wohl des Menschen, für sein Leben von der Empfängnis bis zum natürlichen Tod, zugunsten seiner Würde, seiner Freiheit, seiner Rechte, seiner Entfaltung in einer Gesellschaft, die nicht feindselig, sondern freundlich und wohlwollend ist, wo die Gerechtigkeit regiert und wo in dieser Nation, in den Kontinenten und in der Welt der Friede herrscht, der Schalom …

In einer Gesellschaft, die sich oft in Agnostizismus und Individualismus verirrt hat und die bitteren Folgen von Egoismus und Gewalttätigkeit erleidet, sind Juden und Christen Verwalter und

Zeugen einer Ethik, die von den Zehn Geboten gekennzeichnet ist, in deren Befolgung der Mensche seine Wahrheit und Freiheit findet ...

6. November 1986: Ansprache an die Teilnehmer des zweiten Internationalen theologischen Gesprächs zwischen Christen und Juden (Vatikan)

Verschiedene jüdische und katholische Einrichtungen hatten sich vom 4. bis 6. November 1986 zu einem zweiten Kolloquium in Rom eingefunden. Während einer Audienz für die Teilnehmer nutzte der Papst die Gelegenheit, auf die jüngsten Erfahrungen des Friedenstreffens von Assisi zurückzugreifen und eine Achtung der jeweils anderen religiösen Tradition einzufordern.

Theologische Überlegung ist ein Teil der angemessenen Antwort des menschlichen Verstands und gibt somit Zeugnis von unserer bewussten Annahme des Geschenks Gottes. Gleichzeitig bieten auch die anderen Humanwissenschaften, wie Geschichte, Philosophie und Kunst, ihren Beitrag zu einer organischen Vertiefung unseres Glaubens an. Das ist der Grund, weshalb sowohl die jüdischen wie die christlichen Überlieferungen stets so hohen Wert auf das religiöse Studium gelegt haben. Bei Achtung unserer jeweiligen Traditionen kann der theologische Dialog, wenn er auf ehrlicher Wertschätzung beruht, viel zur gegenseitigen Kenntnis unseres jeweiligen Glaubenserbes beitragen und uns dazu verhelfen, uns unserer Gemeinsamkeit hinsichtlich unseres Heilsverständnisses stärker bewusst zu werden.

Euer Kolloquium kann dazu beitragen, das Missverständnis des Synkretismus, die Vermischung der jeweiligen Identitäten der Gläubigen, den Schatten und Verdacht des Proselytismus zu vermeiden. Denn ihr folgt den Einsichten des Zweiten Vatikanischen Konzils, die auch das Thema der Folge-Dokumente der Kommission des Heiligen Stuhls für die religiösen Beziehungen zu den Juden bildeten.

26. November 1986:
Ansprache an die Vertreter der jüdischen Gemeinschaft in Sydney (Australien)

Mit seiner Reise auf den australischen Kontinent war es Johannes Paul II. vor allem ein Anliegen, der Welt das Wissen um eine jüdische Gemeinschaft in Australien zu vermitteln. Demnach ist der jüdisch-christliche Dialog für ihn nicht nur eine zentrale Angelegenheit in Europa oder mit dem nordamerikanischen Kontinent, sondern mit der ganzen Welt. Dabei verurteilte der Papst erneut antijüdische Äußerungen, erinnerte aber auch daran, dass es wesentliche Unterschiede zwischen beiden Religionen gebe. Gleichzeitig benannte er Handlungsoptionen für eine konkrete Umsetzung des dialogischen Bemühens.

Ich glaube, dass, obwohl die Erfahrung der Juden in Australien … nicht ohne ihr Maß an Leid, Vorurteil und Diskriminierung gewesen ist, sie doch mehr zivile und religiöse Freiheit eingeschlossen hat, als dies in vielen Ländern der Alten Welt der Fall war. Gleichzeitig ist dies jedoch noch das Jahrhundert der Shoah, des unmenschlichen und erbarmungslosen Versuchs, das europäische Judentum zu vernichten; und ich weiß, dass Australien Tausenden von Flüchtlingen und Überlebenden dieser grauenhaften Ereignisse Asyl und ein neues Zuhause gegeben hat …

Wo es um die Katholiken geht, wird es weiterhin ein ausdrücklicher und sehr wichtiger Teil meiner Mission sein, zu wiederholen und zu betonen, dass unsere Einstellung zur jüdischen Religion von größter Achtung geprägt sein muss, da ja der katholische Glaube in den ewigen Wahrheiten der hebräischen

Schriften und dem unwiderruflichen Bund mit Abraham wurzelt. In außerordentlicher Dankbarkeit bewahren wir diese selben Wahrheiten als unser jüdisches Erbe und betrachten euch als unsere Brüder und Schwestern im Herrn. Für das jüdische Volk selbst sollten die Katholiken nicht nur Achtung, sondern auch große brüderliche Liebe hegen; denn es ist sowohl die Lehre der hebräischen als auch der christlichen Bibel, dass die Juden von Gott geliebt sind, der sie auf unwiderrufliche Weise auserwählt hat. Niemals können gültige theologische Rechtfertigungen für Diskriminierungs- oder Verfolgungsakte gegen Juden gefunden werden. In der Tat müssen solche Akte als sündhaft angesehen werden. Um offen und ehrlich zu sein, müssen wir die Tatsache anerkennen, dass es im religiösen Glauben und in der Praxis immer noch augenscheinliche Unterschiede zwischen uns gibt. Der grundlegendste Unterschied liegt in unserer jeweiligen Betrachtung der Person und des Werks Jesu von Nazaret …

Schließlich sind wir gewiss einer Meinung darüber, dass es in einer säkularisierten Gesellschaft viele weit verbreitete „Werte" gibt, denen wir nicht zustimmen können. Kommunismus und Materialismus werden vor allem jungen Menschen als Antworten auf menschliche Probleme hingestellt. Ich spreche euch meine Bewunderung aus für die vielen Opfer, die ihr gebracht habt, um religiöse Schulen für eure Kinder zu schaffen, damit ihnen dabei geholfen wird, ihre Umwelt aus der Perspektive des Glaubens an Gott zu bewerten. Wie ihr wisst, haben die australischen Katholiken dasselbe getan. In einer säkularisierten Gesellschaft sind solche Institutionen aus dem einen oder anderen Grund leicht Angriffen ausgesetzt. Da Katholiken und Juden ihnen aus denselben Gründen Wert beimessen, lasst uns, wann immer möglich, zusammenarbeiten, um die religiöse Erziehung unserer Kinder sicherzustellen und zu fördern. Auf diese Weise können wir für den Herrn aller gemeinsam Zeugnis geben.

1. Mai 1987: Predigt bei der Seligsprechung von Edith Stein in Köln

Während seines zweiten Deutschlandbesuchs sprach Papst Johannes Paul II. die „Jüdin, Philosophin, Ordensfrau und Märtyrerin", wie er Edith Stein selbst nannte, selig. Dieser Meilenstein im jüdisch-katholischen Verhältnis war vorher nicht auf einhellige Zustimmung gestoßen. Umso wichtiger fand es der Papst, in seiner Predigt die jüdischen Brüder und Schwestern zu begrüßen. Edith Stein ist für das Kirchenoberhaupt die „große Tochter des jüdischen Volkes und gläubige Christin inmitten von Millionen unschuldig gemarterter Mitmenschen".

Dieses Gebet um Hilfe [Est 4,17ff], weit über zweitausend Jahre alt, legt die heutige Festliturgie der Dienerin Gottes Edith Stein in den Mund, einer Tochter Israels unseres Jahrhunderts. Es ist wieder aktuell geworden, als hier, im Herzen Europas, erneut der Plan zur Vernichtung der Juden gefasst wurde. Eine wahnsinnige Ideologie hat ihn im Namen eines unseligen Rassismus beschlossen und mit gnadenloser Konsequenz durchgeführt. Gleichzeitig zu den dramatischen Ereignissen des Zweiten Weltkriegs errichtete man eilends die Vernichtungslager und baute die Verbrennungsöfen. An diesen Schreckensorten fanden mehrere Millionen Söhne und Töchter Israels den Tod: von Kindern bis zu betagten Greisen. Der ungeheure Machtapparat des totalitären Staates hat dabei niemanden verschont und die grausamsten Maßnahmen sogar gegen jeden ergriffen, der den Mut hatte, die Juden zu verteidigen. Edith Stein ist im Vernichtungslager Auschwitz als Tochter ihres gemarterten Volkes umgekommen …

Die Kirche stellt unsere Schwester Teresia Benedicta vom Kreuz als selige Märtyrerin, als Beispiel heroischer Christusnachfolge zur Verehrung und Nachahmung vor Augen. Öffnen wir uns für ihre Botschaft an uns als Frau des Geistes und der Wissenschaft, die in der Kreuzeswissenschaft den Gipfel aller Weisheit erkannte, als große Tochter des jüdischen Volkes und gläubige Christin inmitten von Millionen unschuldig gemarterter Mitmenschen. Sie sah das Kreuz mit aller Unerbittlichkeit auf sich zukommen; sie ist in allem Schrecken nicht vor ihm geflohen, sondern hat es in christlicher Hoffnung mit letzter Liebe und Hingabe umfangen und im Geheimnis des Osterglaubens sogar begrüßt: „Ave Crux, spes unica!" …

Wenn wir uns geistig an den Ort des Martyriums dieser großen Jüdin und christlichen Märtyrerin begeben, an den Ort jenes schrecklichen Geschehens, der heute „Shoah" genannt wird, vernehmen wir zugleich die Stimme Christi, des Messias und Menschensohnes, des Herrn und Erlösers.

1. Mai 1987: Ansprache an den Zentralrat der Juden in Köln

Unmittelbar nach der Seligsprechung Edith Steins traf Papst Johannes Paul II. mit dem Zentralrat der Juden Deutschlands zusammen und würdigte das Ereignis der Seligsprechung als einen „Tag des gemeinsamen Lobpreises und Dankes an Gott". Mit der Begegnung knüpfte der Papst an das Treffen mit dem Zentralrat während der ersten Deutschlandreise 1980 an.

Möge der heutige Tag ihrer Seligsprechung für uns alle ein Tag des gemeinsamen Lobpreises und Dankes an Gott sein, der wunderbar ist in seinen Heiligen, wie er sich auch herrlich und erhaben erwiesen hat in den großen Gestalten des Volkes Israel. Zugleich wollen wir in ehrfürchtiger Stille verharren und die fürchterlichen Konsequenzen in unserem Gewissen bedenken, die sich aus der Leugnung Gottes und aus kollektivem Rassenhass immer wieder ergeben können. Dabei erinnern wir uns in brüderlicher Solidarität auch an das Martyrium vieler Völker Europas unserer Tage und bekennen uns zu einem gemeinsamen Einsatz aller Menschen guten Willens für eine erneuerte „Zivilisation der Liebe“ hier in Europa, die von den besten jüdischen und christlichen Idealen beseelt ist. Dazu gehören auch ein wachsames Auge, ein mutiges Wort und ein klares Vorbild bei allen neuen Formen von Antisemitismus, Rassismus und neuheidnischer Glaubensverfolgung. Ein solcher gemeinsamer Einsatz wäre die kostbare Gabe, die Europa der Welt auf ihrem mühsamen Weg zu Entwicklung und Gerechtigkeit anbieten könnte.

14. Juni 1987:
Ansprache an die Vertreter der jüdischen Gemeinschaft in Warschau (Polen)

Papst Johannes Paul II. begegnete Vertretern der jüdischen Gemeinschaft in Polen während seiner vierten Reise in die Heimat. Obwohl das Treffen zunächst nicht geplant war, wurde es noch kurzfristig eingeschoben. In seiner Ansprache hob der Papst hervor, dass das jüdische Volk aufgrund der tragischen Erfahrung der Shoah eine besondere Sendung als „warnende Stimme“ gegenüber der gesamten Menschheit habe.

Die Bedrohung für euch war auch eine Drohung gegen uns; sie wurde nicht im selben Ausmaß verwirklicht, weil die Zeit dazu nicht ausreichte. Sie waren es, die diese schrecklichen Opfer erlitten haben: Man könnte sagen, dass Sie es auch erleiden mussten wegen jener, die ebenso zur Ausrottung bestimmt waren. Wir glauben an die reinigende Kraft des Leidens. Je grausamer das Leiden ist, umso größer die Läuterung. Je schmerzlicher die Erfahrungen, umso größer die Hoffnung.

Heute steht das Volk Israel wohl im Mittelpunkt des Interesses aller Nationen der Welt … vor allem wegen seiner schrecklichen Erfahrung; dadurch wurden Sie zu einer lauten, warnenden Stimme für die ganze Menschheit … Mehr als irgendjemand sonst sind Sie es, die zu dieser rettenden Warnung wurden. In diesem Sinne setzen Sie eine besondere Berufung fort und erweisen sich immer noch als die Erben jener Auserwählung, der Gott treu ist. Dies ist Ihre Sendung in der Welt von heute, vor den Völkern, den Nationen, der ganzen Menschheit, der Kirche. Und in dieser Kirche fühlen alle Völker und Nationen sich mit Ihnen in dieser Sendung verbunden. Mit Sicherheit empfinden Sie die große Bedeutung Ihres Volkes und seiner Leiden, seines Holocausts, wenn Sie eine Warnung für den Einzelnen und die Nationen aussprechen wollen; in eurem Namen erhebt der Papst seine Stimme zu dieser Warnung. Der polnische Papst hat eine besondere Beziehung zu all dem, weil er gemeinsam mit euch in gewisser Weise all dies hier in seinem Land erlebt hat.

11. September 1987: Ansprache an die Vertreter der jüdischen Gemeinschaft in Miami (USA)

Bei seiner Reise in die USA ging Papst Johannes Paul II. gegenüber den Vertretern der jüdischen Gemeinschaft intensiv auf die Bedeutung der Shoah und die Bemühungen der Päpste und der Kirche gegen jede Form des Antisemitismus ein. Vor den Religionsvertretern sprach er von der „spirituellen Brüderlichkeit", die Judentum und katholische Kirche verbinde. Diese Brüderlichkeit verlange einen großen gegenseitigen Respekt in Demut und Vertrauen. Außerdem würdigte der Papst die spirituellen Schätze des jüdischen Volkes und forderte eine Fortsetzung des brüderlichen theologischen Dialogs.

Wenn sie dieses Geheimnis des Leidens des Kinder Israels und deren Zeugnis der Hoffnung, des Glaubens und der Menschlichkeit unter entmenschlichenden Gewalttätigkeiten betrachtet, erfährt die Kirche immer tiefer ihre gemeinsame Verbindung mit dem jüdischen Volk und mit dessen Erbe spiritueller Reichtümer aus Vergangenheit und Gegenwart. So ist es auch angebracht, an die starken, unmissverständlichen Bemühungen der Päpste gegen Antisemitismus und Nazismus auf dem Höhepunkt der Judenverfolgung zu erinnern … Und ich bin überzeugt, dass die Geschichte immer deutlicher und überzeugender erweisen wird, wie tief Pius XII. die Tragödie des jüdischen Volkes spürte und wie hart und wirksam er dafür arbeitete, Juden während des Zweiten Weltkriegs zu helfen …

Die furchtbare Tragödie Ihres Volkes hat viele jüdische Denker veranlasst, über den Zustand des Menschen nachzudenken, und hat sie zu scharfsinnigen Erkenntnissen geführt … Um die Bedeutung der Shoah und der auf sie bezogenen Wurzeln des Antisemitismus tiefer zu erkennen, sollten Zusammenarbeit und gemeinsame Studien von Katholiken und Juden fortgesetzt werden … Ähnlicherweise ist zu hoffen, dass gemeinsame Bildungsprogramme über unsere historischen und religiösen Beziehungen … den gegenseitigen Respekt wirklich fördern werden. Sie werden die künftigen Generationen über den Holocaust aufklären, so dass ein solcher Horror nie wieder möglich sein wird. Niemals wieder! …

Nach der tragischen Ausrottung der Shoah hat das jüdische Volk eine neue Epoche seiner Geschichte begonnen. Es hat ein Recht auf ein Heimatland, wie es jede Nation gemäß dem internationalen Recht hat. „Für das jüdische Volk, das im Staat Israel lebt und in jenem Land so kostbare Zeugnisse seiner Geschichte und seines Glaubens bewahrt, müssen wir um die gewünschte Sicherheit und die gerechte Ruhe bitten, die das Vorrecht jedes Volkes und die Voraussetzung für Leben und Fortschritt jeder Gesellschaft sind“ (Apostolisches Schreiben „Redemptionis anno“ vom 20. April 1984). Was über das Recht auf ein Heimatland gesagt wurde, gilt auch für das palästinensische Volk, aus dem viele Menschen heimatlos und Flüchtlinge sind. Während alle Betroffenen ehrlich über die Vergangenheit nachdenken müssen – Muslime nicht weniger als Juden und Christen –, ist es an der Zeit, endlich jene Lösungen zu ersinnen, die zu einem gerechten, umfassenden und dauerhaften Frieden in diesem Gebiet führen. Dafür bete ich mit großem Ernst.

24. Juni 1988: Ansprache an die Vertreter der jüdischen Gemeinschaft in Wien (Österreich)

Bei seiner Pastoralreise nach Österreich setzte Johannes Paul II. sein kontinuierliches Bemühen fort, an die Leiden und zugleich an die Aufarbeitung der Shoah zu erinnern. Er stützte sich in seinen Überlegungen auf frühere Aussagen, unterstrich aber in einer bisher kaum vernommenen Deutlichkeit, dass man die Verbrechen an den Juden nicht den Christen anlasten könne.

Vor 50 Jahren brannten in dieser Stadt die Synagogen. Tausende von Menschen wurden von hier in die Vernichtung geschickt, unzählige zur Flucht getrieben. Jene unfassbaren Schmerzen, Leiden und Tränen stehen mir vor Augen und sind in meiner Seele tief eingeprägt. In der Tat, nur wen man kennt, kann man lieben. Es freut mich, dass es bei meinem Pastoralbesuch auch zu dieser Begegnung mit Ihnen gekommen ist. Möge sie ein Zeichen gegenseitiger Hochachtung sein und dic Bcrcitschaft bekunden, sich noch besser kennen zu lernen, tief greifende Ängste abzubauen und einander Vertrauen erweckende Erfahrungen zu schenken …

Dennoch lastet auf Ihnen und auch auf uns die Erinnerung an die Shoah … Es wäre freilich ungerecht und unwahr, diese unsäglichen Verbrechen dem Christentum anzulasten. Vielmehr zeigt sich hier das grauenvolle Antlitz einer Welt ohne und sogar gegen Gott, deren Vernichtungsabsichten sich erklärtermaßen gegen das jüdische Volk richteten, aber auch gegen den Glauben derer, die in dem Juden Jesus von Nazaret den Erlöser der Welt verehren. Einzelne feierliche Proteste und Appelle ließen solche Absichten nur noch fanatischer werden …

Der Prozess der vollen Versöhnung zwischen Juden und Christen muss auf allen Ebenen der Beziehung zwischen unseren Gemeinschaften mit aller Kraft weitergeführt werden. Zusammenarbeit und gemeinsame Stunden sollen dazu dienen, die Bedeutung der Shoah tiefer zu erforschen. Aufzuspüren und möglichst zu beseitigen sind die Ursachen, die für den Antisemitismus verantwortlich sind oder noch allgemeiner zu den so genannten „Religionskriegen" führen. Nach dem Vorbild dessen, was auf dem Weg der Ökumene bisher bereits geschehen ist, vertraue ich darauf, dass es möglich sein wird, über die Rivalitäten, die Radikalisierungen und Konflikte der Vergangenheit offen miteinander zu sprechen. Wir müssen versuchen, sie auch in ihren geschichtlichen Bedingungen zu erkennen und sie durch gemeinsame Bemühungen um Frieden, um ein kohärentes Glaubenszeugnis und die Förderung der sittlichen Werte, die die Personen und Völker bestimmen sollen, zu überwinden.

9. Oktober 1988: Ansprache an die Vertreter der jüdischen Gemeinschaft in Strassburg (Frankreich)

Beim kontinuierlich fortschreitenden Dialogprozess traf Papst Johannes Paul II. während einer weiteren Frankreichreise auch mit der jüdischen Gemeinschaft in Straßburg zusammen. Hier betonte er das lange Martyrium des jüdischen Volkes: „Ihr Zeugnis ist bis zum Martyrium gegangen und hat das lange Dunkel des Unverständnisses, den entsetzlichen Abgrund der Shoah überlebt."

Ja, durch meine Worte anerkennt die katholische Kirche, in Treue zu den Erklärungen des Zweiten Vatikanischen Konzils, den Wert des religiösen Zeugnisses Ihres von Gott auserwählten Volkes … Worauf können wir unsere Hoffnung setzen, um sie mit allen zu teilen, die sich nach einer brüderlichen Tröstung, nach einer Botschaft des Lebens und nach dauerhafter und ehrlicher Solidarität sehnen? … Wir Christen müssen uns mehr und mehr der besonderen Aufgabe bewusst werden, die wir in Zusammenarbeit mit den Juden zu erfüllen haben, sind wir doch Träger eines gemeinsamen Erbes, das uns zur Förderung von Gerechtigkeit und Frieden und zum Widerstand gegen jede Diskriminierung sowie zu einem Leben nach den Geboten Gottes verpflichtet, in Treue zu seinem Wort und in der Achtung für alle Geschöpfe … Treu zur Berufung, die der Gott des Friedens und der Gerechtigkeit an uns – und mit uns an alle Völker Europas – richtet, wiederhole ich also mit Ihnen aufs Entschiedenste die Verurteilung jedes Antisemitismus und Rassismus, die mit den Grundsätzen des Christentums unvereinbar sind und für die es in den Kulturen, die sich auf das Christentum beziehen, keinerlei Rechtfertigung gibt. Aus den gleichen Gründen müssen wir alle religiösen Vorurteile ablehnen, die, historisch betrachtet, auf einen stereotypen Antisemitismus zurückgehen oder der Würde jedes Menschen widersprechen.

16. März 1990
Ansprache an die Delegation des „American Jewish Committee" (Vatikan)

25 Jahre nach der Veröffentlichung der Konzilserklärung „Nostra aetate" forderte Papst Johannes Paul II. vor einer jüdischen Delegation aus den Vereinigten Staaten ein neues Nachdenken und eine theologische Vertiefung der Aussagen des Konzils. Dabei müsse es vorrangig darum gehen, die guten Beziehungen zwischen Judentum und katholischer Kirche zu intensivieren.

Im Sinn der neuen und positiven Atmosphäre, die sich seit dem Konzil herausgebildet hat, haben die Katholiken und alle Ortskirchen die Pflicht, die Zusammenarbeit von Christen und Juden zu fördern. Als Nachfolger des heiligen Petrus bin ich auf besondere Weise um die Kirchen besorgt und daher verpflichtet, diese Ziele in aller Welt zu unterstützen ... Diese Initiative [die Arbeit der Delegation] und der ständige Informationsaustausch des Heiligen Stuhls für die religiösen Beziehungen zu den Juden spiegeln unseren gemeinsamen Wunsch nach besserem Verstehen und größerer Harmonie wider. Möge dies unseren beiden Gemeinschaften zum Nutzen gereichen und Frieden und Gerechtigkeit in der Welt fördern, insbesondere im Land der Väter und in Jerusalem, in jenem Land und in jener Stadt, die Millionen von Gläubigen – Juden, Christen und Muslimen – heilig sind.

6. Dezember 1990:
Ansprache an die Mitglieder des Internationalen Verbindungskomitees zwischen der katholischen Kirche und dem Judentum (Vatikan)

Den endgültigen Abschluss in der Auschwitz-Krise bildete eine Konferenz von Mitgliedern des Internationalen Verbindungskomitees von katholischer Kirche und Judentum im Vatikan. Mittelpunkt der Beratungen war eine Würdigung zum 25. Jahrestag von „Nostra aetate". Papst Johannes Paul II. unterstrich in seiner Ansprache die „absolute Einzigartigkeit" der Erwählung des jüdischen Volkes. Auffallend bei dieser Rede war, dass Johannes Paul II. auch den Babylonischen Talmud zitierte.

Nach einem Vierteljahrhundert hat es [das Dokument „Nostra aetate"] nicht an Bedeutung verloren. Seine Stärke und sein bleibendes Interesse verdankt das Dokument der Tatsache, dass es zu allen Völkern und über alle Völker aus einer religiösen Perspektive spricht, einer Perspektive, die unter den zahlreichen Dimensionen der menschlichen Person, welche das Abbild des Schöpfers ist, die tiefste und geheimnisvollste darstellt. Die universale Offenheit der Erklärung „Nostra aetate" aber ist verankert in einem ausgesprochenen Sinn für die absolute Einzigartigkeit, mit der Gott ein bestimmtes Volk erwählt, „sein Volk", sein Israel dem Fleische nach, das schon „Kirche Gottes" genannt wird …

Im Zentrum des Heiligen Landes, sozusagen seinen verehrten Mittelpunkt bildend, liegt Jerusalem. Es ist eine Stadt, die drei großen Religionen heilig ist, den Juden, den Christen und den Muslimen. Schon ihr Name ruft den Gedanken an den Frieden wach. Ich möchte Sie bitten, täglich verbunden zu sein im Gebet um Gerechtigkeit und die Respektierung der fundamentalen menschlichen und religiösen Rechte der drei Völker, der drei Glaubensgemeinschaften, die dieses geliebte Land bewohnen. Kein Dialog zwischen Christen und Juden kann die schmerzliche und schreckliche Erfahrung der Shoah übersehen.

9. Juni 1991: Ansprache an die Vertreter der jüdischen Gemeinschaft in Warschau (Polen)

1991 besuchte Johannes Paul II. ein weiteres Mal sein Heimatland Polen. Erneut ging er dort auf die Tragödie der Shoah ein. Die ausführliche Beschäftigung mit der Shoah zeigt, dass der Papst mit diesem Thema einen persönlichen Schwerpunkt seines Pontifikats setzte. Er wollte bei dieser Begegnung all das sagen, wozu ihn „Glaube und Herz" drängten.

Die menschliche Vergangenheit vergeht nicht vollständig. Auch die polnisch-jüdische Geschichte ist, wenngleich heute so wenige Juden auf polnischem Boden wohnen, immer noch sehr real im Leben sowohl der Juden als auch der Polen gegenwärtig … Leider wurde das Gute wie auch das Böse, das zwischen uns geschah, von diesem in seinem Grauen unfasslichen Völkermord erdrückt, dessen Opfer das jüdische Volk wurde. Soviel kann man zumindest sagen, dass das präzedenzlose Verbrechen, mit dem ein eigenes Volk getötet werden sollte, das christliche Europa entsetzt und es dazu mobilisiert hat, Unrecht wieder gutzumachen, das den Juden Jahrhunderte lang zugefügt und das recht oft in die Denk- und Sittenstrukturen hineingeschrieben wurde. Nach zweitausend Jahren der Unterbrechung haben die Juden endlich ihren eigenen Staat erlangt. Die Nationen christlicher Zivilisation haben sich an die mühselige Arbeit gemacht, aus ihrer Mentalität jegliche ungerechten Vorurteile gegenüber den Juden sowie andere Erscheinungen des Antisemitismus auszumerzen. An dieser Tätigkeit beteiligten sich die christlichen Kirchen, darunter auch die katholische Kirche, in aktiver Weise …

Heute … ist die Zeit gekommen, um eine besondere Anstrengung zur Verwirklichung und Durchführung der kirchlichen Lehre zu unternehmen. Der Inhalt dieser Dokumente sei eine Inspiration dafür, dass alle Ortskirchen, darunter auch die Kirche in Polen, immer neue Bemühungen machen, um die Unrecht verursachenden stereotypen Denkweisen, Schemata und die noch hier und da umhergeisternden gegenseitigen Vorurteile zu überwinden, um so vor der Welt von heute, in der der Glaube auf eine schwere Probe gestellt ist, das Schöne und die tiefen Wahrheiten des einen Gottes und Vaters zu zeigen, der als solcher von allen seinen Söhnen erkannt und geliebt werden will. Eine der wichtigeren Aufgaben der Kirche ist die Erziehung der jungen Generation im Geiste gegenseitiger Achtung, im Bewusstsein unserer gemeinsamen Wurzeln und unserer Aufgaben in der Welt von heute, auch bei der Erkenntnis der eigenen Besonderheit und Identität. Ich segne von Herzen alle Bemühungen, die gerade diesem Ziel bestimmt sind.

18. August 1991: Ansprache an Vertreter der jüdischen Gemeinschaft in Budapest (Ungarn)

Während seines Besuchs in Ungarn ging Papst Johannes Paul II. anlässlich der Begegnung mit der jüdischen Gemeinschaft auf das Hoffnungszeugnis der jüdischen Opfer in den Tagen des Holocausts ein. Seine Worte waren eine tiefgehende theologisch-spirituelle Reflexion und versuchten einen Eklat von jüdischer Seite auszugleichen, der während der Begegnung passiert war: Oberrabbiner Peter Kardos hatte in seiner Rede scharfe Kritik an der Kirche während des Nationalsozialismus geübt. Daraufhin kritisierte nicht nur die Begleitung des Papstes diese Worte als historisch falsch, selbst das Fernsehen unterbrach die Live-Übertragung des Ereignisses. Johannes Paul II. würdigte ausdrücklich jene Persönlichkeiten, die sich von katholischer Seite für die Juden eingesetzt hatten.

Gestärkt durch diesen Glauben an den Herrn, hat das jüdische Volk auch in der vieltausendjährigen Zerstreuung seine Identität, seine Riten, seine Traditionen bewahrt und sogar positiv zum geistigen und kulturellen Leben der Welt, vor allem Europas, beigetragen. Auch in diesem Land können Sie auf eine lange Geschichte hochherziger Hingabe und intellektuellen Einsatzes zurückblicken. Nach der dunklen Zeit, in der es so aussah, als sollten die Juden vollständig ausgerottet werden, sind Sie heute wieder präsent und leisten einen bedeutsamen Beitrag zum nationalen ungarischen Leben … Die sichere Erwartung der Auferstehung der Toten ist ein Schatz, den viele Söhne Israels genau zu diesem Zeitpunkt entdeckten, als ihr unbedingtes Gottvertrauen es mit dem Offenkundigwerden einer menschlich verzweifelten Situation aufnehmen musste. Diese von messianischer Hoffnung erfüllte Erwartung stellte einen Riss in dem düsteren menschlichen Horizont dar und eröffnete ihnen eine entscheidende Dimension ihres Daseins. Voll Hochachtung nehme ich das Zeugnis dieser mutigen Gerechten an ... Dieser Kampf gegen Hass und Egoismus ist eine unveräußerliche Forderung der Treue zu Gottes Gesetz ... Die mühsame Suche nach Gerechtigkeit, Liebe und Frieden muss bei uns selber beginnen. Es wäre illusorisch zu meinen, die dunklen Kräfte des Egoismus und des ungerechten Hasses würden gänzlich außerhalb unseres Lebens bleiben und unser Dasein in keiner Weise vergiften ...

Angesichts der Gefahr des Wiedererstehens und der Ausbreitung antisemitischer Gefühle, Haltungen und Initiativen, deren beunruhigende Anzeichen heute leider da und dort wahrzunehmen sind und deren furchtbarste Folgen wir in der Vergangenheit erlebt haben, müssen die Gewissen dazu erzogen werden, den Antisemitismus und alle Formen von Rassismus als Sünden gegen Gott und gegen die Menschheit anzusehen.

14. November 1992:
Ansprache an die Bischöfe der Berliner Bischofskonferenz (Vatikan)

Nach dem Fall der Mauer und vor der Neuordnung der Bistumsstrukturen in Deutschland, kamen die Bischöfe der Berliner Bischofskonferenz zu ihrem regelmäßigen Ad-limina-Besuch nach Rom. Johannes Paul II. nutzte die Gelegenheit, vor antisemitischen Ausschreitungen in Deutschland zu warnen.

Nach dem Fall der Mauer wurden die Folgen des Machtmissbrauchs in vielfacher Hinsicht deutlich. Es sind nicht in erster Linie die materiellen Schäden und Beeinträchtigungen, unter denen die Bürger eurer Länder zu leiden haben, sondern es ist vor allem die geistig-seelische Verwilderung und Verelendung, die die Ideologie der kommunistischen Machthaber vor allem bei der Jugend als Erbe hinterlassen hat. Die Kirche war in jener schweren Zeit darum bemüht, ihre vielfältigen Aufgaben treu zu erfüllen ... Es wäre sicherlich verfehlt, wollte man die Tätigkeit der Kirche in der damaligen Zeit an ihrem politischen Einfluss messen. Sie ist ihrer gesellschaftlichen Aufgabe gerade deshalb gerecht geworden, weil sie sich mit dem diktatorischen Unrechtssystem nicht arrangiert hat … Damit verbinde ich die eindringliche Bitte, Euch besonders für den Schutz eurer jüdischen Mitbürger einzusetzen. Entweihungen von Synagogen und Angriffe auf Mahnmale, die den Juden in ihrer leidvollen Geschichte viel bedeuten, können niemals geduldet werden … Ihr solltet deshalb dazu beitragen, dass eure jüdischen Mitbürger nicht mutlos werden und in eurem Land, das auch ihre Heimat ist, bleiben und am religiösen, kulturellen und wissenschaftlichen Leben weiterhin Anteil nehmen.

7. April 1994: Ansprache bei einem Gedenkkonzert an die Shoah (Vatikan)

Erstmals begann der Vatikan mit dem 7. April 1994 einen jährlichen Gedenktag an die Shoah. Die Ansprache des Papstes zeigt die positive Entwicklung zwischen katholischer Kirche und Judentum auf. Vor allem ist es die erste Konkretisierung nach dem Grundlagenvertrag und unmittelbar vor der Aufnahme voller diplomatischer Beziehungen mit dem Staat Israel. Bei der Lektüre dieser Ansprache gewinnt man den Eindruck, dass nach den jahrelangen theologischen Reflexionen und Annäherungen jetzt der Zeitpunkt gekommen schien, der Theorie die Praxis folgen zu lassen. In diesem Sinn sind die folgenden Jahre zu interpretieren, die den Versöhnungsgedanken bis hin zum Schuldbekenntnis am 1. Fastensonntag 2000 voran bringen und ihren unüberbietbaren Höhepunkt im Gang des Papstes nach Yad Vashem finden.

Das Konzert heute Abend ist ein Gedächtnis an diese entsetzlichen Ereignisse. Die Kerzen, die leuchten, während wir der Musik lauschen, werden uns die lange Geschichte des Antisemitismus vor Augen halten, die in der Shoah gipfelte. Aber es genügt nicht, dass wir Erinnerungen wach werden lassen, denn in unseren eigenen Tagen gibt es bedauernswerte neue Erscheinungen des Antisemitismus, der Fremdenfeindlichkeit und des Rassenhasses, welche die Saat dieser unaussprechlichen Verbrechen waren. Die Menschheit darf nicht zulassen, dass das alles wieder geschieht. Wir teilen miteinander die Hoffnung, dass die Musik, die wir zusammen hören werden, unseren Entschluss bestärken wird, die guten Beziehungen zwischen unseren Gemeinschaften zu festigen, so dass wir mit der Hilfe des allmächtigen Gottes zusammenarbeiten können, um die Wiederholung solch eines verabscheuungswürdigen Übels zu verhindern.

Wir müssen allen zutiefst dankbar sein, die daran arbeiten, dass das „Band" und das „gemeinsame geistliche Erbe", das zwischen Juden und Christen besteht, immer weitere und volle Anerkennung findet („Dignitatis humane", Nr. 4). In der Vergangenheit haben diese Bande Taten mutiger Solidarität inspiriert. In dieser Hinsicht darf als historische Tatsache nicht vergessen werden, dass in meiner eigenen Heimat wie auch in anderen Ländern und ebenso hier in Rom in den furchtbaren Tagen der Shoah viele Christen zusammen mit ihren Hirten sich bemüht haben, ihren Brüdern und Schwestern der jüdischen Gemeinschaft zu Hilfe zu kommen, selbst auf Kosten ihres eigenen Lebens. Angesichts der Gefahren, welche die Söhne und Töchter dieser Generation bedrohen, haben Christen und Juden zusammen einer Welt, die darum kämpft, das Gute vom Bösen zu unterscheiden, viel anzubieten, einer Welt, die vom Schöpfer berufen ist, das Leben zu verteidigen und zu schützen, die aber Stimmen gegenüber, die nur Tod und Verderben bringend sind, so verletzlich ist …

Wir sind also an diesem Abend vereint, um des Holocausts von Millionen Juden zu gedenken. Die Kerzen, die von einigen Überlebenden entzündet wurden, wollen symbolisch zeigen, dass dieser Saal keine Grenzen hat. Er umschließt alle Opfer … Wir haben eine Verpflichtung, die einzige vielleicht, die jeder Träne, die der Mensch des Menschen wegen vergossen hat, Sinn zu geben und sie zu rechtfertigen vermag. Wir haben mit eigenen Augen gesehen, wir waren Zeugen der Gewalttaten und des Hasses, die sich nur zu oft in der Welt entzünden und sie in Flammen setzen. Wir haben gesehen und sehen noch, wie der Friede verhöhnt und die Brüderlichkeit verspottet wird, wie Eintracht gering geschätzt und Barmherzigkeit verächtlich gemacht wird.

Und doch trachtet der Mensch nach Gerechtigkeit. Er ist das Einzige der geschaffenen Wesen, der sie begreifen kann. Den Menschen retten heißt nicht nur, ihn nicht töten, ihn nicht verstümmeln, ihn nicht foltern. Es heißt auch, dem Hunger und Durst nach Gerechtigkeit, die in ihm sind, die Möglichkeit geben, gesättigt zu werden. Das nun ist unsere Verpflichtung. Wir würden Gefahr laufen, aufs Neue Opfer grausamster Tode sterben zu lassen, wenn wir nicht leidenschaftlich nach der Gerechtigkeit verlangen und wenn wir uns nicht dafür einsetzen würden, jeder nach seinen eigenen Fähigkeiten, dass nicht das Böse die Vorherrschaft gewinne über das Gute, wie es Millionen von Söhnen und Töchtern des jüdischen Volkes gegenüber geschehen ist.

Daher ist es notwendig, die Anstrengungen zu verstärken, um den Menschen von den Schreckgespenstern des Rassismus, der Ausschließung und Ausgrenzung, der Versklavung und der Fremdenfeindlichkeit zu befreien und auch die Wurzeln dieser Übel auszurotten, die in die Gesellschaft eindringen und die Fundamente des friedlichen und menschlichen Zusammenlebens bedrohen. Das Böse stellt sich unter immer neuen Formen dar, es hat viele Gesichter, und seine Schmeicheleien sind vielfältig. An uns ist es, ihre gefährliche Macht zu entlarven und sie mit Gottes Hilfe zu neutralisieren.

29. September 1994: Ansprache an den israelischen Botschafter beim Heiligen Stuhl (Vatikan)

Nach der Aufnahme voller diplomatischer Beziehungen zwischen Israel und dem Heiligen Stuhl am 15. Juni 1994 folgte wenige Monate später der offizielle Austausch von Botschaftern. Gegenüber dem ersten israelischen Botschafter am Heiligen Stuhl schlug Papst Johannes Paul II. in seiner Ansprache deutliche politische Töne an. Die Rede ist eine Zusammenfassung der gegenseitigen Bemühungen zur Aussöhnung und bildete gleichzeitig die diplomatische Grundlage in Folge des „Fundamental agreement" vom 30. Dezember 1993. In seinen Ausführungen hatte der neue Botschafter Israels bereits betont, dass dieser Moment über gewöhnliche diplomatische Abmachungen hinaus von historischer Bedeutung sei.

In vielen Teilen der Welt bilden leider gewaltsame Konflikte noch immer das mörderische Schicksal zahlreicher Völker. Der Heilige Stuhl lässt es im Hinblick auf seine spezifische Sendung nicht an Bemühungen fehlen, damit Gegensätze oder Empfindlichkeiten, die oft lange zurückreichen, überwunden werden, um Wege zum Frieden zu öffnen. Ohne Frieden ist die integrale Entwicklung des Menschen gehemmt und das Überlegen ganzer Gruppen gefährdet, ja die Kultur und Identität mehr als einer Nation vom Untergang bedroht. Man kann also zu dem Friedensprozess im Nahen Osten, den der Heilige Stuhl seit langem herbeiwünscht, nur weiterhin ermutigen. Der zurückzulegende Weg bleibt lang und schwierig, doch es erscheint nunmehr nicht mehr utopisch, zu sagen, dass sich gegenseitiges Vertrauen zwischen den Völkern des Vorderen Orients bilden kann. Mit Genugtuung nehme ich zur Kenntnis, was bereits von Verantwortlichen in Israel und in der ganzen Region erreicht wurde, und ich rufe über sie die Hilfe des Allmächtigen herab, damit es ihnen gegeben sei, mit dem Mut zum Frieden ihre Bemühungen weiterzuführen …

Der besondere Charakter der Beziehungen zwischen dem Staat Israel und dem Heiligen Stuhl ergibt sich klar aus dem einmaligen Charakter dieses Landes, auf das sich die Blicke der Mehrheit aller Gläubigen richten, der Juden, Christen und Muslime in der ganzen Welt. Dieses Land wurde heilig durch die Offenbarung des einzigen Gottes an die Menschen; es ist für immer davon geprägt und hört nicht auf, ein Ort der Anregung für jene zu sein, die als Pilger dorthin kommen können. Ganz besonders wenden sich die Gläubigen der drei monotheistischen Religionen der Heiligen Stadt Jerusalem zu, von der wir wissen, dass sie noch heute Schauplatz von Spaltungen und Konflikten ist, die aber ein „geheiligtes Erbe für alle jene bleibt, die an Gott glauben" … und, wie es schon ihr wunderbarer Name sagt, ein Treffpunkt und Symbol des Friedens. Es ist im Übrigen zu wünschen, dass der einmalige und heilige Charakter dieser Heiligen Stadt Gegenstand internationaler Garantien wird, die auch den Zugang für alle Glaubenden sichern. Wie ich früher zu schreiben Gelegenheit hatte, „träume ich von dem Tag, an dem Juden, Christen und Muslime einander in Jerusalem mit dem Friedensgruß begrüßen" (Apostolisches Schreiben „Redemptionis anno" vom 20. April 1984).

10. November 1994: Apostolisches Schreiben „Tertio millennio adveniente" zur Vorbereitung auf das Jubiläumsjahr 2000

Mit dem Apostolischen Schreiben „Tertio millennio adveniente" setzte Papst Johannes Paul II. die Grundlagen für eine mehrjährige Vorbereitung auf das Heilige Jahr 2000. Die theologische Reflexion führt unter anderem in den folgenden Jahren zur Idee der „Reinigung des Gedächtnisses", die den Papst selbst im Jubiläumsjahr zum Vollzug eines großen Schuldbekenntnisses führen sollte. Bereits sechs Jahre vor dem Schuldbekenntnis gegenüber den Juden scheint Johannes Paul II.

diese Geste der Aussöhnung im Sinn gehabt zu haben. Der Textauszug hat aber mindestens gleiche Relevanz auch mit Blick auf die anderen Religionen, vor allem den Islam.

Die Freude jedes Jubeljahres ist in besonderer Weise eine Freude über den Nachlass der Schuld, die Freude der Umkehr … Sie [die Bischofssynode von 1984] griff die stets aktuelle Frage der Umkehr („metanoia") wieder auf, die die Vorbedingung für die Versöhnung sowohl der Einzelnen wie der Gemeinschaft mit Gott ist.

Zu Recht nimmt sich daher die Kirche, während sich das zweite christliche Jahrtausend seinem Ende zuneigt, mit stärkerer Bewusstheit der Schuld ihrer Söhne und Töchter an, eingedenk aller jener Vorkommnisse im Laufe der Geschichte, wo diese sich vom Geist Christi und seines Evangeliums dadurch entfernt haben, dass sie der Welt statt eines an den Werten des Glaubens inspirierten Lebenszeugnisses den Anblick von Denk- und Handlungsweisen boten, die geradezu Formen eines Gegenzeugnisses und Skandals darstellten. Obwohl die Kirche durch ihr Einverleibtsein in Christus heilig ist, wird sie nicht müde, Buße zu tun: Sie anerkennt immer, vor Gott und vor den Menschen, die Sünder als ihre Söhne …

Die Heilige Pforte des Jubeljahres 2000 wird in symbolischer Hinsicht größer sein müssen als die vorhergehenden, weil die Menschheit, wenn sie an jenem Ziel angekommen ist, nicht nur ein Jahrhundert, sondern ein Jahrtausend hinter sich gelassen hat. Es ist gut, dass die Kirche diesen Weg im klaren Bewusstsein dessen einschlägt, was sie im Lauf der letzten zehn Jahrhunderte erlebt hat. Sie kann nicht die Schwelle des neuen Jahrtausends überschreiten, ohne ihre Kinder anzuhalten, sich durch Reue von Irrungen, Treulosigkeiten, Inkonsequenzen und Verspätungen zu reinigen. Das Eingestehen des Versagens von gestern ist ein Akt der Aufrichtigkeit und des Mutes, der uns dadurch unseren Glauben zu stärken hilft, dass er uns aufmerksam und bereit macht, uns mit den Versuchungen und Schwierigkeiten von heute auseinander zu setzen …

In diesem Dialog sollen die Juden und die Muslime einen hervorragenden Platz einnehmen. Gebe Gott, dass man zur Besiegelung dieser Absichten auch gemeinsame Begegnungen an Orten zustande bringen kann, die für die großen monotheistischen Religionen Bedeutung haben. In diesem Zusammenhang wird überlegt, wie man zur Intensivierung des Dialogs mit den Juden und den Gläubigen des Islam historische Begegnungen in Betlehem, Jerusalem und auf dem Sinai, Orten von großem symbolischem Wert, sowie Begegnungen mit Vertretern der großen Weltreligionen in anderen Städten vorbereiten kann. Immer jedoch wird man Acht geben müssen, keine gefährlichen Missverständnisse zu erzeugen, und gut auf der Hut sein vor der Gefahr des Synkretismus und eines leichtsinnigen und trügerischen Irenismus …

14. Januar 1996:
Ansprache beim Angelusgebet (Vatikan)

In verschiedenen Angelusansprachen des Jahres 1996 ging Papst Johannes Paul II. auf einzelne Aspekte der Konzilserklärung „Nostra aetate" ein. Insbesondere bemühte er sich immer wieder um eine aktuelle Verhältnisbestimmung der katholischen Kirche zum Judentum.

Die Geschichte hat leider dunkle Seiten der Feindschaft im Namen der religiösen Überzeugung gekannt. Die Erklärung [„Nostra aetate"] erinnert daran, dass Gott das feste Fundament der menschlichen Brüderlichkeit ist: „Alle Völker sind ja eine einzige Gemeinschaft, sie haben denselben Ursprung …; auch haben sie Gott als ein und dasselbe Ziel. Seine Vorsehung, die Bezeugung seiner Güte und seine Ratschlüsse des Heils erstrecken sich auf alle Menschen" („Nostra aetate", Nr. 1).

Gewiss darf diese Bekräftigung nicht zum Relativismus in der Auffassung der Wahrheit führen. Deshalb versäumt die Kirche nicht ihre Pflicht, mit immer neuem Eifer zu verkündigen, dass nur Christus, der Mensch gewordene Sohn Gottes, „der Weg, die Wahrheit und das Leben" ist … Aber das darf nicht dazu verleiten, den Wert der in vielen Religionen vorhandenen positiven Elemente zu vermindern …

Besondere Aufmerksamkeit widmet die Erklärung den jüdischen Brüdern und Schwestern, mit denen das Christentum besonders eng verbunden ist. Denn der christliche Glaube hat seinen Ursprung in der religiösen Erfahrung des jüdischen Volkes, aus dem Christus dem Fleisch nach stammt. Die Kirche teilt sich mit den Juden den als Altes Testament bezeichneten Teil der Schrift und lebt von dem gleichen Erbe der Wahrheit, indem sie es im Licht Christi auslegt. Der Anfang der neuen Zeit, den er durch den neuen ewigen Bund gesetzt hat, zerstört die alte Wurzel nicht, sondern öffnet sie für eine universale Fruchtbarkeit. In Anbetracht dessen muss die Erinnerung an die Spannungen, die oftmals die Beziehungen zwischen Christen und Juden gekennzeichnet haben, großen Schmerz hervorrufen. Wir machen uns deshalb auch heute die Stimme des Konzils zu Eigen, das entschieden „alle Hassausbrüche, Verfolgungen und Manifestationen des Antisemitismus, die sich zu irgendeiner Zeit und von irgendjemandem gegen die Juden gerichtet haben" („Nostra aetate", Nr. 4), beklagt.

15. April 1996: Ansprache an die Vertreter der jüdischen Gemeinschaft Roms (Vatikan)

Zehn Jahre nach dem eigentlichen historischen Durchbruch in der Aussöhnung zwischen Judentum und katholischer Kirche nutzte Papst Johannes Paul II. die Gelegenheit, um an den historischen Be-

such in der römischen Synagoge zu erinnern. Seine Ansprache während einer Audienz für die Vertreter der jüdischen Gemeinschaft in Rom drückt den Geist tiefer Freundschaft zwischen beiden Religionen aus. Noch wenige Monate zuvor hatte der Papst die schweren Terroranschläge von Tel Aviv und Jerusalem, bei denen zahlreiche Menschen ums Leben gekommen waren, scharf verurteilt.

Unsere heutige Begegnung – zum Andenken an vergangene, ebenso bedeutende – entspringt dem Wunsch, gemeinsam einer Zukunft mit neuem Gepräge in Bezug auf die Vergangenheit Gestalt zu verleihen. Das Klima aufrichtiger Freundschaft, das zwischen uns entstanden ist, die Gefühle brüderlicher Fürsorge der einen für die anderen, die uns bewegen, sind die grundlegenden Voraussetzungen jenes Prozesses der wechselseitigen Aufnahme, der eine ruhige Zukunft für alle bereitet. Diese unsere Begegnung stellt ein Zeichen der Hoffnung für eine Welt dar, die in Angst nach authentischen Werten menschlicher Brüderlichkeit sucht. Wir haben vor, beispielhaft dafür zu sein: Und unsere Brüderlichkeit ist umso realer, als sie in einem gemeinschaftlichen geistlichen Vermächtnis wurzelt, das außerordentlich reich und tief ist.

Der neue Geist der Freundschaft und gegenseitigen Zuneigung, der die katholisch-jüdischen Beziehungen kennzeichnet, kann das wichtigste Symbol bilden, welches Juden und Katholiken einer unruhigen Welt zu bieten haben, die sich nicht entschließen kann, den Vorrang der Liebe über den Hass anzuerkennen. Die Fragen des Allerhöchsten im Buch Genesis, „Wo bist du?“, „Wo ist dein Bruder?“ (Gen 3,9; 4,9) ertönen weiterhin auch in unserer Welt und regen die Menschen von heute an, sich zu begegnen, sich gegenseitig kennen zu lernen, die einen von den anderen zu lernen. Sie halten sie dazu an, die gemeinsamen Herausforderungen der Geschichte miteinander zu beantworten, um zufrieden stellende Lösungen der anstehenden Probleme zu erarbeiten …

23. Juni 1996: Ansprache an den Zentralrat der Juden in Berlin

Die dritte Deutschlandreise führe Papst Johannes Paul II. unter anderem nach Berlin, wo er die beiden Priester Karl Leisner und Bernhard Lichtenberg selig sprach. Insbesondere erinnerte der Papst daran, dass es während der Shoah Persönlichkeiten in der katholischen Kirche gab, die sich des jüdischen Volkes in besonderer Weise annahmen.

Auch wenn es viele Priester und Laien waren, wie die Historiker mittlerweile aufgezeigt haben, die sich gegen dieses Terrorregime wandten und viele Formen des Widerstands sich auch im Alltag der Menschen regten, so waren es doch zu wenige. Ihnen allen gilt heute unser Dank und unsere Hochachtung. Ihr Beispiel und ihr Andenken bleiben uns aber nicht nur ein immerwährendes Vorbild. Sie sind gleichzeitig ein Aufruf an Christen wie an Juden, sich gemeinsam für die Würde aller Menschen einzusetzen, wo immer diese Würde auch heute noch oder heute wieder bedroht ist. Dazu gehört insbesondere der Einsatz gegen jegliche Form des Antisemitismus, damit Geschehnisse wie die „Shoah" sich niemals mehr ereignen können.

31. Oktober 1997: Ansprache beim Kolloquium über die Wurzeln des Antijudaismus im christlichen Bereich (Vatikan)

Drei Jahre vor dem Jubiläumsjahr 2000 nutzte Papst Johannes Paul II. verschiedene Gelegenheiten, um den Stand der Beziehungen zwischen Judentum und katholischer Kirche zu reflektieren, so bei seiner Reise nach Sarajevo, wo er am 13. April 1997 mit der jüdischen Gemeinschaft zusammentraf. Ein weiterer wichtiger Schritt in der Vorbereitung auf das Heilige Jahr war ein wissenschaftliches Kolloquium im Vatikan, das die historisch-theologische Kommission für das Jubiläum unter Leitung des Kurienkardinals Roger Etchegaray organisiert hatte. In seiner Ansprache zeigte der Papst die theologische Dimension der Verbindung von Altem und Neuem Testament auf. Zu Recht bezeichnen Fachleute diese Rede von Johannes Paul II. als eine der bedeutendsten theologischen Überlegungen seines Pontifikats.

In der Tat waren in der christlichen Welt – und ich spreche nicht von der Kirche als solcher – irrige und ungerechte Interpretationen des Neuen Testaments bezüglich des jüdischen Volkes und seiner angeblichen Schuld allzu lange Zeit im Umlauf. Sie haben Gefühle der Feindschaft diesem Volk gegenüber verursacht. Sie haben dazu beigetragen, viele Gewissen abzustumpfen. Dann wurde Europa von der Welle der Verfolgung erfasst: Diese waren von einem heidnischen Antisemitismus inspiriert, der seinem Wesen nach auch ein Anti-Christianismus war, und neben den Christen, die alles getan haben, um die Verfolgten zu retten und dabei sogar ihr eigenes Leben aufs Spiel setzten, gab es auch viele, deren geistiger Widerstand nicht so stark war, wie die Menschlichkeit es von den Jüngern Christi hätte erwarten können. Eure abgeklärte Untersuchung der Vergangenheit im Hinblick auf eine Läuterung des Gedächtnisses ist besonders angebracht, um ganz klar zu zeigen, dass der Antisemitismus ohne jede Rechtfertigung und absolut verdammungswürdig ist …

Rassismus ist … eine Verneinung der tiefsten Identität des menschlichen Wesens, das eine nach dem Abbild und Gleichnis Gottes geschaffene Person ist. Bei der Shoah kam zur sittlichen Böswilligkeit eines jeden Völkermords noch die Bosheit des Hasses hinzu, der sich dem Heilsplan Gottes für die Geschichte widersetzt. Von diesem Hass weiß sich auch die Kirche direkt betroffen …

28. April 1999: Ansprache bei der Generalaudienz (Vatikan)

Nach der Veröffentlichung des Dokuments „Wir erinnern: Eine Reflexion über die Shoah" am 16. März 1998 nutzte Papst Johannes Paul II. vor allem die Mittwochsaudienzen immer wieder, um über das Verhältnis von Judentum und katholischer Kirche zu reflektieren. Beispielhaft sei eine Ansprache genannt, nach der einige jüdische Vertreter dem Papst eine Menorah überreichten.

Es ist bekannt, dass die Beziehung zu den jüdischen Brüdern von den ersten Zeiten der Kirche an bis in unser Jahrhundert leider schwierig gewesen ist. Aber in dieser langen und leidvollen Geschichte hat es nicht an Augenblicken abgeklärten und konstruktiven Dialogs gefehlt … Dieses dialogische Verhalten zwischen Christen und Juden ist nicht nur Ausdruck des allgemeinen Wertes des Dialogs unter den Religionen, sondern auch der Gemeinsamkeit des langen Wegs, der vom Alten zum Neuen Testament führt. Es gibt einen langen Abschnitt der Heilsgeschichte, auf den Christen und Juden gemeinsam blicken. Denn „im Unterschied zu den anderen nichtchristlichen Religionen ist der jüdische Glaube schon Antwort auf die Offenbarung Gottes im Alten Bund" (Katechismus der Katholischen Kirche, Nr. 839) …

Mutiges Zeugnis für den Glauben sollte auch heute die Zusammenarbeit von Christen und Juden zur Verkündigung und Verwirklichung des Heilsplanes Gottes für die ganze Menschheit kennzeichnen. Wenn dieser Plan an einem gewissen Punkt bezüglich der Annahme Christi unterschiedlich interpretiert wird, führt das natürlich zu einem entscheidenden Unterschied, der für das Christentum selbst grundlegend ist. Er schließt aber nicht aus, dass viele gemeinsame Elemente bleiben. Vor allem bleibt die Pflicht zur Zusammenarbeit, um dem Plan Gottes besser entsprechende humane Bedingungen zu fördern. Das Große Jubiläum, das sich ja gerade auf die jüdische Tradition der Jubeljahre beruft, rückt die Dringlichkeit eines solchen gemeinsamen Einsatzes zur Wiederherstellung des Friedens und der sozialen Gerechtigkeit ins Licht …

Die Erinnerung an die bedauerlichen und tragischen Vorfälle der Vergangenheit kann den Weg zu einem neuen Sinn der Brüderlichkeit, Frucht der Gnade Gottes, öffnen und zum Einsatz dafür, dass der schlechte Samen des Antijudaismus und Antisemitismus nie mehr im Herzen des Menschen Wurzeln schlägt. Israel … verweist vor der Welt auf Jerusalem als symbolischen Ort des eschatologischen Pilgerwegs der Völker, vereint im Lob des Höchsten. Mein Wunsch ist es, dass am Anbruch des dritten Jahrtausends der aufrichtige Dialog zwischen Christen und Juden beitragen möge, eine neue, auf den einen, heiligen und barmherzigen Gott gegründete Zivilisation zu schaffen im Dienst einer in der Liebe versöhnten Menschheit.

1. September 1999: Ansprache bei der Generalaudienz (Vatikan)

Am 60. Jahrestag des Ausbruchs des Zweiten Weltkriegs nutzte Papst Johannes Paul II. die Gelegenheit, während der wöchentlichen Generalaudienz die Frage nach dem historischen Gewissen und der Schuld zu stellen. Die Fragestellung ist deshalb von so großer Bedeutung, weil einerseits wenige Monate zuvor das Dokument über die Shoah im Vatikan veröffentlicht und mittlerweile unter Hochdruck an der symbolischen „Reinigung des Gedächtnisses" für das Heilige Jahr 2000 gearbeitet wurde. Deshalb gilt die Ansprache während der Generalaudienz als weiterer wichtiger Schritt in diesem Versöhnungsprozess.

Die Anerkennung der gemeinschaftlichen Verflechtungen von Schuld drängt die Kirche, für die „historische" Schuld ihrer Kinder um Vergebung zu bitten. Anlass dazu bietet die kostbare Gelegenheit des Großen Jubiläums des Jahres 2000, das in der Spur der Lehre des II. Vatikanums eine neue Seite der Geschichte aufschlagen will in der Überwindung der Hindernisse, welche die Menschen, und besonders die Christen, noch untereinander trennen …

Die Anerkennung historischer Schuld setzt eine Stellungnahme gegenüber den Ereignissen voraus, so wie sie wirklich geschehen sind, was allein unparteiische und vollständige historische Rekonstruktionen ans Licht bringen können. Zum anderen kann das Urteil über historische Ereignisse nicht absehen von einer realistischen Betrachtung der durch die einzelnen kulturellen Kontexte gebotenen Bedingtheiten, bevor man den Einzelnen bestimmte moralische Verantwortlichkeiten zuweist.

Die Kirche fürchtet gewiss nicht die Wahrheit, die aus der Geschichte kommt, und ist bereit, Fehler anzuerkennen, wo diese festgestellt sind, vor allem, wenn es um die den Personen und den Gemeinschaften geschuldete Achtung geht. Sie ist nicht geneigt, den verallgemeinernden Urteilen des Freispruchs oder der Verurteilung verschiedener Zeitabschnitte der Geschichte Glauben zu schenken. Sie vertraut die Untersuchung der Vergangenheit geduldiger, sachlicher wissenschaftlicher Rekonstruktion an, frei von konfessionellen und ideologischen Vorurteilen, sowohl was die ihr gemachten Anschuldigungen als auch das von ihr erlittene Unrecht betrifft. Wenn durch ernsthafte historische Untersuchung eine Schuld ihrer Mitglieder festgestellt ist, verspürt die Kirche die Pflicht, diese anzuerkennen und Gott und die Mitmenschen dafür um Vergebung zu bitten. Diese Vergebungsbitte darf nicht als Zur-Schau-Stellung vorgetäuschter Demut verstanden werden noch als Verleugnung einer zweitausendjährigen Geschichte, die zweifellos reich ist an Verdiensten auf den Gebieten der Caritas, der Kultur und des Gesundheitswesens. Sie entspricht hingegen einem unverzichtbaren Anspruch der Wahrheit, außer positiven Gesichtspunkten auch Grenzen und menschliche Schwächen von verschiedenen Generationen der Jünger Christi anzuerkennen.

12. März 2000: Das grosse „Mea culpa" am ersten Fastensonntag des Heiligen Jahres 2000 (Vatikan)

Mit einem Schuldbekenntnis und einer Vergebungsbitte führte Papst Johannes Paul II. den von ihm angestoßenen Prozess der „Reinigung des Gedächtnisses" auf einen bisher nicht erlebten Höhepunkt im Leben der katholischen Kirche. Das Bekenntnis der Schuld im Dienst der Wahrheit formulierte Kardinal Joseph Ratzinger: „Lass jeden von uns zur Einsicht gelangen, dass auch Menschen der Kirche im Namen des Glaubens und der Moral in ihrem notwendigen Einsatz zum Schutz der Wahrheit mitunter auf Methoden zurückgegriffen haben, die dem Evangelium nicht entsprechen." Der Papst bat anschließend um Verzeihung für die Christen, die „bisweilen Methoden der Intoleranz zugelassen" hätten. Der zentrale Punkt war das Schuldbekenntnis im Verhältnis zu Israel. Zunächst trug der Präsident des Päpstlichen Rats für die Einheit der Christen, Kardinal Edward Idris Chassidy, das Anliegen vor, worauf der Papst die Vergebungsbitte sprach.

Kardinal Chassidy: Lass die Christen der Leiden gedenken, die dem Volk Israel in der Geschichte auferlegt wurden. Lass sie ihre Sünden anerkennen, die nicht wenige von ihnen gegen das Volk des Bundes der Verheißungen begangen haben und so ihr Herz reinigen.

Papst Johannes Paul II.: Gott unser Vater, du hast Abraham und seine Nachkommen auserwählt, deinen Namen zu den Völkern zu tragen: Wir sind zutiefst betrübt über das Verhalten aller, die im Laufe der Geschichte deine Söhne und Töchter leiden ließen. Wir bitten um Verzeihung und wollen uns dafür einsetzen, dass echte Brüderlichkeit herrsche mit dem Volk des Bundes. Darum bitten wir durch Christus unseren Herrn.

21. März 2000: Ansprache bei der Ankunft auf dem Flughafen in Tel Aviv (Israel)

Am 20. März 2000 begann Papst Johannes Paul II. seine historische Pilgerfahrt ins Heilige Land. Vom jordanischen Amman aus reiste er am 21. März 2000 nach Israel. Aus diplomatischen Gründen wurde er – wie jeder Staatsbesucher – auf dem Flughafen in Tel Aviv mit allen Ehren empfangen. In seiner Begrüßungsansprache betonte der Papst nicht nur die Gemeinsamkeiten von Juden und Christen, sondern zeigte auf, warum diese Reise eines der wesentlichen Anliegen seines Pontifikats sei.

Mein Besuch ist zugleich eine persönliche Pilgerfahrt wie auch die geistliche Reise des Bischofs von Rom zu den Ursprüngen unseres Glaubens an „den Gott Abrahams, den Gott Isaaks und den Gott Jakobs" (vgl. Ex 3,15). Er ist Teil einer größeren Pilgerreise des Betens und Dankens, die mich zuerst an den Sinai geführt hat, den Berg des Gesetzes, den Ort der entscheidenden Offenbarung, welche die folgende Heilsgeschichte prägte. Nun werde ich den Vorzug haben, einige mit dem Leben, dem Tod und der Auferstehung Jesu Christi enger verbundene Stätten zu besuchen. Auf jedem Schritt des Weges trägt mich ein lebendiges Empfinden Gottes, der uns vorangegangen ist und uns anführt, der will, dass wir ihn im Geist und in der Wahrheit anbeten, dass wir die Unterschiede unter uns anerkennen, zugleich aber in jedem Menschen das Bild und Gleichnis des Einen Schöpfers des Himmels und der Erde erkennen.

Herr Präsident [Ezer Weizmann, Staatspräsident von Israel], Sie sind als ein Mann des Friedens und als Friedensstifter bekannt. Wir alle wissen, wie dringend die Notwendigkeit des Friedens und der Gerechtigkeit nicht allein für Israel, sondern für die ganze Region ist. Vieles hat sich geändert in den Beziehungen zwischen dem Heiligen Stuhl und dem Staat Israel, seit mein Vorgänger Papst Paul VI. im Jahr 1964 hierher kam. Die Aufnahme diplomatischer Beziehungen unter uns im Jahr 1994 hat die Bemühungen besiegelt, eine Ära des Dialogs zu eröffnen über Fragen gemeinsamen Interesses von Belang: Religionsfreiheit, Beziehungen zwischen Kirche und Staat und, allgemeiner, Beziehungen zwischen Christen und Juden. Auf einer anderen Ebene verfolgt die Weltöffentlichkeit mit eingehendem Interesse den Friedensprozess, der alle Völker der Region beteiligt sieht an der schwierigen Suche nach einem dauerhaften Frieden mit Gerechtigkeit für alle. Mit neu gefundener Offenheit füreinander müssen Christen und Juden miteinander mutige Anstrengungen unternehmen, um alle Formen von Vorurteil zu beseitigen. Wir müssen immer und überall danach trachten, das wahre Antlitz der Juden und des Judaismus wie auch der Christen und des Christentums zu zeigen, und das auf allen Ebenen der Mentalität, der Lehre und der Kommunikation.

Meine Reise ist daher eine Pilgerfahrt im Geist demütiger Dankbarkeit und Hoffnung an die Ursprünge unserer Religionsgeschichte. Sie ist ein Tribut an die drei Religionstraditionen, die in diesem Land koexistieren. Lange habe ich mich danach gesehnt, den Gläubigen der katholischen Gemeinden in ihrer reichen Vielfalt sowie den Mitgliedern der verschiedenen christlichen Kirchen und Gemeinschaften, die im Heiligen Land anwesend sind, zu begegnen. Ich bete, mein Besuch möge als Ermutigung für ein Anwachsen des interreligiösen Dialogs dienen, dessen Ziel es ist, Juden, Christen und Muslime dahin zu führen, in ihrem jeweiligen Glauben und in der allgemeinen Brüderlichkeit, die alle Mitglieder der Menschheitsfamilie untereinander verbindet, den Anlass und das Beharrungsvermögen zu suchen, um für den Frieden und die Gerechtigkeit zu arbeiten, welche die Völker im Heiligen Land noch nicht haben und doch so sehr ersehnen. Der Psalmist erinnert uns daran, dass der Friede Geschenk Gottes ist: „Ich will hören, was Gott redet: Frieden verkündet der Herr seinem Volk und seinen Frommen, den Menschen mit redlichem Herzen“ (Ps 85,9). Möge der Friede das Geschenk Gottes für das Land sein, das er als sein Eigen erwählte!

23. März 2000: Ansprache in der Holocaustgedenkstätte von Yad Vashem in Jerusalem (Israel)

Bei der Gedenkfeier in der Holocaust-Gedenkstätte Yad Vashem ergriff zunächst Israels Ministerpräsident Ehud Barak das Wort, der den Papst im Namen aller Bürger – ausdrücklich wurden Christen, Muslime, Drusen und Juden genannt – „in Freundschaft, in Brüderlichkeit und im Frieden, hier in Jerusalem, der Hauptstadt Israels, der ewigen Stadt des Glaubens“ willkommen hieß. Barak erinnerte an die Finsternis des Nationalsozialismus, der sich auf das israelische Volk herabsenkte: „Sie, Eure Heiligkeit, waren ein junger Zeuge dieser Tragödie“, sagte er wörtlich und erinnerte an das Verhältnis des Papstes zu seinen jüdisch-polnischen Freunden. „Sie haben sich mehr als irgendjemand sonst dafür eingesetzt, den historischen Richtungswechsel in der Haltung der Kirche gegenüber den Juden herbeizuführen, der einst vom guten Papst Johannes XXIII. angestoßen wurde, und dafür, die klaffenden Wunden zu bedecken, die über viele bittere Jahrhunderte hinweg schwelen.“ Das Kommen des Papstes sei der „Höhepunkt dieser historischen Reise der Heilung“, in diesem Moment sei an diesem Ort die Zeit selbst zum Stillstand gekommen, so Barak. „Kurz bevor Sie sich auf die Wallfahrt hierher begeben haben, hissten Sie die Flagge der Brüderlichkeit auf Vollmast …“, lautete die Botschaft von Yad Vashem aus dem Munde des israelischen Ministerpräsidenten. Genau darauf antwortete der Papst.

An dieser Stätte der Erinnerungen empfinden Verstand, Herz und Seele ein ganz starkes Bedürfnis nach Stille. Stille zum Erinnern. Stillschweigen, in dem wir versuchen, etwas Besinnung in die Erinnerungen zu bringen, die uns überfluten. Stille, weil es keine Worte gibt, die stark genug wären, um die grauenhafte Tragödie der „Shoah" zu beklagen. Meine eigenen, persönlichen Erinnerungen betreffen all die Ereignisse, die sich damals zugetragen haben, als die Nazis Polen während des Krieges okkupierten. Ich erinnere mich an meine jüdischen Freunde und Nachbarn: Manche von ihnen kamen um, andere haben überlebt. Ich bin nach „Yad Vashem" gekommen, um den Millionen Juden die Ehre zu erweisen, denen alles genommen wurde, besonders ihre Würde als Menschen, und die im Holocaust ermordet worden sind. Über ein halbes Jahrhundert ist seitdem vergangen, aber die Erinnerung bleibt. Hier, wie in Auschwitz und an vielen anderen Orten in Europa, sind wir überwältigt vom Widerhall der herzzerreißenden Klage so vieler Menschen. Männer, Frauen und Kinder schreien zu uns auf aus den Tiefen des Gräuels, das sie erfahren mussten. Wie sollten wir ihren Aufschrei nicht hören? Niemand kann das, was damals geschah, vergessen oder ignorieren. Niemand kann die Ausmaße dieser Tragödie schmälern.

Wir möchten uns erinnern. Wir möchten uns aber mit einer bestimmten Zielsetzung erinnern, nämlich um zu gewährleisten, dass das Böse nie mehr die Überhand gewinnen wird, so wie es damals für Millionen unschuldiger Opfer des Nazismus der Fall war. Wie konnte der Mensch eine solche Verachtung des Menschen entwickeln? Weil er den Punkt der Gottesverachtung erreicht hatte. Nur eine gottlose Ideologie konnte die Ausrottung eines ganzen Volkes planen und ausführen. Die Ehrung als „Gerechte der Völker", die der Staat Israel hier in Yad Vashem denen zuerkannt hat, die sich heldenhaft – manchmal sogar bis zur Preisgabe ihres eigenen Lebens – für die Rettung von Juden eingesetzt haben, ist eine Anerkennung der Tatsache, dass nicht einmal in der dunkelsten Stunde jedes Licht ausgelöscht ist. Das ist der Grund, weshalb die Psalmen und die ganze Bibel, die sich zwar der Fähigkeit des Menschen zum Bösen wohl bewusst sind, auch verkünden, dass das Böse nicht das letzte Wort haben wird.

Aus den Tiefen des Leids und der Trauer kommt der Aufschrei des Herzens des Gläubigen: „Ich aber, Herr, ich vertraue dir, ich sage: ‚Du bist mein Gott!'" (Ps 31,15).

Juden und Christen teilen ein unermessliches geistliches Erbe, das aus der Selbstoffenbarung Gottes hervorgegangen ist. Unsere religiösen Lehren und unsere geistliche Erfahrung fordern von uns, das Böse mit Gutem zu überwinden. Wir erinnern uns, aber ohne jedes Verlangen nach Rache oder als Ansporn zum Hass. Für uns bedeutet Erinnerung, für Frieden und Gerechtigkeit zu beten und uns dieser Sache zu verpflichten. Nur eine Welt im Frieden mit Gerechtigkeit für alle kann eine Wiederholung der Verfehlungen und grauenvollen Verbrechen der Vergangenheit verhindern. Als Bischof von Rom und Nachfolger des Apostels Petrus versichere ich dem jüdischen Volk, dass die katholische Kirche – vom Gebot des Evangeliums zur Wahrheit und Liebe und nicht von politischen Überlegungen motiviert – zutiefst betrübt ist über den Hass, die Taten von Verfolgungen und die antisemitischen Ausschreitungen von Christen gegen die Juden, zu welcher Zeit und an welchem Ort auch immer. Die Kirche verwirft jede Form von Rassismus als ein Leugnen des Abbildes des Schöpfers, das jedem Menschenwesen innewohnt (vgl. Gen 1,26).

An diesem Ort des feierlichen Erinnerns bete ich inständig dafür, dass unsere Trauer um die Tragödie, die das jüdische Volk im zwanzigsten Jahrhundert erlitten hat, zu einer neuen Beziehung zwischen Christen und Juden führen möge. Lasst uns eine neue Zukunft aufbauen, in der es keine antijüdischen Gefühle seitens der Christen und keine antichristlichen Empfindungen seitens der Juden mehr geben wird, sondern vielmehr die gegenseitige Achtung, wie sie jenen zukommt, die den einen Schöpfer und Herrn anbeten und auf Abraham als unseren gemeinsamen Vater im Glauben schauen. Die Welt muss die Warnung hören, die die Holocaust-Opfer und das Zeugnis der Überlebenden an uns richten. Hier in Yad Vashem lebt die Erinnerung fort und brennt sich in unsere Seelen ein. Sie lässt auch uns rufen: „Ich höre das Zischeln der Menge – Grauen ringsum … Ich aber, Herr, ich vertraue dir, ich sage: ‚Du bist mein Gott!'" (Ps 31,14 f).

26. März 2000: Begegnung an der Klagemauer in Jerusalem (Israel)

Bei seinem historischen Besuch an der Westmauer des ehemaligen Jerusalemer Tempels – der Klagemauer – legte Johannes Paul II. den Text der Vergebungsbitte vom ersten Fastensonntag in die Fugen des wichtigsten jüdischen Heiligtums. Zuvor hatte Minister Rabbi Michael Melchior das Kommen des Papstes gewürdigt „als die Realisierung der Verpflichtung der katholischen Kirche, die Jahre des Hasses, der Demütigung und Verfolgung des jüdischen Volkes zu beenden". Die Präsenz des Papstes vor der Klagemauer, so Melchior, sei der Beginn eines neuen Zeitalters. Tiefer konnte die Symbolik kaum sein, als der Papst nicht mit einer Rede antwortete, sondern eben langsamen Schrittes und in demütiger Verbeugung auf die Klagemauer zuging, um dort seinen „Zettel" zwischen das historische Gestein zu klemmen.

Gott unserer Väter, du hast Abraham und seine Nachkommen auserwählt, deinen Namen zu den Völkern zu tragen. Wir sind zutiefst betrübt über das Verhalten aller, die im Laufe der Geschichte deine Söhne und Töchter leiden ließen. Wir bitten um Verzeihung und wollen uns dafür einsetzen, dass echte Brüderlichkeit herrsche mit dem Volk des Bundes. Darum bitten wir durch Christus, unseren Herrn.

2. Juni 2003: Ansprache an den israelischen Botschafter beim Heiligen Stuhl (Vatikan)

Anlässlich der Akkreditierung des neuen israelischen Botschafters beim Heiligen Stuhl, Oded Ben-Hur, würdigte Papst Johannes Paul II. in seiner Ansprache die seit fast zehn Jahren bestehende Zusammenarbeit zwischen Israel und dem Vatikan aufgrund der vertraglichen Regelungen. „Die Tatsache", so der Papst, „dass es uns gelungen ist, zu einer Übereinkunft bezüglich der vollen Anerkennung der Rechtspersönlichkeit kirchlicher Einrichtungen zu gelangen, ist Grund zur Zufriedenheit." Johannes Paul II. ging in seinen Ausführungen vor allem auf die aktuelle politische Lage im Nahen Osten, aber auch auf die Weltsituation ein.

In der Tat empfindet die gesamte Menschheitsfamilie – heute vielleicht mehr als je zuvor – das dringende Bedürfnis, Gewalt und Terror zu überwinden, Intoleranz und Fanatismus auszulöschen und eine Ära der Gerechtigkeit, Versöhnung und Eintracht zwischen Einzelpersonen, Gruppen und Nationen einzuleiten. Diese Notwendigkeit ist wohl an keinem Ort deutlicher zu spüren als im Heiligen Land. Es steht völlig außer Frage, dass Völker und Nationen das inhärente Recht auf ein Leben in Sicherheit haben. Dieses Recht bringt jedoch eine entsprechende Pflicht mit sich: die Achtung der Rechte anderer. Ebenso wie Gewalt und Terror nie annehmbare Mittel für politische Entscheidungen sein können, so können auch Vergeltungsmaßnahmen nie zu einem gerechten und dauerhaften Frieden führen. Terrorakte müssen stets als wirkliche Verbrechen gegen die Menschheit verurteilt werden … Jeder Staat hat das unbestreitbare Recht, sich vor dem Terrorismus zu verteidigen, aber dieses Recht muss sich wie jedes andere bei der Wahl sowohl der Ziele als auch der Mittel an moralische und rechtliche Regeln halten …

Selbstverständlich muss man sich fair und wirkungsvoll mit den vielen Fragen und Schwierigkeiten befassen, die von dieser Krise [gemeint ist der Nahostkonflikt] aufgeworfen worden sind. Die Fragen, die beispielsweise die palästinensischen Flüchtlinge und die israelischen Siedlungen oder auch das Problem der Festlegung territorialer Grenzen und der Definition des Status der Heiligen Stätten in der Stadt Jerusalem betreffen, müssen zum Gegenstand eines offenen Dialogs und aufrichtiger Verhandlungen gemacht werden. In keinem Fall sollen Entscheidungen unilateral getroffen werden. Vielmehr verlangen Respekt, gegenseitiges Verständnis und Solidarität, dass der Weg des Dialogs niemals verlassen wird. Auch sollen sich die Dialog- und Verhandlungspartner von echten oder scheinbaren Fehlschlägen nicht entmutigen lassen, im Gegenteil: Gerade in solchen Situationen müssen sie gemeinsam und unermüdlich auf einen wahren Dialog hinarbeiten, wobei die Hindernisse aus dem Weg zu schaffen und die Fehler beim Dialog zu verhindern sind …

Ferner spreche ich den aufrichtigen Wunsch aus, dass dieses Klima der Zusammenarbeit und Freundschaft es uns ermöglichen wird, eine geeignete Lösung für weitere Schwierigkeiten zu finden, mit denen die katholischen Gläubigen im Heiligen Land tagtäglich konfrontiert sind. Viele dieser Probleme, wie zum Beispiel der Zugang zu christlichen Wallfahrtsorten und Heiligen Stätten, die Isolation und Not christlicher Gemeinden, der Schwund der christlichen Bevölkerung infolge von Emigration, stehen auf verschiedene Weise mit dem gegenwärtigen Konflikt in Verbindung, aber das sollte uns nicht davon abhalten, unverzüglich nach möglichen Abhilfen zu suchen und diese Herausforderungen entschlossen aufzunehmen. Ich bin der Überzeugung, dass die katholische Kirche in der Lage sein wird, auch in Zukunft den guten Willen unter den Völkern zu fördern und die Würde des Menschen in ihren Schulen und Erziehungseinrichtungen sowie durch ihre karitativen und sozialen Institutionen voranzubringen. Die Überwindung der oben angesprochenen

Schwierigkeiten wird nicht nur dazu dienen, den Beitrag der katholischen Kirche für die israelische Gesellschaft herauszustellen, sondern sie wird auch die Gewährleistung der Religionsfreiheit in Ihrem Land festigen.

Dem gemeinsamen Erbe verpflichtet:

Der Papst und der Islam

Verhältnisbestimmung Pontifikat – Islam

Das christlich-islamische Verhältnis war bis zum Zweiten Vatikanischen Konzil eine „Hypothek der Geschichte“ (Ludwig Hagemann). Die geistige Auseinandersetzung konzentrierte sich vornehmlich auf polemische und apologetische Äußerungen. Petrus Venerabilis schuf die erste lateinische Koranübersetzung; Thomas von Aquin, Nikolaus Cusanus und Martin Luther waren davon überzeugt, die Wahrheit der christlichen Religion gegenüber Ungläubigen verteidigen zu müssen. Erst mit dem Übergang ins 20. Jahrhundert begann eine historisch-kritische Islamforschung. Von katholischer Seite darf als entscheidender Befürworter einer Öffnung zu den anderen Religionen Papst Johannes XXIII. angesehen werden. Es ist seiner Amtszeit als Apostolischer Delegat in der Türkei zu verdanken, dass er die Erfahrung der christlichen Minderheitensituation und einer friedlichen Koexistenz, in der die christlichen Bekenntnisse vom Zeugnis des Lebens geprägt waren, auf sein späteres Papstamt übertrug; darauf ist auch sein Anstoß zu einem Konzilstext über die nichtchristlichen Religionen zurückzuführen. Ursprünglich sollte das vom Sekretariat für die Einheit der Christen ausgearbeitete Papier nur das Verhältnis zum Judentum behandeln, und so blieb die Verabschiedung des Konzilsdekrets „Nostra aetate“ bis zum 28. Oktober 1965 ein Kampf. Immerhin äußerte sich die katholische Kirche darin erstmals positiv gegenüber dem Islam: „Mit Hochachtung betrachtet die Kirche auch die Muslim, die den alleinigen Gott anbeten", beginnt der dritte Artikel des Dekrets, dem eine kurze Beschreibung des Islam folgt. Der entscheidende Satz lautet: „Da es jedoch im Lauf der Jahrhunderte zu manchen Zwistigkeiten und Feindschaften zwischen Christen und Muslim kam, ermahnt die Heilige Synode alle, das Vergangene beiseite zu lassen, sich aufrichtig um gegenseitiges Verstehen zu bemühen und gemeinsam einzutreten für Schutz und Förderung der sozialen Gerechtigkeit, der sittlichen Güter und nicht zuletzt des Friedens und der Freiheit für alle Menschen" („Nostra aetate", Nr. 3, vgl. „Lumen gentium", Nr. 16).

Hinter diese Aussagen konnten die Nachfolger Johannes XXIII. nicht mehr zurück. Als Konsequenz des Konzils, aber auch aus Gründen der sich zuspitzenden außenpolitischen Situation im Nahen Osten nahm der Heilige Stuhl 1966 innerhalb weniger Monate volle diplomatische Beziehungen mit verschiedenen mehrheitlich islamischen Ländern auf: Ägypten, Syrien, Iran und Irak. Bereits 1962 hatten neun arabische Staaten den Vatikan um eine muslimische Präsenz auf dem Konzil gebeten. Paul VI. nutzte bei verschiedenen Gelegenheiten die Chance, auf andere Religionen einzugehen. Seitdem er die Instanz des „reisenden Papstes" ins Leben gerufen hatte, lassen sich Kontakte zum Islam und eine theologische Wertung von vatikanischer Seite aus am besten an solchen Reisen ablesen. Die erste Reise führte ihn nach Jordanien und Israel (4.-6.1.1964). Gegenüber Muslimen und Juden hielt sich das Kirchenoberhaupt auffallend zurück, weil auf dem Konzil die Debatte um „Nostra aetate" noch in vollem Gang war. Immerhin wurde dem Islam ein Gruß entboten, die theologische Reflexion auf Gemeinsamkeiten entfiel aber weitgehend. Im Unterschied dazu fand Jordaniens König Hussein bei einer Pressekonferenz am 2. Januar andere Worte. Die Papstreise unterstreiche die „wesensmäßige Nähe unserer beiden großen Religionen … Nur wenige Menschen sind sich bewusst darüber, dass (das Ägypten Nassers, der monarchistische Irak, das Reich des Schahs von Persien) offener zutage. In den 70er Jahren setzte eine neue Reflexion ein über das Spannungsverhältnis des Islam als einer Religion des Friedens und einer Religion, die den „heiligen Krieg" befürwortet.

Diesen extremen Positionen stellte sich insbesondere Johannes Paul II. Mit seiner Antrittsenzyklika „Redemptor hominis" (4.3.1979) steckte er den Rahmen ab und mahnte den Dialog zwischen den Religionen und das Menschenrecht auf Religionsfreiheit an. Bei seiner vierten Auslandsreise vom 28. bis 30. November 1979 in die Türkei – kaum ein Jahr nach Amtsantritt – setzte er unmissverständliche Zeichen. Die weiteren Stationen einer immer deutlicheren Annäherung werden in den kommentierten Textausschnitten sichtbar. Der eigentliche Höhepunkt einer vorläufigen Umsetzung von „Nostra aetate" war sicherlich der kurze Aufenthalt in Marokko am 19. August 1985. Zu einer weiteren Annäherung haben selbstverständlich auch die drei interreligiösen Gebetstreffen von Assisi beigetragen. Johannes Paul II. ist gegenüber dem Islam auch vom Mut zum Risiko geprägt: Politisch heikle Stationen waren beispielsweise der Sudan (10.2.1993) und der Libanon (10./11.5.1997). Gerade der letztgenannte Besuch hatte den Charakter einer Versöhnungsreise, auf der er zum Dialog zwischen ehemals verfeindeten Volks- und Religionsgruppen aufrief und allgemein vom „libanesischen Volk" sprach. Wegen der differenzierten religiösen Strukturen vermied es der Papst, sich dem Islam eigens zuzuwenden. Selbst bei den Treffen mit einzelnen Religionsführern gab es aus Gründen der Gleichheit keine offiziellen Ansprachen. Dem Papst ging es um das ganze Volk, das er zur Einheit ermutigte, denn „die Leiden der vergangenen Jahre werden nicht vergeblich gewesen sein; sie werden eure Freiheit und eure Einheit stärken".

Diese Impulse des Dialogs wurden ergänzt durch Hirtenschreiben und Synoden, in denen das Verhältnis zum Islam immer wieder eine Rolle spielt, was hier nicht im Detail dargelegt werden kann. Staatsbesuche im Vatikan förderten das Gespräch. So suchte zum Beispiel am 11. März 1999 Irans schiitischer Präsident Mohammed Chatami den Papst auf. Ein entscheidender Brief des Papstes war die Ankündigung einer Pilgerfahrt zu den Stätten der Heilsgeschichte (29.6.1999). Bei diesen Reisen im Heiligen Jahr ging es ihm vor allem um die Begegnung mit den Religionen, insbesondere dem Islam, „damit bei aller Klarheit des Zeugnisses die Beweggründe wachsen, um einander kennen und schätzen zu lernen". Es müsse darum gehen, „den Wert des religiösen Einsatzes und die Sehnsucht nach einer Gesellschaft zu bezeugen, die dem Plan Gottes besser entspricht". So konnte in einer teilweise konfliktreichen Situation zwischen koptischen Christen und Muslimen die Reise des Papstes nach Ägypten (24.-26.2.2000) wenigstens vorübergehend förderlich wirken. Denn was in der Geschichte bis dahin kaum denkbar war, zeigte sich im Besuch beim ägyptischen Großmufti und Scheich der Al-Azhar-Universität, Mohammed Sayed Tantawi. Die übereinstimmende Meinung der beiden Religionsführer galt dabei als Perspektive: „Die Zukunft der Menschheit hängt davon ab, dass Religionen und Kulturen den Dialog finden."

Der Schritt in das weltweit bedeutendste geistliche Zentrum des sunnitischen Islam wurde mutig fortgeführt, als der Papst bei seiner schwierigsten Reise ins Heilige Land am 26. März 2000 den Platz vor der Al-Aksa-Moschee auf dem Jerusalemer Tempelberg besuchte. Sein Appell an ein friedvolles Zusammenleben der Religionen in Jerusalem scheint aber nur ein Wunsch zu bleiben: Der Jerusalemer Großmufti Ikrimah Sabri legte zwar die Heiligkeit des Ortes nach islamischer Tradition dar, fand dann aber klare politische Worte: „Wir bitten Sie auf der Seite von Gesetz und Gerechtigkeit zu stehen, so dass die israelische Besatzung der Heiligen Stadt ein Ende findet ... damit das Leiden des palästinensischen Volkes ein Ende hat." Obwohl Johannes Paul II. betont hatte, er komme als Pilger, blieb die politische Komponente –

durch die Religion hervorgehoben – nicht aus. Trotzdem gab er die Hoffnung auf Versöhnung nicht auf und bemerkte an anderer Stelle in Jerusalem: „Wir müssen alles tun, was in unseren Kräften liegt, damit sich das Bewusstsein der vergangenen Kränkungen und Sünden verwandelt in den festen Entschluss zum Aufbau einer neuen Zukunft." Diese Idee wurde ein Jahr später mit dem Gang des Papstes in die Omaijadenmoschee von Damaskus am 6. Mai 2001 zu einem kaum überbietbaren Höhepunkt geführt. Bereits bei der Ankunft auf dem Flughafen hatte Johannes Paul II. Syrien als bedeutendes Vorbild für eine friedliche Koexistenz von Christen und Muslimen gewürdigt. Mit Großmufti Mohammed Kuftaro betonte er den Willen, dass beide Religionen Gemeinschaften des Dialogs und nicht des Konflikts seien.

Angesichts der Katastrophenmeldungen aus den Vereinigten Staaten und Beileidsbekundungen aus aller Welt fiel eine aus wenigen Zeilen bestehende Erklärung in der Öffentlichkeit kaum auf: Am 12. September 2001 verurteilten der Päpstliche Rat für den interreligiösen Dialog und das interreligiöse Dialog-Komitee der obersten Lehrinstanz des sunnitischen Islam, die Al-Azhar-Universität in Kairo, die Terroranschläge: „Solche Gewaltakte führen nicht zum Frieden in der Welt." Die religiösen Führer seien aufgerufen, auch weiterhin zu lehren, dass „Gerechtigkeit und gegenseitiger Respekt die wahre Grundlage für den Frieden ist". Diese Äußerung zeigt, wie gut es um den Dialog zwischen der katholischen Kirche und dem Islam steht, denn es war etwas Besonderes, dass der Vatikan und der sunnitische Islam gemeinsam eine Verurteilung aussprachen. Die Reise des Papstes nach Kasachstan und Armenien (22.-27.9.2001) kurz nach den Anschlägen in Amerika, kann daher als eine Zusammenfassung der bisherigen Bemühungen, Christentum und Islam im Gespräch zu halten, angesehen werden. Johannes Paul II. verurteilte jede Form der Gewaltanwendung und warb erneut für eine positive Auseinandersetzung mit dem Islam. Dazu trug auch der Aufenthalt in Aserbaidschan (22./23.5.2002) bei, wo über Jahrhunderte verschiedenste Religionen friedlich nebeneinander gelebt haben.

Aus dem vorsichtigen Herantasten zwischen Achtung und Akzeptanz hat insbesondere Johannes Paul II. einen Dialog entwickelt, der heute die unumkehrbare Grundlage für das weitere friedliche Gespräch zwischen den Religionen ist. In mehr als zwei Jahrzehnten hat die katholische Kirche mit ihrem Papst einen wesentlichen Beitrag geleistet, um die jeweils andere Religion besser zu verstehen. Neben den großen symbolträchtigen Handlungen seien aber auch vermeintlich unscheinbare, weniger bekannte Dinge genannt, etwa die Vorlesungen des früheren jordanischen Kronprinzen Hassan an der Päpstlichen Universität Gregoriana, die seit einigen Jahren vom Vatikan veröffentlichte Grußbotschaft zum jährlichen islamischen Fastenmonat Ramadan oder die Dialogzeitschrift „Islamocristiana", die seit 1975 in Rom herausgegeben wird. Die folgende Textauswahl dokumentiert im Einzelnen die schrittweise Entwicklung, das vorsichtige Herantasten und die konkreten Umsetzungsforderungen für einen Dialog dieses besonderen Beitrags Johannes Paul II.

29. November 1979: Ansprache an die katholische Gemeinde in Ankara (Türkei)

Bereits die vierte Auslandsreise Johannes Paul II. gut ein Jahr nach Pontifikatsbeginn führte ihn vom 28. bis zum 30. November 1979 in ein zu 98 Prozent aus Muslimen bestehendes Land. Zwar erlebte er den Islam eines säkularisierten Staates, der aber dennoch weit in alle Bevölkerungsschichten aufgrund historischer und familiärer Bindungen hineinreicht. Das vorrangige Ziel der Reise war eine Annäherung an die griechisch-orthodoxe Kirche: Nach dem ersten Schritt zur Aussöhnung unter Paul VI. mit der brüderlichen Umarmung des Patriarchen von Konstantinopel beim legendären Aufenthalt Paul VI. in Jerusalem 1964 und dem späteren Papstbesuch in Istanbul, war die Ankunft von Johannes Paul II. in der Türkei ein wichtiges Signal für den weiteren christlich-islamischen Dialog an die Muslime in aller Welt. Man wolle nicht nur über den Dialog sprechen, sondern ihn in konkrete Taten umsetzen, hieß die zunächst vorsichtige und indirekt formulierte Botschaft während des Türkeiaufenthalts, der den Papst neben Ankara auch nach Istanbul und Ephesus führte. Die Rede an die katholische Gemeinde in Ankara zeigt, wie zurückhaltend Johannes Paul II. noch zu Beginn seines Pontifikats agierte. Ihm war es vor allem ein Anliegen, das Konzilsdokument „Nostra aetate" in Erinnerung zu rufen.

„Seid stets bereit, jedem Rede und Antwort zu stehen, der nach der Hoffnung fragt, die euch erfüllt; aber antwortet bescheiden und ehrfürchtig, denn ihr habt ein gutes Gewissen" (1 Petr 3,15-16). Diese Worte sind die goldene Regel für die Beziehungen und Kontakte, die der Christ zu seinen Mitbürgern haben soll, die verschiedenen Glaubens sind. Eure Situation heute ist es ..., in einem modernen Staat zu leben, der für alle die freie Ausübung des Glaubens vorsieht, ohne sich mit irgendeinem Glauben zu identifizieren, und unter Menschen zu leben, die in ihrer großen Mehrzahl, obwohl sie nicht den christlichen Glauben teilen, sich selbst mit ihren eigenen Worten als „Gott gehorsam", „demütig vor Gott", ja als „Diener Gottes" bezeichnen und so mit den oben angeführten Worten des heiligen Petrus übereinstimmen; sie teilen also mit euch den Glauben Abrahams …

Während ich an eure Mitbürger, aber auch an die weite Welt des Islams denke, drücke ich heute neuerlich die Wertschätzung der katholischen Kirche für diese religiösen Werte aus …

Ich möchte diese Begegnung und die Gelegenheit, die mir die Worte des heiligen Petrus an eure Vorfahren bieten, dazu benützen, euch einzuladen, täglich die tiefen Wurzeln des Glaubens an Gott zu erwägen, an den auch eure muslimischen Mitbürger glauben und diesen Glauben zum Prinzip der Zusammenarbeit für den Fortschritt des Menschen im Streben nach dem Guten, für die Ausweitung des Friedens und der Brüderlichkeit, im freien Bekenntnis des eigenen Glaubens zu machen …

Heute sind eure Gemeinden zwar bescheiden, doch reich an vielfältigen Traditionen; und sie setzen sich aus Personen zusammen, die aus vielen Teilen der Welt stammen. Das bietet euch Gelegenheit, eurem Glauben und eurer Hoffnung gegenseitig Ausdruck zu verleihen und hier ein bedeutsames Zeugnis der Einheit und Brüderlichkeit zu geben.

30. November 1979: Ansprache vor dem Abflug auf dem Militärflughafen in Izmir (Türkei)

Nach den unterschiedlichen Begegnungen in der Türkei nutzte der Papst zum Abschluss der Reise noch einmal die Gelegenheit, an das unveräußerliche Menschenrecht auf Religions- und Gewissensfreiheit zu erinnern. Das reiche kulturelle Erbe, das auch die christliche Tradition in den heutigen Staat mitgebracht hat, gelte es ebenso zu schützen, wie den Ausbau der christlichen Gemeinden zu fördern.

Der moderne türkische Staat bemüht sich heute um die Förderung des Gemeinwohls und die staatlichen Aufgaben. Die klare Unterscheidung der bürgerlichen und religiösen Sphäre erlaubt beiden Bereichen, seine besondere Verantwortung in Achtung vor der Natur beider Gewalten und der Gewissensfreiheit wahrzunehmen. Das Prinzip der Gewissensfreiheit wie auch das der Religion, des Gottesdienstes, des Unterrichts ist in der Verfassung dieser Republik anerkannt. Ich hoffe, dass alle Gläubigen und ihre Gemeinden davon immer mehr profitieren. Die Gewissen können andererseits, wenn sie gut gebildet sind, durch ihre tiefe religiöse Überzeugung, durch ihre Treue zu Gott, eine Hoffnung, ein Ideal sein für die moralischen Qualitäten des Mutes, der Loyalität, Gerechtigkeit und Brüderlichkeit, die die Seele des ganzen Volkes zum Wohl und Frieden braucht. In diesem Sinn erlaube ich mir, meine Hochachtung vor allen Gläubigen dieses Landes auszudrücken.

14. Februar 1982: Ansprache an die Muslime in Kaduna (Nigeria)

Die zweite Afrikareise des Papstes (12.-19.2.1982) führte neben Nigeria nach Benin, Gabun und Äquatorial-Guinea. Obwohl Johannes Paul II. bereits 1980 in verschiedenen afrikanischen Ländern den christlich-islamischen Dialog angemahnt hatte und er Ähnliches auch bei seiner Reise auf die Philippinen (17.-19.2.1981) forderte, gilt der zweite Afrikaaufenthalt als eine der ersten detaillierten Auseinandersetzungen mit dem Islam. In Kaduna wurde deutlich, dass für den Papst Dialog und Suche nach theologischen Gemeinsamkeiten eng zusammen liegen. Neu war, dass er während der Reise aus dem Koran zitierte. Damit bezeugte er nicht nur den Respekt gegenüber der anderen Religion, sondern begründete gleichzeitig ein neues Wesensmerkmal seiner künftigen Reden, aus dem Reichtum der heiligen Schriften anderer Religionen zu schöpfen. Und der Papst bemerkte gleich zu Beginn seiner Rede, dass er zwar gekommen sei, die katholischen Schwestern und Brüder zu stärken, aber ohne den Besuch der muslimischen Führer sei die Reise „unvollständig".

Wir alle, Christen und Muslime, leben unter der Sonne des einen barmherzigen Gottes ... Wegen dieses Glaubens an Gott haben Christentum und Islam vielerlei gemeinsam: das Vorrecht des Gebets, den Dienst an der Gerechtigkeit, begleitet vom Erbarmen und Almosengeben, und vor allem eine heilige Achtung vor der Würde des Menschen, die den Grundrechten jedes einzelnen Menschen zugrunde liegt, einschließlich dem Recht des ungeborenen Kindes auf Leben. Wir Christen haben von Jesus, unserem Herrn und Meister, das Grundgesetz der Gottes- und Nächstenliebe empfangen (vgl. Mt 22,37-39). Ich weiß, dass dieses Gebot der Liebe auch in Ihren Herzen tiefen Widerhall findet, denn in Ihrem heiligen Buch werden Sie zusammen mit der Aufforderung zum Glauben gemahnt, sich durch gute Werke auszuzeichnen (vgl. Sure 5,51) ...

Erlauben Sie mir, einige ... Bereiche zu nennen, in denen Christen und Muslime mehr zusammenarbeiten könnten. Wir könnten einen Dialog beginnen, um zu einem besseren gegenseitigen Verständnis auf wissenschaftlicher Ebene wie in den Beziehungen von Mensch zu Mensch, in der Familie sowie am Arbeitsplatz und in der Freizeit zu kommen. Wir könnten mehr Rechtschaffenheit und Disziplin im privaten und öffentlichen Leben fördern, mehr Mut und Klugheit in der Politik, die Beseitigung politischer Gegensätze und die Abschaffung von Diskriminierungen aus Gründen der Rasse, Hautfarbe, ethnischen Herkunft, Religion oder des Geschlechts. Wir könnten beide als Vorkämpfer des Grundsatzes und der praktischen Freiheit auftreten, indem wir deren Anwendung insbesondere in der religiösen Erziehung der Kinder sicherstellen …

Warum spreche ich mit Ihnen über diese Probleme? Weil Sie Muslime sind und wie wir Christen an den einen Gott glauben, der die Quelle aller Rechte und Werte der Menschheit ist. Zudem bin ich überzeugt, dass wir viel Gutes vollbringen könnten, wenn wir uns im Namen Gottes die Hand reichen. Wir könnten gemeinsam für Eintracht und nationale Einheit arbeiten, in Offenheit und größerem gegenseitigen Vertrauen. Wir könnten zur Förderung von Gerechtigkeit, Frieden und Entwicklung zusammenarbeiten …

19. August 1985: Predigt bei der Messe im Institut „Charles de Foucauld" in Casablanca (Marokko)

Die Reise nach Marokko führte den Papst in ein Land mit weit über 90 Prozent muslimischer Bevölkerung. Unter der stabilen Monarchie von König Hassan II. hat sich das Leben für die christliche Minderheit, die überwiegend aus Ausländern besteht, nach und nach positiv entwickelt. Bereits am 30. Dezember 1983 hatte der König in einem Brief an den Papst zugesichert, dass die katholische Kirche ein Rechtsstatut erhalte, nach dem sie „frei und öffentlich ihre Aktivitäten ausführen kann". Wie bei den Reisen üblich, besuchte der Papst zunächst die katholische Kommunität von Marokko, die sich im Institut „Charles de Foucauld" in Casablanca eingefunden hatte.

Vom Geist der Liebe beseelt, der das Herzstück des Evangeliums ist, können die Christen in Wahrheit das erkennen, was ihnen die tägliche Begegnung mit ihren islamischen Brüdern und Schwestern schenkt. Ihr verfügt über eine Kenntnis der Kultur und der religiösen Inspiration dieses Landes, wie man sie durch die brüderlichen Beziehungen und im Allgemeinen im gesellschaftlichen

Leben erwirbt, das sich gemeinsam mit einem Volk anderer Religion abspielt. Diese Kenntnis gestattet euch, auch in den westlichen Ländern, in denen islamische Arbeiter und Studenten leben, für sie größeres Verständnis wachzurufen. Was hier auf natürliche Weise vertieft wird, setzt sich anderswo auf bemerkenswerte Weise fort, indem zwischen den verschiedenen Traditionen Brücken geschlagen werden.

Es ist dies ein Dienst, den die Berufung der Christen in Marokko mit sich bringt, also in einer Welt, wo der beiderseitig respektvolle Dialog nicht immer leicht ist.

19. August 1985: Ansprache an muslimische Jugendliche im Sportstadion von Casablanca (Marokko)

Der eigentliche Höhepunkt der Marokko-Reise des Papstes war die Begegnung mit rund 100.000 muslimischen Jugendlichen im Sportstadion von Casablanca. Johannes Paul II. begann seine berühmt gewordene Rede mit einem persönlichen Bekenntnis. Auf vielen seiner Reisen käme er mit Jugendlichen zusammen, aber „mit jungen Muslimen zum ersten Mal". Seine Ansprache ist eine Verpflichtung zum Dialog der katholischen Kirche, betont aber auch die Forderung nach uneingeschränkter Gegenseitigkeit. Unterschiede im Glauben gelte es in Demut und Respekt anzuerkennen, hingegen müsse man das gemeinsame Erbe als Religionen, die sich gleichermaßen auf Abraham berufen, pflegen. Hieraus resultiert das geschlossene Eintreten in ethischen Fragen und die Förderung einer echten Religionsfreiheit, der jede Ablehnung von religiöser Intoleranz vorausgehen muss. Bis heute gilt diese Ansprache zurecht als Kernstück des Dialogs mit dem Islam, die das Islambild des Pontifikats wesentlich geprägt hat.

Christen und Muslime haben vieles gemeinsam als Gläubige und als Menschen. Wir leben in der gleichen Welt, die durch viele

Zeichen der Hoffnung, aber auch der Angst gekennzeichnet ist. Abraham ist für uns ein gemeinsames Vorbild des Glaubens an Gott, der Unterwerfung unter seinen Willen und des Vertrauens auf seine Güte. Wir glauben an denselben Gott, den einzigen, den lebendigen, den Gott, der die Welten schafft und seine Geschöpfe zur Vollendung führt … Deshalb komme ich heute als Glaubender zu euch. Und in großer Schlichtheit möchte ich den bezeugen, an den ich glaube, und von meinem Glauben, von dem, was ich als Glück der Menschen ersehne, und von dem, was ich aus eigener Erfahrung nützlich für euch halte, sprechen …

Der Dialog zwischen Christen und Muslimen ist heute nötiger denn je. Er ergibt sich aus unserer Treue zu Gott und setzt voraus, dass wir Gott durch den Glauben zu erkennen wissen und ihn in Wort und Tat in einer immer mehr säkularisierten und oft sogar atheistischen Welt bezeugen. Die jungen Menschen können eine bessere Zukunft bauen, wenn sie ihren Glauben vor allem auf Gott setzen und sich bemühen, die Welt nach dem Plan Gottes zu bauen, in Weisheit und Zuversicht …

Wir möchten, dass alle zur vollen göttlichen Wahrheit Zutritt finden, aber das können sie nur in der freien Zustimmung ihres Gewissens, in der Bewahrung vor äußerem Zwang, wie es der freien Entscheidung der Vernunft und des Herzens, die die Würde des Menschen charakterisieren, würdig ist. Das ist der wahre Sinn der Religionsfreiheit, die Gott und den Menschen zugleich achtet. Von solchen Anbetern erwartet Gott seine aufrichtige Verehrung im Geist und in der Wahrheit …

Achtung und Dialog verlangen Gegenseitigkeit in allen Bereichen, vor allem in Fragen der Grundfreiheiten, und hier im Besonderen der Religionsfreiheit. Sie begünstigen den Frieden und die Verständigung der Völker. Sie helfen, die Probleme der Männer und Frauen unserer Tage gemeinsam zu lösen, speziell die der jungen Menschen …

In der Welt gibt es Fronten und Spaltungen unter den Menschen und Missverständnisse zwischen den Generationen. Es gibt Rassismus, Kriege und Ungerechtigkeiten, wie es auch Hunger, Verschwendung, Arbeitslosigkeit gibt. Das sind die dramatischen Übel, die alle treffen, im Besonderen die Jugend der Welt. Einige laufen Gefahr, den Mut zu verlieren, andere zu resignieren, wieder andere wollen alles mit Gewalt und extremen Mitteln ändern. Die Weisheit lehrt uns, dass Selbstdisziplin und Liebe der einzige Weg zur erwünschten Erneuerung sind. Gott will nicht, dass die Menschen passiv bleiben. Er hat ihnen die Erde anvertraut, damit sie sie beherrschen, sie kultivieren und gemeinsam fruchtbar machen.

Ihr seid verantwortlich für die Welt von morgen. Nehmt eure Verantwortung voll wahr, mit Mut könnt ihr die gegenwärtigen Schwierigkeiten überwinden. Ihr müsst also die Initiative ergreifen und nicht alles von den Erwachsenen und den Leuten in hohen Positionen erwarten. Ihr müsst die Welt erbauen und nicht nur davon träumen …

Die kommende Welt wird von der Jugend aller Länder der Erde abhängen. Unsere Welt ist geteilt und gespalten. Sie kennt viele Konflikte und Ungerechtigkeiten. Es gibt keine wirkliche Solidarität zwischen Nord und Süd. Es gibt keine gegenseitige Hilfe unter den Völkern des Südens. In der Welt gibt es Kulturen und Rassen, die nicht geachtet werden. Weshalb das alles? Weil die Menschen ihre Unterschiede nicht respektieren: Sie kennen sich zu wenig. Sie lehnen diejenigen ab, die nicht zur gleichen Zivilisation gehören. Sie lehnen es ab, sich wechselseitig zu helfen. Sie sind nicht fähig, sich von Selbstgenügsamkeit und Egoismus zu befreien. Gott hat alle Menschen in gleicher Würde, aber verschieden an Gaben und Talenten erschaffen. Die Menschheit ist ein Ganzes, in dem jede Gruppe ihre Rolle spielt. Sie muss die Werte verschiedener Völker und Kulturen anerkennen. Die Welt ist ein lebendiger Organismus; jeder muss etwas von den anderen empfangen und den anderen geben …

Marokko hat eine Tradition der Öffnung; eure Gelehrten sind weit gereist, und ihr habt die Gelehrten anderer Länder aufgenommen. Marokko war ein Platz der Begegnung der Zivilisationen: Es hat den Austausch mit dem Orient, Spanien und Afrika ermöglicht. Marokko hat eine Tradition der Toleranz; in diesem islamischen Land gab es immer Juden und fast immer Christen. Sie lebten in gegenseitiger Achtung und positiver Weise zusammen. Ihr wart und bleibt ein gastfreundliches Land. Also seid ihr, junge Marokkaner, vorbereitet darauf, Bürger der Welt von morgen zu werden, einer brüderlichen Welt, die die Jugend der ganzen Welt erhofft.

Ihr jungen Menschen seid, dessen bin ich sicher, dialogfähig. Ihr wollt nicht von Vorurteilen bestimmt werden. Ihr seid bereit, eine Zivilisation im Zeichen der Liebe aufzubauen. Ihr könnt dafür arbeiten, dass die Barrieren fallen, die der Stolz und noch häufiger die Schwäche und Angst der Menschen errichtet. Ihr wollt die anderen ohne Rücksicht auf Nation, Rasse und Religion lieben …

Die Araber des Machreq und des Maghreb und besonders die Muslime haben eine lange Tradition des Studiums und des Wissens, des literarischen, naturwissenschaftlichen, philosophischen. Ihr seid die Erben dieser Tradition, ihr müsst studieren, damit ihr die Welt, die Gott uns gegeben hat, erkennen und verstehen lernt, ihren Sinn entdeckt, mit Gespür für und Respekt vor der Wahrheit …

Die katholische Kirche blickt mit Hochachtung auf euren religiösen Weg und erkennt seine Qualität an, den Reichtum eurer geistlichen Tradition. Auch wir Christen sind stolz auf unsere religiöse Tradition. Ich glaube, dass wir, Christen und Muslime, mit Freude die religiösen Werte, die wir gemeinsam haben, anerkennen und Gott dafür danken sollten. Wir glauben beide an einen Gott, den einzigen Gott, der voll Gerechtigkeit und Erbarmen ist. Wir glauben an die Bedeutung des Gebets, des Fastens und des Almosengebens, der Buße und der Vergebung. Wir glauben, dass Gott am Ende der Zeiten uns ein barmherziger Richter sein wird, und hoffen, dass er nach der Auferstehung mit uns zufrieden sein wird, und wissen, dass wir in ihm unsere Erfüllung finden …

Ich glaube, dass Gott uns heute auffordert, unsere alten Gewohnheiten abzulegen. Wir sollten uns gegenseitig respektieren und zu guten Werken auf dem Weg Gottes anspornen.

28. Januar 1992: Grußwort an eine Delegation des Islamischen Weltbundes in Rom (Vatikan)

In den Jahren zwischen der Casablanca-Rede und der hier erinnerten Ansprache an eine Delegation des Islamischen Weltbundes, der sich zu einem Besuch in Rom aufhielt, hat Johannes Paul II. immer wieder Muslime in Privataudienz empfangen oder Worte an muslimische Gemeinschaften in einzelnen, von ihm besuchten Ländern, gerichtet. Letztlich bauen alle Ansprachen an die Religionen und speziell den Islam auf das erste Assisitreffen vom 27. Oktober 1986 auf. Diesen Geist von Assisi möchte der Papst lebendig halten. Dazu kam ihm neben dem Päpstlichen Rat für den Interreligiösen Dialog (bis 1988 hieß er Päpstlicher Rat für die Nichtchristen; mit der Umbenennung trug Johannes Paul II. einer aktuellen Entwicklung positiv Rechnung) vor allem die römische Basisgemeinschaft Sant'Egidio zu Hilfe. Ihrer Einladung war der Islamische Weltbund nach Rom gefolgt.

In einer Zeit, in der Konflikte und Kriege ungeheures Leid für die Mitglieder der Menschheitsfamilie auf der ganzen Welt verursachen, besteht die dringende Notwendigkeit, dass die Angehörigen der verschiedenen Religionen Zeugnis ablegen von unseren gemeinsamen Überzeugungen über die Würde des Menschen. Dies ist ein besonderer Faktor in solchen Situationen, wo Religionsunterschiede zur Ursache von Hass, Gewalt und Missachtung der Rechte des Mitmenschen werden. Christen und Muslime sind in gleicher Weise aufgerufen, den Missbrauch von Religion zu bekämpfen und die Versöhnung und den Dialog zu fördern … Ich bin davon überzeugt, dass den verschiedenen Religionen, heute und morgen eine herausragende Rolle für die Bewahrung des Friedens und für den Aufbau einer menschenwürdigen Gesellschaft zufallen wird (vgl. „Centesimus annus", Nr. 60). Eure Anwesenheit heute ist ein Zeichen eures Wunsches nach Zusammenarbeit, um die notwendigen Bedingungen für eine gerechte und friedvolle Welt zu schaffen. Ich ermutige euch, euren Dialog mit Geduld und Ausdauer fortzusetzen und rufe auf euch den Segen des allmächtigen Gottes herab.

22. Februar 1992: Ansprache beim Treffen mit muslimischen Religionsführern in Dakar (Senegal)

Seine 54. Auslandsreise führte Johannes Paul II. erneut auf den afrikanischen Kontinent. Stationen waren Senegal, Gambia und Guinea. In Dakar eröffnete der Papst seine Rede mit der Erinnerung an zahlreiche Begegnungen mit muslimischen Religionsführern, die ihn im Vatikan aufgesucht hatten. Insbesondere rekurrierte er auf das Treffen mit den Jugendlichen in Casablanca von 1985. Bei der theologischen Grundlegung verwies der Papst auf Abraham als verbindendes Erbe aller drei monotheistischen Religionen. Insgesamt reflektierte er bei dieser Afrikareise in seinen Ausführungen das Verhältnis zu den ortsansässigen Religionen über den Islam hinaus, mit Blick auf die afrikanischen Natur- und Stammesreligionen.

Als religiöse Gemeinschaften, die sich darum mühen, sich von ganzer Seele dem Willen Gottes zu unterwerfen, müssten Christen und Muslime in Frieden, Geschwisterlichkeit und Zusammenarbeit miteinander leben. Es freut mich zu sehen, dass seit der Ankunft der ersten Christen in diesem Land das senegalesische Volk der Welt ein gutes Beispiel für dieses Zusammenleben gegeben hat …

Christen und Muslime, wir müssen Menschen des Dialogs sein. Wie ich es oft gesagt habe und wie es die Bischöfe Senegals wiederholt haben, erfordert der Einsatz für den Dialog zunächst einen „Dialog der Liebe“, das heißt gegenseitige Aufnahme, gegenseitige Achtung der Gewissens- und Kultfreiheit, Austausch und Zusammenarbeit, Haltungen, durch die wir als Gläubige Zeugnis ablegen für das Ideal, zu dem Gott uns beruft.

Doch unser Bemühen, den Willen Gottes zu tun, wird uns weiter führen als nur zu diesem Leben in Harmonie. Die Probleme des aktuellen Lebens sind vielfältig. Wir, die wir an die Güte Gottes glauben, haben eine besondere Verpflichtung, diese Probleme anzugehen und im Dialog nach Lösungen zu suchen, wodurch die moderne Gesellschaft gerechter und menschlicher werden kann, eine Gesellschaft, die die Freiheit, die Rechte und die Würde jedes Einzelnen achtet.

Einige der Probleme sind wirtschaftlicher Art. Als gläubige Menschen müssen wir denen besondere Aufmerksamkeit schenken, die in Armut leben. In einer Welt, in der einige im Überfluss leben, während anderen das Allernötigste zum Überleben fehlt, müssen Christen und Muslime gemeinsam das Problem der gerechten Verteilung der Güter untersuchen. Wir müssen aufmerksam auf die Rolle der Regierenden achten, denen die Verantwortung obliegt, ihr Land zum Wohle aller zu entwickeln … Wir müssen darüber wachen, dass alle Bürger, ohne Rücksicht auf ihre Rasse, Religion, Sprache oder Geschlecht, ein heiligmäßiges und würdiges Familienleben führen können …

Eine der größten Plagen der Menschheit … ist der Krieg. Wie viel verlorenes Leben, wie viel Zerstörung, Wut und Enttäuschung gehen von diesen zahlreichen Konflikten aus! … Christen und Muslime haben die ganz besondere Pflicht, für den Frieden zu arbeiten, mitzuwirken an der Schaffung sozialer Strukturen auf nationaler und internationaler Ebene, wodurch die Spannungen verringert werden können und die Gefahr abgewandt wird, dass sie in blutige Konflikte ausarten. Aus diesem Grund ermuntere ich Christen und Muslime dazu, aktiv an interreligiösen Begegnungen und Organisationen teilzunehmen, die sich zum Ziel gesetzt haben, für den Frieden zu arbeiten und zu beten … Um der Gesellschaft einen spezifisch religiösen Beitrag leisten zu können, muss sich der Dialog zwischen Christen und Muslimen noch entwickeln. Wir müssen bereit sein, offen und frei miteinander zu reden, und müssen einander voller Aufmerksamkeit und Achtung zuhören …

Um der Ehrlichkeit willen muss ich zugeben, dass Christen und Muslime sich einander gegenüber nicht immer auf eine Weise verhalten haben, die die unermessliche Güte Gottes widerspiegelt. In bestimmten Gebieten der Welt gibt es immer noch Spannungen zwischen unseren beiden Gemeinschaften, und die Christen sind in verschiedenen Ländern Opfer von Diskriminierung. Der christlich-islamische Dialog muss weitergeführt werden, damit wir zu einem wahrhaftigen Zusammenleben gelangen und die gegenseitige Achtung vor der Gewissensfreiheit und der Freiheit des Kultes sichergestellt wird, wobei die einen wie die anderen, wo auch immer ihr Wohnsitz ist, auf gleiche Weise behandelt werden … Ich wiederhole diesen Aufruf heute vor euch. Mögen wir uns gemeinsam ernsthaft bemühen, zu einem gegenseitigen tieferen Verstehen zu gelangen. Möge unsere Zusammenarbeit, die wir im Namen unseres Glaubens an Gott unternehmen, ein Segen und eine Wohltat für das ganze Volk sein!

25. Februar 1992: Ansprache beim Treffen mit Muslimen in Conakry (Guinea)

In Conakry knüpfte Johannes Paul II. thematisch an seine Ausführungen im Senegal an. Insgesamt lässt sich feststellen, dass der Papst auf dieser Reise seine früheren Afrikabesuche wiederholt zitierte. Noch deutlicher als in den frühen 80er Jahren prangerte er soziale und wirtschaftliche Ungerechtigkeiten an und verwies auf die Unfähigkeit der internationalen Staatengemeinschaft, den Nord-Süd-Konflikt – nach dem Ende des Ost-West-Konflikts – glaubhaft zu bewältigen. Soziale Gerechtigkeit kann nach Auffassung des Papstes nur gelingen, wenn alle Gruppen der Gesellschaft aktiv am Leben des Staates beteiligt werden. Das gelte auch für die religiösen und ethnischen Minderheiten. Auch bei dieser Reise wurde deutlich: Nur echte Religionsfreiheit kann zum Aufbau eines stabilen gesamtgesellschaftlichen Gefüges beitragen.

Wir Christen und Muslime werden alle von der Sonne Gottes erleuchtet, der in der Geschichte der Menschen und der Völker gegenwärtig und am Werk ist. Wir Christen und Muslime glauben an Gott, den Schöpfer des Menschen und des ganzen Universums, wir beten ihn an und bemühen uns, uns seinem Willen zu unterwerfen. Aus diesem Glauben gehen zahlreiche Gemeinsamkeiten von Christentum und Islam hervor: der wichtige Platz, der dem Gebet eingeräumt wird, die Achtung für die Sittlichkeit, der Sinn für die Menschenwürde, der die Basis für die Grundrechte eines jeden Menschen bildet.

Hier in Guinea muss man noch ein weiteres Band berücksichtigen: das Band des Blutes. Innerhalb einer einzigen Familie finden sich manchmal Christen, Muslime und Anhänger der Naturreligionen. Es ist angezeigt, mit Befriedigung das außerordentlich günstige Klima des Zusammenlebens, das die Beziehungen zwischen Menschen verschiedener Religionen kennzeichnet, lobend zu erwähnen. Lasst dieses Erbe nie verloren gehen! Möge sich dieser Sinn für Solidarität festigen, in der gegenseitigen, tagtäglich bekundeten Achtung der Überzeugungen eines jeden, damit ihr Hand in Hand für die gesamtheitliche Entwicklung des Menschen in Guinea tätig werden könnt!

10. Januar 1993:
Ansprache an die muslimische Gemeinschaft Europas im Konvent von San Francesco in Assisi (Italien)

Nachdem der Golfkrieg überstanden war, eskalierte in Europa der Konflikt auf dem Balkan. Johannes Paul II. sah sich verpflichtet, zusammen mit den Vorsitzenden der europäischen Bischofskonferenzen zu einem zweiten Friedensgebet nach Assisi einzuladen, das am 9. und 10. Januar 1993 stattfand. Die Begegnung war bewusst als „Gebetstag für den Frieden in Europa" deklariert worden, kann aber in seiner Bedeutung, Wirkung und Akzeptanz als Nachfolgetreffen des ersten Gebetstages in Assisi vom 27. Oktober 1986 gesehen werden. Auffallend war, dass es eine eigene Begegnung des Papstes mit den muslimischen Vertretern gab – weitere mit anderen Religionsvertretern waren in Assisi nicht vorgesehen, was ihre Bedeutung noch unterstreicht. In seiner Ansprache an die muslimischen Vertreter gebraucht der Papst die in den folgenden Jahren, besonders nach dem 11. September 2001 immer wieder zitierte Wendung, die Religion dürfe nicht als Vorwand für Gewalt missbraucht werden. Diese Äußerung war eine wichtige Voraussetzung für die wenige Tage später stattfindende Reise in den Sudan und die dortige Begegnung mit der muslimischen Welt.

Wir sind zusammengekommen, um demütig und bittend vor den allmächtigen Gott hinzutreten … Unsere Gebete für den Frieden schließen das Anliegen ein, dass auch wir gestärkt werden mögen, um stets als Friedensstifter zu wirken.

In dieser Hinsicht bleibt der Aufruf des Zweiten Vatikanischen Konzils an Christen und Muslime, gemeinsam zu arbeiten, auch heute gültig; der Aufruf, „gemeinsam einzutreten für Schutz und Förderung der sozialen Gerechtigkeit, der sittlichen Güter und nicht zuletzt des Friedens und der Freiheit aller Menschen" („Nostra aetate", Nr. 3). Ich versichere euch erneut, dass die katholische Kirche wünscht und bereit ist, weiter mit den Muslimen auf diesen verschiedenen Gebieten zusammenzuarbeiten. Möge Gott die in diesem Sinne bereits ergriffenen Initiativen segnen und unsere Bereitwilligkeit stärken, weiter zusammenzuarbeiten.

Eure Anwesenheit zeigt, dass wahrer religiöser Glaube eine Quelle gegenseitigen Verständnisses und der Harmonie ist, und dass lediglich die Verkehrung religiöser Gefühle zu Diskriminierung und Konflikt führt. Die Religion als Vorwand für Ungerechtigkeit und Gewalt zu benützen, ist ein schrecklicher Missbrauch, der von allen, die wahrhaft an Gott glauben, verurteilt werden muss ... Solange die Glaubenden nicht gemeinsam eine Politik des Hasses und der Diskriminierung verurteilen und nicht gemeinsam für das Recht auf religiöse und kulturelle Freiheit in allen menschlichen Gesellschaften eintreten, kann es keinen echten Frieden geben.

10. Februar 1993:
Ansprache an das Staatsoberhaupt in Khartum (Sudan)

Ein Jahr nach seinem letzten Afrikabesuch reiste Johannes Paul II. zu einer politisch brisanten Mission in den Sudan. Zuvor hatte ihn der Weg nach Benin und Uganda geführt. Der Papst erlebte im Sudan ein vom Bürgerkrieg zerrissenes Land, in dem insbesondere die christliche Minderheit in den südlichen Nubabergen seit Jahren – damals wie heute – Repressalien des islamischen Regimes ausgesetzt ist. Umso bedeutender war der eintägige Aufenthalt im Sudan, den der Papst auch zu klaren Worten gegenüber Staatschef Mullah Omar nutzte. Er appellierte an ihn, jede Form religiöser Intoleranz zu unterbinden. Die Rede geht von einem Bild aus, das die Freiheit des Menschen in jeder Hinsicht an die erste Stelle des gesellschaftlichen Zusammenlebens setzt. Gleichzeitig betont sie das Existenzrecht aller ethnischen und religiösen Minderheiten. Nur eine so garantierte Freiheit sei Voraussetzung für Frieden und Eintracht eines Landes.

Mein Besuch im Sudan ist für mich bei der Erfüllung meines religiösen und pastoralen Amtes als Bischof von Rom, dem Oberhaupt der katholischen Kirche, Anlass zu großer Befriedigung. Auch wenn es nicht möglich war, einen ausgedehnteren Besuch in andere Teile des Landes in Betracht zu ziehen, so bin ich doch sehr froh, dass ich nach Khartum kommen konnte, um die Botschaft der Versöhnung und der Hoffnung, dem Kernpunkt des Katholizismus, allen Menschen im Sudan, ungeachtet ihrer unterschiedlichen Religionen und Abstammung, zu überbringen. Ich habe diesem Besuch besonders erwartungsvoll entgegengesehen, denn er gibt mir Gelegenheit, den Menschen dieses Landes neuen Mut zu machen …

Meine Hoffnung beruht auf der Überzeugung, dass Frieden immer möglich ist. Der Mensch ist ein rational denkendes Lebewesen, dem Intelligenz und Willenskraft gegeben ist; daher ist er auch in der Lage, gerechte Lösungen für Konfliktsituationen zu finden, wobei es keine Rolle spielt, wie lange diese Konflikte sich schon hinziehen oder wie verworren die Beweggründe sind, die sie ausgelöst haben. Schritte zur Wiederherstellung der Eintracht hängen davon ab, ob die beteiligten Parteien bereit und entschlossen sind, die für den Frieden notwendigen Voraussetzungen zu erfüllen. Aber wo auf Grundsatzerklärungen kein konkretes Handeln folgt, können Gewalttätigkeiten unkontrollierbare Ausmaße annehmen …

Wenn Menschen sich zu Gruppen vereinen, haben sie das Recht, eine gemeinschaftliche Identität zu genießen. Demnach haben auch Minderheitsgruppen eines Landes das Recht, mit ihrer eigenen Sprache, Kultur und Tradition zu bestehen, und der Staat ist moralisch verpflichtet, ihrer Identität und der Art und Weise, sie zum Ausdruck zu bringen, Raum zu geben … Die Erfahrung zeigt, dass Frieden und interne Sicherheit nur dann gewährleistet werden können, wenn die Rechte aller, für die der Staat die Verantwortung trägt, geachtet werden.

In dieser Hinsicht ist die Freiheit des einzelnen Menschen und der Gemeinschaften, sich zu einer Religion zu bekennen und sie auszuüben, ein wesentliches Element für die friedliche Koexistenz der Menschen. Die freie Gewissensentscheidung wie auch die Freiheit, nach der Wahrheit zu suchen und das Handeln im Einklang mit der jeweiligen persönlichen religiösen Überzeugung sind so grundsätzlich menschlich, dass jeder Versuch, sie einzuschränken, fast unausweichlich zu erbitterten Konflikten führt.

Wo die Beziehungen der verschiedenen Gruppen innerhalb eines Landes unterbrochen werden, dort sind der Dialog und Verhandlungen der obligatorische Weg zum Frieden. Die Wiederversöhnung in Übereinstimmung mit den Prinzipien der Gerechtigkeit und der Berücksichtigung der rechtmäßigen Erwartungen aller Teile der nationalen Gemeinschaft muss zur Regel werden. Die Beteiligung von Minderheitsgruppen am politischen Leben ist ein Zeichen für die moralische Reife einer Gesellschaft und ehrt jene Nationen, wo alle Bürger frei sind, in einem Klima von Gerechtigkeit und Frieden am Leben der stattlichen Gemeinschaft teilzuhaben …

Hier nun werden meine guten Wünsche für den Sudan zu einem ernsthaften Gebet, damit die göttliche Gabe des Friedens in eurer Mitte Wirklichkeit wird, damit Eintracht und Zusammenarbeit zwischen Nord und Süd, zwischen Christen und Muslimen anstelle des Konflikts treten und damit die Behinderungen der Religionsfreiheit bald der Vergangenheit angehören …

10. Februar 1993: Ansprache an die Führer der verschiedenen Religionsgemeinschaften in Khartum (Sudan)

Die Reise in den Sudan zeigte, dass sich der Appell für einen Dialog zwischen Christentum und Islam auch auf andere Religionen beziehen musste, vor allem auf die zahlreichen Natur- und Stammesreligionen. Johannes Paul II. machte bei der Begegnung mit den verschiedenen Religionsgemeinschaften des Landes deutlich, dass die Freiheit des religiösen Bekenntnisses konstitutiv zum Wohlergehen des Staates gehört. Während der Sudanreise ist unter anderem das Grundanliegen dieses Papstes im gesamten Pontifikat deutlich geworden: der unermüdliche Einsatz für wahre Religionsfreiheit.

Die Religion durchdringt alle Aspekte des gesellschaftlichen Lebens; soll die Eintracht im bürgerlichen Leben aufrechterhalten werden, müssen die Bürger einander mit all ihren Verschiedenheiten in Sprache, Brauchtum, Kultur und Religion annehmen. Die Führer der Religionsgemeinschaften spielen bei der Förderung dieser Harmonie eine wichtige Rolle.

Hier im Sudan kann ich es nicht unterlassen, nochmals die hohe Achtung zu betonen, welche die katholische Kirche den Anhängern des Islam entgegenbringt. Die sudanesischen Katholiken wissen sehr wohl, dass ihre muslimischen Nachbarn die moralischen Verpflichtungen hochhalten und den einen, allmächtigen und barmherzigen Gott verehren … Sie anerkennen, dass es sehr gute Gründe für ein besseres gegenseitiges Verständnis gibt, und sind bestrebt, mit Ihnen zusammenzuarbeiten, um der Nation neuerlich Frieden und Wohlstand zu schenken. Ich hoffe, dass diese Begegnung eine neue Zeit des konstruktiven Dialogs und des Wohlwollens einleiten wird … und wiederhole, dass die katholische Kirche unwiderruflich zum ökumenischen und interreligiösen Dialog verpflichtet ist.

16. Juni 1993:
Ansprache vor dem Diplomatischen Korps in der Apostolischen Nuntiatur in Madrid (Spanien)

Bei fast allen Reisen, die Johannes Paul II. in europäische Länder oder Nordamerika führten, gab es Begegnungen mit Vertretern anderer Religionsgemeinschaften. Von großem nationalen Interesse waren beispielsweise seine Ausführungen an die muslimische Gemeinschaft in Paris. Aber selbst bei der vierten Spanienreise nutzte der Papst die Gelegenheit, vor dem Diplomatischen Korps einige grundsätzliche Bemerkungen zum Dialog zu machen. Er sieht in traditionell katholischen oder christlich geprägten Ländern einen besonderen Dialog- und Missionsauftrag, der für ihn in der Umsetzung des Konzilsdokumentes „Nostra aetate" begründet liegt. Ein Jahr vor der Reise hatte es im Frühjahr 1992 ein christlich-islamisches Dialog-Treffen der spanischen Bischofskonferenz und des Islamischen Kulturzentrums in Madrid gegeben. Der Wille zu einem besseren Einvernehmen zwischen den Religionen zeigt sich nach den Worten des Papstes vor allem im Abschlusskommunique dieses Treffens, das er in seiner Ansprache zitierte.

„Wir müssen durch einen konstruktiven Dialog zu einer tieferen gegenseitigen Kenntnis gelangen, die unsere gegenseitigen Verdächtigungen beseitigt und uns zu wechselseitiger Hochschätzung führt, die ihrerseits in einer verstärkten Zusammenarbeit in möglichst vielen Bereichen mündet."

Angesichts einer so großen Anzahl qualifizierter diplomatischer Vertreter von Ländern, in denen die Mehrheit der Bevölkerung der muslimischen Religion angehört, möchte ich von Herzen wünschen, dass diese lobenswerte Initiative der Kirche in Spanien, die sich treu nach den Grundsätzen der Erklärung „Nostra aetate" des Zweiten Vatikanischen Konzils richtet, der Zusammenarbeit und Begegnung neue Wege eröffnet. Meine lebhafte Hoffnung ist es, dass überall, wo Gläubige der drei Religionen zusammenleben, die den geistlichen und menschlichen Schmelztiegel der iberischen Halbinsel bereichert haben, und insbesondere wo das Zusammenleben durch die Beziehung einer Mehrheit zur Minderheit gekennzeichnet ist, der Dialog und die Zusammenarbeit vorherrschen und Ungerechtigkeiten und Diskriminierungen streng vermieden werden. Andrerseits ist es Pflicht der Staaten, sich um diese Probleme zu kümmern und zu vermeiden, dass die Religion als „Vorwand für Ungerechtigkeit und Gewalt" benutzt wird …

14. April 1996: Ansprache vor Vertretern aus Politik, Kultur und Religion in Karthago (Tunesien)

Johannes Paul II. ging bei seinem eintägigen Besuch in Tunesien im Dialog mit dem Islam einen Schritt weiter. Dort betonte er, dass ein Volk über die religiöse Identität hinweg eine kulturelle Bindung als ein gemeinsames Volk besitzt. Vor allem wollte der Papst diese Reise nutzen, sich für ein Verbot der Gewaltanwendung einzusetzen, indem er in seinen Ansprachen auch den Blick auf das vom Bürgerkrieg erschütterte Nachbarland Algerien lenkte. Gleichzeitig wollte er für das gesellschaftliche Miteinander werben, um so Missverständnisse im künftigen Dialog auszuschließen. Johannes Paul II. erlebte in Tunesien eine christliche Minderheit, die nicht zu unrecht stolz auf ihr spätantikes christliches Erbe ist. Rund 20.000 Christen gibt es in Tunesien, die aus 40 verschiedenen Nationen stammen und damit überwiegend eine Ausländerkirche sind.

Es ist offensichtlich, dass die religiösen Verantwortlichen nicht dafür zuständig sind, technische Lösungen für die Probleme der modernen Wirtschaft und der internationalen Zusammenarbeit anzubieten. Dennoch haben sie eine große Verantwortung im gesellschaftlichen Leben. Sie müssen in gewisser Weise das Gewissen der Gesellschaft sein, indem sie an die sittlichen Grundsätze erinnern, die man bei konkreten Entscheidungen in Betracht ziehen muss und indem sie zur Beachtung der wahren menschlichen Werte ... auffordern. Sie haben auch die Pflicht, im Namen der Schwächsten und Bedürftigsten zu sprechen, deren Stimme sich kein Gehör verschaffen kann ...

Auch die Kirche in Tunesien möchte in der ihr zukommenden Position beitragen, den auftretenden Bedürfnissen zu begegnen. Ihre Einrichtungen im sozialen Bereich, in der Entwicklungshilfe, im Erziehungs- und im Gesundheitswesen wollen im Dienst aller Tunesier stehen. Es sind Orte fruchtbarer Zusammenarbeit zwischen Muslimen und Christen, um miteinander zum Gemeinwohl beizutragen ...

Die Öffnung für den anderen ist gewissermaßen eine Antwort auf Gott, der unsere Verschiedenheit zulässt und will, dass wir uns besser kennen. Eine grundlegende Voraussetzung dafür ist es, dass wir uns in Wahrheit einander gegenüberstellen. Die Dialogpartner werden sich in dem Maß ruhig und sicher fühlen, als sie in ihren jeweiligen Religionen wirklich verwurzelt sind. Eine solche Verwurzelung wird die Annahme der Unterschiede ermöglichen und zwei entgegengesetzte Gefahren vermeiden helfen: Synkretismus und Gleichgültigkeit. Sie wird es außerdem ermöglichen, aus dem kritischen Blick des anderen betreffs der Art und Weise, wie der eigene Glaube formuliert und gelebt wird, Nutzen zu ziehen.

Der Glaube ist auch die Grundlage der Form des Dialogs ..., nämlich der Zusammenarbeit im Dienste des Menschen. Denn durch die Tatsache, dass wir an Gott als Schöpfer glauben, anerkennen wir die Würde jedes von ihm geschaffenen Menschenwesens. In Gott haben wir unseren Ursprung und unsere gemeinsame Bestimmung. Zwischen diesen beiden Polen sind wir auf dem Weg der Geschichte unterwegs, auf dem wir als Brüder und in der Gesinnung gegenseitiger Hilfe voranschreiten müssen, um das transzendente Ziel zu erreichen, das Gott uns bestimmt hat.

24. Februar 2000: Ansprache auf dem Flughafen von Kairo (Ägypten)

Mit seiner Reise nach Ägypten im Heiligen Jahr vom 24. bis 26. Februar 2000 begann Johannes Paul II. die Verwirklichung einer Idee, die er in einem knappen Hirtenbrief am 29. Juni 1999 dargelegt hatte. Damals schrieb er über die Vision einer Pilgerreise zu den Stätten, die mit der Heilsgeschichte der Menschheit verbunden sind. Den römischen Reiseplanern war bereits in einer frühen Phase klar, dass die vom Papst gewünschten Länder – vom Irak über Ägypten, Jordanien, das Heilige Land, Syrien, Griechenland und Malta – nicht alle während einer Reise besucht werden konnten. Also versuchte man es in kleinen Schritten. Die Reise nach Ägypten und dort als Hauptziel die Sinaihalbinsel machte den Anfang.

Das Aufkommen des Islams hat Meisterwerke der Kunst und Wissenschaft hervorgebracht, die entscheidenden Einfluss auf die arabische Welt und Afrika hatten. Die Ägypter haben über Jahrhunderte hinweg das Ideal der nationalen Einheit verfolgt. Unterschiede der Religion waren nie Barrieren, sondern eine Form gegenseitiger Bereicherung im Dienst an der einen nationalen Gemeinschaft …

Einheit und Eintracht der Nation sind ein kostbares Gut, das alle Bürger hoch schätzen sollten und das die Verantwortlichen des politischen und religiösen Lebens ständig fördern müssen in Gerechtigkeit und Achtung vor den Rechten aller. Herr Präsident [der Papst wandte sich an Hosni Mubarak], Ihr Einsatz für den Frieden im eigenen Lande wie auch in der gesamten Nahostregion ist wohl bekannt. Sie haben zum Fortschritt des Friedensprozesses in dem Gebiet entscheidend beigetragen. Alle verständigen Männer und Frauen schätzen die bisher vollbrachten Anstrengungen und hoffen, dass guter Wille und Gerechtigkeit siegen, so das alle Völker dieser einzigartigen Weltgegend ihre Rechte geachtet und ihre legitimen Erwartungen erfüllt sehen.

Mein Besuch des Katharinenklosters am Fuß des Berges Sinai wird ein Augenblick intensiven Gebets für den Frieden und für die Eintracht unter den Religionen sein. Im Namen der Religion Schaden zuzufügen, Gewalt und Konflikte zu schüren ist ein schrecklicher Widerspruch und eine große Sünde gegen Gott. Doch die Geschichte in Vergangenheit und Gegenwart liefert uns viele Beispiele für einen solchen Missbrauch der Religion. Wir alle müssen uns dafür einsetzen, die wachsende Bereitschaft zum interreligiösen Dialog als großes Zeichen der Hoffnung für die Völker der Welt zu stärken.

As-salámu 'aláikum – Friede sei mit euch!

20. März 2000: Ansprache auf dem Flughafen von Amman (Jordanien)

Bei seiner historischen Pilgerreise in das Heilige Land beiderseits des Jordan vom 20. bis 26. März 2000 traf Johannes Paul II. an verschiedenen Stellen auch mit Muslimen zusammen. Während es bei den Begegnungen mit den Juden vornehmlich darum ging, den historischen Graben endgültig zu überwinden, war dem Papst bei den Treffen mit Muslimen vor allem am Dialogprinzip aber auch an der politischen Komponente seiner Reise gelegen. Dies kam besonders deutlich bei der Ankunft auf dem Flughafen von Amman in Jordanien zum Ausdruck. In seiner Rede wandte sich der Papst direkt an den neuen König Abdallah II.

Majestät, ich weiß, wie sehr Sie sich um den Frieden in Ihrem eigenen Land und in der ganzen Region bemühen und wie wichtig es für Sie ist, dass alle Jordanier – Muslime und Christen – sich als ein Volk und eine Familie betrachten. In dieser Gegend der Welt stellen sich schwere und dringende Probleme der Gerechtigkeit und der Rechte der Völker und Nationen, die zum Wohl aller Beteiligten und als Voraussetzung für einen dauerhaften Frieden gelöst werden müssen. Der Prozess der Friedenssuche muss weitergehen – wie schwierig und lang er auch sein mag. Ohne Frieden kann es keine echte Entwicklung für diese Region geben, kein besseres Leben für die hier ansässigen Völker und keine hellere Zukunft für ihre Kinder …

Ohne zu vergessen, dass ihre Sendung in erster Linie spiritueller Art ist, möchte die katholische Kirche immer mit einzelnen Nationen und Menschen guten Willens zusammenarbeiten, um die Würde des Menschen zu fördern und geltend zu machen. Sie tut dies besonders in ihren Schulen und in ihren Erziehungsprogrammen sowie durch ihre karitativen und sozialen Einrichtungen. Eure edle Tradition der Achtung aller Religionen gewährleistet die Religionsfreiheit, die dies ermöglicht und die in der Tat ein grundlegendes Menschenrecht ist.

26. März 2000: Grusswort während des Höflichkeitsbesuchs beim Grossmufti von Jerusalem (Israel)

Zum Abschluss seiner Pilgerreise in das Heilige Land besuchte der Papst am Sonntag, den 26. März 2000, nacheinander den muslimisch verwalteten Harem el-Sharif (Tempelberg), die jüdische Westmauer und am Mittag zur Eucharistiefeier die Grabeskirche. Das Grußwort an den Großmufti von Jerusalem, der gleichzeitig die oberste Verwaltungsautorität des Tempelbergs ist, fasste noch einmal die Pilgersehnsucht von Johannes Paul II. zusammen. Bei den Begegnungen mit der palästinensischen Bevölkerung trat der Dialog der Religionen als explizites Thema in den Hintergrund. Hier richtete sich der Papst an die Bevölkerung generell, die zum überwiegenden Teil aus Muslimen besteht, während die Christen eine Minderheit darstellen.

[Die Moschee auf dem Tempelberg] steht in enger Verbindung zur Erinnerung an Abraham, der für alle Gläubigen ein Vorbild des Glaubens und der Unterwerfung unter den allmächtigen

Gott darstellt. Wie Sie wissen, ist mein Besuch in erster Linie eine religiöse und geistliche Pilgerreise. Viele religiöse Traditionen, vor allem die drei auf Abraham zurückgehenden Religionen, kennen Wallfahrten an Heilige Stätten. Ich danke Gott, der von Juden, Christen und Muslimen geehrt wird. Jerusalem ist die „Heilige Stadt" schlechthin. Möge Gott, der Allmächtige, dieser geliebten Region den Frieden schenken, damit alle dort lebenden Völker in den Genuss ihrer Rechte kommen können. Sie mögen in Harmonie und gegenseitigem Zusammenwirken leben und von dem einen Gott durch Taten der Güte und der menschlichen Solidarität Zeugnis geben. Mein Dank geht an alle!

5. Mai 2001: Ansprache auf dem Flughafen von Damaskus (Syrien)

Bei seiner Reise nach Syrien vom 5. bis 8. Mai 2001 setzte Johannes Paul II. die bereits 1999 angekündigte und ein Jahr später in Ägypten begonnene Jubiläumspilgerreise fort. Syrien gilt als ein Land, in dem Christen und Muslime in friedlicher Koexistenz zusammenleben, darauf wies auch der junge Präsident Bashar al-Assad in seiner Begrüßungsansprache hin, wobei er allerdings scharfe antisemitische Angriffe an die israelische Adresse richtete. Der Papst konzentrierte sich darauf, das kulturelle Erbe Syriens – er sprach über Damaskus als „die Perle des Orients" –, das friedliche Zusammenleben beider Religionen und die Notwendigkeit einer echten Friedenssuche für die Region zu unterstreichen. Auch diese Reise war eine Mischung aus Pilgerweg und politischer Option.

Ich denke an den großen kulturellen Einfluss des syrischen Islams, der unter den Kalifen aus der Dynastie der Moaijaden die entferntesten Küsten des Mittelmeeres erreichte. Heute, in einer zunehmend komplexen und von gegenseitigen Abhängigkeiten geprägten Welt, brauchen wir einen neuen von Dialog und Zusammenarbeit geprägten Geist zwischen Christen und Muslimen. Gemeinsam anerkennen wir den einen, unteilbaren Gott, den Schöpfer allen Seins. Gemeinsam müssen wir der Welt verkünden, dass der Name des einen Gottes „ein Name des Friedens und ein Gebot des Friedens ist" …

Wir alle wissen, dass wahrer Friede nur durch eine neue von Verständnis und Achtung gekennzeichnete Haltung unter den Völkern dieser Region, unter den Anhängern der drei abrahamitischen Religionen, verwirklicht werden kann. Schritt für Schritt, mit Weitblick und Mut müssen die politischen und religiösen Verantwortlichen der Region die Bedingungen für jene Entwicklung schaffen, auf die ihre Völker nach so vielen Konflikten und so viel Leid ein Recht haben. Zu diesen Voraussetzungen gehört zweifelsohne auch eine andere Einstellung der Völker des Nahen Ostens zueinander. In allen Gesellschaftsschichten müssen die Grundsätze friedlicher Koexistenz gelehrt und gefördert werden. In dieser Hinsicht ist meine Pilgerfahrt auch ein inniges Gebet der Hoffnung: Hoffnung, dass unter den Völkern dieser Region Angst zu Vertrauen wird, Verachtung zu gegenseitigem Respekt; Gewalt werde durch Dialog ersetzt, und es möge der aufrichtige Wunsch vorherrschen, dem Gemeinwohl zu dienen.

6. Mai 2001: Ansprache im Hof der Omaijadenmoschee von Damaskus (Syrien)

Einer der Höhepunkte der Papstreise nach Syrien war neben dem Besuch der Golanhöhen das stille Gebetsgedenken an jenem Schrein, der der Überlieferung nach bei Christen und Muslimen als Grab Johannes des Täufers gilt. Dieser befindet sich in der historisch bedeutsamen Omaijadenmoschee, die neben Mekka, Medina und Jerusalem das vierte heilige Zentrum des Islam ist. Hierher kam der Papst, um in der Moschee zu beten. Im weiten Innenhof hatten sich Vertreter des Islam und der christlichen Kirchen eingefunden, um die Ansprachen des Großmuftis von Syrien und Damaskus, Mohammad Kuftaro, und Johannes Paul II. zu hören.

Die Tatsache, dass wir uns an diesem berühmten Ort des Gebets treffen, erinnert uns daran, dass der Mensch ein spirituelles Wesen ist und dazu berufen, den absoluten Vorrang Gottes in allen Dingen anzuerkennen und zu achten. Christen und Muslime sind sich darüber einig: Die Begegnung mit Gott im Gebet ist die notwendige Nahrung für unsere Seelen …

Sowohl Muslime als auch Christen schätzen ihre Gebetsstätten als Oasen, wo sie den barmherzigen Gott auf ihrem Weg zum ewigen Leben treffen und wo sie auch ihren Brüdern und Schwestern, mit denen sie durch die Religion verbunden sind, begegnen. Wenn Christen und Muslime anlässlich von Hochzeiten, Beerdigungen oder anderen Feierlichkeiten in stillem Respekt vor dem Gebet der anderen verharren, legen sie Zeugnis ab für das, was sie vereint, ohne die trennenden Elemente zu übergehen oder zu leugnen.

In Moscheen und Kirchen bilden die muslimischen und christlichen Gemeinschaften ihre religiöse Identität heran, und dort erhalten die Jugendlichen einen bedeutenden Teil ihrer religiösen Erziehung. Welches Bewusstsein ihrer Identität wird den jungen Christen und jungen Muslimen in unseren Kirchen und Moscheen eingeflößt? Es ist meine sehnliche Hoffnung, dass die muslimischen und christlichen Religionsführer und Lehrer unsere beiden großen Gemeinschaften als Gemeinschaften in respektvollem Dialog darstellen und niemals mehr als im Konflikt stehende Gemeinschaften. Es ist für die jungen Menschen von äußerster Wichtigkeit, dass ihnen die Wege des Respekts und des Verständnisses beigebracht werden, damit sie nicht dazu verleitet werden, die Religion selbst zur Förderung oder Rechtfertigung von Hass und Gewalt zu missbrauchen. Gewalt zerstört das Abbild des Schöpfers in seinen Geschöpfen und sollte nie als Ergebnis religiöser Überzeugung angesehen werden.

Mein tiefer Wunsch ist, dass unser heutiges Treffen in der Omaijadenmoschee unsere Entschlossenheit zur Weiterentwicklung des interreligiösen Dialogs zwischen der katholischen Kirche und dem Islam zum Ausdruck bringen wird. Dieser Dialog hat in den letzten Jahrzehnten an Dynamik zugenommen, und heute dürfen wir dankbar sein für den Weg, den wir bisher gemeinsam zurückgelegt haben …

Es ist wichtig, dass Muslime und Christen auch in Zukunft gemeinsam philosophische und theologische Fragestellungen erforschen, um eine objektivere und vollständigere Kenntnis des Glaubens der anderen Seite zu bekommen. Ein besseres gegenseitiges Verständnis wird auf praktischer Ebene gewiss dazu führen, unsere beiden Religionen auf neue Art und Weise darzustellen: Nicht als Gegner, wie es in der Vergangenheit allzu oft geschehen ist, sondern als Partner für das Wohl der Menschheitsfamilie.

Der interreligiöse Dialog ist am wirksamsten, wenn er sich aus der Erfahrung des alltäglichen Zusammenlebens innerhalb der gleichen Gemeinschaft und Kultur ergibt. In Syrien haben Christen und Muslime Jahrhunderte lang Seite an Seite gelebt, und ein reicher Dialog des Lebens hat sich unaufhörlich fortgesetzt. Jede Person, jede Familie kennt Zeiten der Eintracht und dann wieder Augenblicke, in denen der Dialog zusammengebrochen ist. Die positiven Erfahrungen müssen unsere Gemeinschaften in der Hoffnung auf Frieden stärken, und den negativen Erfahrungen darf es nicht gelingen, diese Hoffnung zu untergraben. Wann immer Muslime und Christen einander gekränkt haben, müssen wir den Allmächtigen dafür um Vergebung bitten und einander die Vergebung anbieten …

Als Mitglieder der einen Menschheitsfamilie und als Gläubige haben wir die Verpflichtung hinsichtlich des Gemeinwohls, der Gerechtigkeit und der Solidarität. Der interreligiöse Dialog wird zu vielerlei Formen der Zusammenarbeit führen, besonders in der Erfüllung unserer Pflicht, sich um die Armen und Schwachen zu kümmern. Das sind Zeichen dafür, dass unsere Gottesverehrung echt ist.

23. September 2001: Friedensappell beim Angelusgebet in Astana (Kasachstan)

Die 95. Auslandsreise führte den Papst nach Kasachstan und Armenien. Sie wurde von der Weltöffentlichkeit mit besonderem Interesse verfolgt, da der Besuch im überwiegend islamischen Kasachstan keine zwei Wochen nach den Anschlägen vom 11. September 2001 stattfand. Ganz im Zeichen des Weltterrorismus nutzte Johannes Paul II. die Gelegenheit, eindringlich für den Frieden zu werben. Die große Sympathie, die ihm von der Bevölkerung entgegengebracht wurde, zeigte sich beispielsweise auch darin, dass der überwiegende Teil der Gottesdienstbesucher während der Eucharistiefeier auf dem Mutterlandsplatz von Astana Orthodoxe, Muslime oder Religionslose waren.

Von dieser Stadt aus, von Kasachstan, einem Land, das ein Beispiel für Harmonie zwischen Männern und Frauen unterschiedlicher Herkunft und unterschiedlichen Glaubens ist, möchte ich einen eindringlichen Appell an alle richten, an die Christen und die Anhänger anderer Religionen: Sie mögen sich gemeinsam für den Aufbau einer Welt ohne Gewalt einsetzen, einer Welt, die das Leben liebt und in Gerechtigkeit und Solidarität wächst. Wir dürfen nicht zulassen, dass das, was geschehen ist, zu einer Vertiefung der Spaltungen führt. Religion darf niemals als Grund für Konflikte benutzt werden. Von diesem Ort aus lade ich Christen und Muslime ein, ein intensives Gebet an den einen und allmächtigen Gott zu richten, dessen Kinder wir alle sind, damit das hohe Gut des Friedens in der Welt herrschen möge. Mögen sich die Menschen auf der ganzen Welt, von göttlicher Weisheit gestärkt, für eine Zivilisation der Liebe einsetzen, in der kein Platz für Hass, Diskriminierung und Gewalt ist. Von ganzem Herzen bitte ich Gott, den Frieden in der Welt zu erhalten.

22. Mai 2002: Ansprache auf dem Flughafen von Baku (Aserbaidschan)

Mit seiner Reise nach Aserbaidschan (die ihn anschließend noch nach Bulgarien führen sollte) setzte Johannes Paul II. das Anliegen fort, eine weitere ehemalige russische Teilrepublik zu besuchen. Dieser Aufenthalt ist – ähnlich denen in der Ukraine und Kasachstan – vor allem vor dem Hintergrund zu sehen, die christliche Minderheit zu stützen und eine Annäherung an die Orthodoxie zu versuchen, um so langsam den Boden für einen Besuch in Moskau zu bereiten. In Aserbaidschan konnte Johannes Paul II. die vom Vatikan auf rund 150 geschätzten Katholiken des Landes ebenso begrüßen wie die wenigen anderen christlichen Denominationen. Zu 99 Prozent ist die Bevölkerung Aserbaidschan islamisch oder atheistisch.

Aserbaidschan ist ein Tor zwischen Ost und West ... Von diesem Tor der Zivilisation aus, das Aserbaidschan ist, richte ich heute einen eindringlichen Aufruf an alle Länder, die Schauplatz kriegerischer Umwälzungen sind, aus denen unsagbare Leiden für die wehrlosen Völker entstehen. Das Streben aller nach Frieden ist dringend notwendig. Aber es muss sich um den wahren Frieden handeln, der auf gegenseitiger Achtung gründet, auf der Absage an den Fundamentalismus und alle Formen von Imperialismus, auf der Suche nach Dialog als einzig mögliches Mittel zur Behebung der Spannungen, ohne dass ganze Nationen in die Barbarei eines Blutbades verfallen.

Die Religionen, die sich in diesem Land bemühen, in Harmonie zusammenzuwirken, sind kein tragischer Vorwand für Gegensätzlichkeiten, deren Ursache anderswo liegt, und dürfen es nicht sein. Niemand hat das Recht, sich auf Gott als Vorwand seiner eigenen egoistischen Interessen zu berufen.

Hier am Tor zum Orient, nicht weit entfernt von den Schauplätzen, wo der grausame und unsinnige Waffenlärm andauert, möchte ich meine Stimme im Geist der Treffen von Assisi erheben. Ich bitte die Verantwortlichen der Religionen, jede Form von Gewalt als Angriff auf den Namen Gottes zurückzuweisen und sich zu unermüdlichen Anführern des Friedens und der Harmonie unter Achtung der Rechte aller und jedes einzelnen zu machen …

Den Christen und insbesondere den katholischen Gemeinschaften dieses Landes möchte ich einen besonders herzlichen Gruß entbieten. Die Christen der ganzen Welt schauen mit aufrichtiger Sympathie auf ihre Brüder und Schwestern im Glauben und sind überzeugt, dass diese trotz ihrer geringen Anzahl einen wichtigen Beitrag zum Fortschritt und zum Wohl des Vaterlandes leisten in einem Klima der Freiheit und gegenseitigen Achtung.

22. Mai 2002: Ansprache beim Treffen mit Vertretern der Religionen, Politik und Kultur im Präsidentenpalast von Baku (Aserbaidschan)

Während seines Aufenthalts in Aserbaidschan nutzte der Papst die Gelegenheit, wiederholt an das dritte Assisi-Treffen zu erinnern. In Baku würdigte er vor allem das hohe Niveau von Kunst und Kultur dieses Landes. Johannes Paul II. betonte insbesondere, im 20. Jahrhundert, auf historisch atheistischem Boden zu stehen. Ungewöhnlich deutlich war daher seine Materialismuskritik ebenso wie die Verurteilung gottloser Systeme. Aber der Papst war sich auch des lange Zeit existenten, differenzierten Religionsgefüges bewusst, wobei er vor allem die Anhänger des Zarathustra erwähnte, mit denen – so der Papst – das Christentum lange Zeit friedlich Seite an Seite gelebt habe.

Trotz der Unterscheide, die zwischen uns bestehen, fühlen wir uns alle verpflichtet, Beziehungen der gegenseitigen Hochachtung und des Wohlwollens zu pflegen. Ich weiß um das große, von den Religionsführern vollbrachte Werk zugunsten der Toleranz und des gegenseitigen Verständnisses in Aserbaidschan … Von diesem Land aus, das die Toleranz als vorrangigen Wert jedes gesunden zivilen Zusammenlebens erkannt hat und stets tiefer erkennt, wollen wir der Welt zurufen: Schluss mit dem Krieg im Namen Gottes! Schluss mit der Verunehrung seines heiligen Namens! Ich bin als Botschafter des Friedens nach Aserbaidschan gekommen. Solange ich eine Stimme habe, werde ich rufen: „Friede, im Namen Gottes!" Und wenn dann ein Wort dem andern folgt, wird ein Chor, eine Symphonie entstehen, die die Seelen ergreifen, den Hass auslöschen und die Herzen entfachen wird.

Des Lobes würdig seid ihr Menschen des Islam in Aserbaidschan, weil ihr euch der Gastfreundschaft geöffnet habt, einem Wert, der eurer Religion und eurem Volk so wichtig ist, und weil ihr die Gläubigen der anderen Religionen als eure Brüder und Schwestern angenommen habt …

In jüngster Vergangenheit hat eine materialistische und neuheidnische Sicht das Studium der nationalen Kulturen gekennzeichnet. Ihre Aufgabe … ist, das ganze Erbe Ihrer Gesellschaft als Quelle der immer aktuellen Werte neu zu entdecken. So werden Sie über angemessene Hilfen für die jungen Menschen verfügen, die die wahren Reichtümer der Geschichte ihres Landes kennen lernen wollen, um ihr Leben als Bürger auf feste Grundlagen zu bauen …

Dabei sollen Sie die Religion als Ihre Verbündete ansehen. Sie ist an Ihrer Seite, um den Jugendlichen ernsthafte Gründe für ihr Engagement anzubieten. Denn welches Ideal kann besser zur Suche nach Wahrheit, Schönheit und Gutem anregen als der Glaube an Gott, der dem Denken, die unendlichen Horizonte seiner höchsten Vollkommenheit erschließt? Und Sie, Vertreter der Religion, seien Sie immer bemüht, aufrichtig und ehrlich die Werte zu verkündigen, an die Sie glauben, ohne auf falsche Mittel zurückzugreifen, die die verkündeten Ideale verkümmern lassen oder verraten. Setzen Sie sich mit den Inhalten auseinander, aber meiden Sie alle Mittel der Überredung, die die Würde und Freiheit der Person nicht achten.

Im Einsatz für den Menschen:

Der Papst und die asiatischen Religionen

Verhältnisbestimmung Pontifikat – Buddhismus, Hinduismus sowie afro-amerikanische Naturreligionen

Das Verhältnis der katholischen Kirche zu den nichtchristlichen Religionen insbesondere des asiatischen Kontinents ist Thema eines eigenen Artikels in der Konzilserklärung „Nostra aetate". Hatte es vorher kaum Berührungspunkte gegeben, sondern vornehmlich jenes missionarische Bemühen, Asiaten und Afrikaner in den ihnen spezifischen Traditionen vom Christentum zu überzeugen, leitet das Zweite Vatikanische Konzil die eigentliche Wende ein, die sich auch Papst Johannes Paul II. zu Eigen gemacht hat. Im genannten Konzilsdekret ist es Artikel 2, der für eine Betrachtung der asiatischen Religionen von Bedeutung ist. Darin heißt es zunächst ganz allgemein, in den verschiedenen Völkern finde sich eine „gewisse Wahrnehmung jener verborgenen Macht, die dem Lauf der Welt und den Ereignissen des menschlichen Lebens gegenwärtig ist". Diese Macht werde – so das Konzil – oft als höchste Gottheit oder sogar als Vater anerkannt. Deshalb stellt die Erklärung fest: „Diese Wahrnehmung und Anerkenntnis durchtränkt ihr Leben mit einem tiefen religiösen Sinn." Gerade auf diesen „tiefen religiösen Sinn" geht Johannes Paul II. während seines gesamten Pontifikats in der Begegnung mit den asiatischen Religionen, aber auch mit den afrikanischen Naturreligionen ein. Daraus resultierend betont er die gemeinsame Suche der Religionen nach einer tieferen Spiritualität.

In einem nächsten Schritt zeigt der Artikel diese Sinnsuche anhand von Hinduismus und Buddhismus auf. „So erforschen im Hinduismus die Menschen das göttliche Geheimnis und bringen es in einem unerschöpflichen Reichtum von Mythen und in tiefdringenden philosophischen Versuchen zum Ausdruck und suchen durch aszetische Lebensformen oder tiefe Meditation oder liebend-vertrauende Zuflucht zu Gott Befreiung von der Enge und Beschränktheit unserer Lage." Diese hohen Werte des Hinduismus ruft Johannes Paul II. immer wieder in Erinnerung. Für ihn ist die gemeinsame philosophische Suche nach der höheren Wahrheit ebenso wie die ausdrückliche Betonung des Wertes der Meditation Bestandteil während seiner Begegnungen mit den östlichen Religionen. Dieselben Werte sieht er auch im Buddhismus verwirklicht, über den das Konzil sagt: „In den verschiedenen Formen des Buddhismus wird das radikale Ungenügen der veränderlichen Welt anerkannt und ein Weg gelehrt, auf dem die Menschen mit frommem und vertrauendem Sinn entweder den Zustand vollkommener Befreiung zu erreichen oder – sei es durch eigene Bemühung, sei es vermittels höherer Hilfe – zur höchsten Erleuchtung zu gelangen vermögen." Im gesamten Pontifikat versucht der Papst an dieses „Ungenügen der veränderlichen Welt" zu erinnern; er sieht gerade hier den fundamentalen Anspruch aller Religionen, im Dialog an diesem Ungenügen zu arbeiten.

Schließlich wendet sich der Text allen anderen Religionen zu: „So sind auch die übrigen in der ganzen Welt verbreiteten Religionen bemüht, der Unruhe des menschlichen Herzens auf verschiedene Weise zu begegnen, indem sie Wege weisen: Lehren und Lebensregeln sowie heilige Riten." Zwar hat das Konzil diese „in der ganzen Welt verbreiteten Religionen" nicht näher spezifiziert, wohl aber war es Johannes Paul II., der auf diese „Unruhe des menschlichen Herzens" in der Begegnung mit Eingeborenen, den Anhängern von Naturreligionen sowie Hindus und Buddhisten zurückgriff.

Es folgt jener Satz, der die Grundlage jedes interreligiösen Gesprächs ist: „Die katholische Kirche lehnt nichts von alledem ab, was in diesen Religionen wahr und heilig ist. Mit aufrichtigem Ernst betrachtet sie jene Handlungs- und Lebensweisen, jene Vorschriften und Lehren, die zwar in manchem von dem abweichen, was sie selber für wahr hält und lehrt, doch nicht selten einen Strahl jener Wahrheit erkennen lassen, die alle Menschen erleuchtet." Mit der Aufgabe des Absolutheitsanspruchs und der Anerkennung von Wahrheit auch in den anderen Religionen hatte das Konzil den Dialog der Religionen von katholischer Seite aus eröffnet. Es ist bemerkenswert und bisher zu wenig beachtet worden, dass diese Aussage ausgerechnet im Zusammenhang mit den östlichen Religionen fällt. Folgerichtig hat Johannes Paul II. bei den unterschiedlichsten Begegnungen mit Vertretern des Hinduismus und des Buddhismus immer versucht, das Verbindende, die Suche nach der Wahrheit und dem Absoluten, herauszustellen.

Artikel 2 schließt mit einer Ermahnung der Katholiken, für einen Dialog auch mit diesen Religionen einzutreten: „Deshalb mahnt sie ihre Söhne, dass sie mit Klugheit und Liebe, durch Gespräch und Zusammenarbeit mit den Bekennern anderer Religionen sowie durch ihr Zeugnis des christlichen Glaubens und Lebens jene geistlichen und sittlichen Güter und auch die sozial-kulturellen Werte, die sich bei ihnen finden, anerkennen, wahren und fördern."

Bereits im Pontifikat Paul VI. gab es immer wieder kurze Begegnungen zwischen Anhängern der östlichen Religionen und Vertretern des Vatikan bzw. des Papstes selbst. Vorangebracht hat diesen Dialog aber erst Johannes Paul II., wenn auch zunächst zurückhaltender als gegenüber Judentum und Islam. Begleitet wurden die Initiativen des Papstes von einer seit den 70er Jahren in Rom üblichen Zusammenkunft buddhistischer, hinduistischer und schintoistischer sowie katholischer Mönche, die gemeinsam über ihre Quellen der Spiritualität reflektierten. Gerade diese Gruppen hat Johannes Paul II. zu Beginn seines Pontifikats häufig empfangen. In ihnen wusste er nicht nur die theoretisch-philosophische Begegnung von Ost und West verwirklicht; insbesondere durch die Teilnahme der jeweiligen Mönche am klösterlichen Leben der anderen Gemeinschaft konkretisierte sich „Nostra aetate" in überraschend deutlichem Maße. Letztlich war es ein offensives Zugehen des Papstes und gleichzeitig eine frühe Initiative in seinem Pontifikat. Zwar waren die Ansprachen oft eher kurz und werden hier nicht eigens dokumentiert, wohl aber seien einige der ersten wichtigen Aussagen angeführt, beispielsweise beim Treffen mit hohen Repräsentanten des Schintoismus am 28. Februar 1979: „Anlässlich solcher Begegnungen möchte ich meinen besonderen Respekt vor jener Religion ausdrücken, der Sie angehören … Der Schintoismus, die traditionelle Religion Japans, unterstreicht zum Beispiel, dass alle Menschen gleiche Söhne Gottes sind, und weil das so ist, sind alle Menschen Brüder." Der Schintoismus, so der Papst weiter, habe eine besondere Liebe zur Natur, in der die Gläubigen gleichzeitig eine innige Verbindung zu Gott erkannten. Solche Audienzen waren ein vorsichtiges Herantasten an einen auch für den Papst eher unbekannten Kulturraum.

Die ersten Pontifikatsjahre Johannes Paul II. mit Blick auf die östlichen Religionen lassen sich dahingehend charakterisieren, dass es dem Papst vornehmlich um eine Aufarbeitung und Reflexion von „Nostra aetate" ging. Diese Reflexion hat er während des gesamten Pontifikats verfolgt, wenn sich auch erst bei den späteren Reisen auf den asiatischen Kontinent manches zu konkretisieren begann – allerdings kaum so greifbar wie bei den monotheistischen Religionen. Verschiedene Vertreter von Laien-Mönchen unterschiedlicher buddhistischer Schulen wurden vom Papst am 26. September 1979 in Rom empfangen. Die Begegnung sei ein echter Austausch zwischen Ost und West auf spiritueller Ebene, so Johannes Paul II.: „Ich bin glücklich, dass interreligiöser Dialog auf dieser grundlegenden Basis geschieht.“ Eine weitere Gruppe von Schintoisten und Buddhisten empfing der Papst am 20. Februar 1980. Vor ihnen unterstrich er die Verpflichtung der katholischen Kirche zum Dialog. Grundlage dafür ist seine Enzyklika „Redemptor hominis“, in der er selbst den Auftrag erteilt habe, nach allen möglichen nur denkbaren Wegen für einen Dialog der Religionen zu suchen: „Die katholische Kirche drückt ihren hohen Respekt vor euren Religionen aus, vor allem vor euren hohen spirituellen Werten ... Auf der Erde sind wir Pilger zum Absoluten und Ewigen, der allein die Herzen des menschlichen Seins retten und erquicken kann.“

Während seines Pontifikats nutzte der Papst mehrfach die Gelegenheit, auf bedeutende Afrika-, Amerika- und Asienmissionare einzugehen. Als ein Beispiel sei der im 16. Jahrhundert in China und auf Macao missionierende Jesuit Matteo Ricci genannt. Zum 400. Jahrestag der von ihm begonnenen Mission in Asien tagte in Rom am 25. Oktober 1982 ein Studienkongress über das Werk dieses Priesters. Johannes Paul II. würdigte ihn in einer Ansprache als „Mittler zwischen den Kulturen“, dem die behutsame Inkulturation des Evangeliums ein Anliegen gewesen sei. Dabei betonte der Papst die friedlichen und dialogbereiten Missionsarbeiten Riccis, dessen Methoden auch heute noch auf den interreligiösen Dialog anwendbar seien: „Ihm gelang es, eine Brücke zwischen der Kirche und der chinesischen Kultur aufzubauen, die noch heute solide und sicher erscheint – trotz aller Missverständnisse und Schwierigkeiten, die es in der Vergangenheit gegeben hat und auch heute noch neu gibt.“

Johannes Paul II. nutzte aber auch den Päpstlichen Rat für den interreligiösen Dialog, um den Kontakt zur asiatischen Welt und der Welt der Naturreligionen zu halten. So war er selbst es, der in verschiedenen Ansprachen vor dem Rat seine Auffassung eines

Dialogs der Religionen artikulierte. Als Beispiel sei die Rede vom 3. März 1984 genannt. Hier zeigt sich sein Verständnis von Dialog (das sich auch auf die anderen monotheistischen Weltreligionen bezieht). Es gründet auf der Dialog-Enzyklika „Ecclesiam suam" Paul VI. und wird der Enzyklika „Redemptor hominis" (1979) weiterentwickelt. Damals sagte der Papst: „Tatsächlich kann niemandem die Bedeutung und Notwendigkeit des Dialogs zwischen den Religionen für alle Religionen und für alle Glaubenden entgehen, die heute mehr denn je zur Mitarbeit aufgerufen sind, damit jeder Mensch sein transzendentes Ziel erreicht, sein echtes Wachstum verwirklicht und den Kulturen angesichts der raschen gesellschaftlichen Veränderungen bei der Wahrung ihrer religiösen und geistlichen Werte behilflich ist." Diese Definition von Dialog – Religionen für die Religionen – zieht sich wie ein roter Faden durch das Pontifikat Johannes Paul II. und gilt auch für die östlichen Religionen, zu denen der Zugang häufig schwieriger ist als zu den monotheistischen Religionen. Johannes Paul II. versteht unter Dialog die „freundschaftliche Beziehung zwischen Glaubenden verschiedener Religionen". Verantwortung müssen vor allem die Ortskirchen übernehmen, den anderen Kulturen und Religionen sowie ihren Traditionen und Werten mit Respekt zu begegnen. In dieser Forderung zeigt sich die Auffassung des Papstes vom lebenslangen und interkulturellen Lernen. „Alle Christen sind zum Dialog aufgerufen", bemerkt er und nennt verschiedene Formen der Zusammenarbeit.

Noch eines wird in dieser Ansprache deutlich, was erst im Lauf der späteren Jahre des Pontifikats sichtbar werden sollte: „In der aktuellen Weltlage heißt Dialog verzeihen lernen, da alle Religionsgemeinschaften möglicherweise Ungerechtigkeiten anklagen können, die sie im Laufe der Jahrhunderte erlitten haben. Dialog bedeutet, das Herz des anderen zu verstehen versuchen, was besonders schwierig ist, wenn es keine Verständigung gibt. Vor allem aber bedeutet es, sich in den Dienst der ganzen Menschheit und des einen Gottes zu stellen." Diese Forderung nach gegenseitiger Vergebung und damit der intensiven Aufarbeitung von begangener und erfahrener Schuld zeigt sich noch häufiger in den Reden des Papstes.

Symbolisch ging Johannes Paul II. einen neuen Weg. Er war es, der den Päpstlichen Rat für den interreligiösen Dialog dazu ermutigte, zu den großen Festen der asiatischen Religionen Grußbotschaften zu verfassen. Seit über 20 Jahren ist es zu einer festen Tradition geworden, dass der Rat für den interreligiösen Dialog zum Diwali-Fest der Hinduisten und zum Vesakh-Fest der Buddhisten schreibt und damit das Bemühen und die Anerkennung der katholischen Kirche gegenüber diesen Religionen zeichenhaft ausdrückt. Konkretisierungen des Dialogbegriffs erfolgten vor allem während der Auslandsreisen, wenn sie auch mit Blick auf die asiatischen Religionen längst nicht in dem Maße forciert wurden wie gegenüber Judentum und Islam.

Zu den Begegnungen mit den Religionen des Ostens und den afrikanischen Naturreligionen zählen im Pontifikat Johannes Paul II. auch die zahlreichen Besuche der neuen Botschafter, die ihr Akkreditierungsschreiben in Rom übergeben. So erinnerte Johannes Paul II. beim Empfang für den neuen Botschafter von Bangladesh am 10. November 1988 an die eigene Reise zwei Jahre zuvor. „Meine Reise hatte einen religiösen Sinn“, so der Papst, „dabei war es mir ein Anliegen, zum Respekt untereinander zu ermutigen, ganz gleich ob es Muslime, Hindus, Buddhisten oder Christen waren. Ich wiederhole an dieser Stelle, dass ich von der Hoffnung getragen bin, dass die Anhänger der verschiedenen Religionen in Ihrem Land auch künftig in Harmonie leben können, während sie sich gleichzeitig darum bemühen, zu einem noch größeren Verständnis untereinander beizutragen und den jeweils anderen anzuerkennen.“ Aber es gibt auch Ansprachen des Papstes, in denen der Dialog der Religionen eine nachgeordnete Rolle spielt, so zum Beispiel als sich die indischen Bischöfe 1989 zu ihrem Ad-limina-Besuch in Rom aufhielten. In seiner Rede vom

6. April 1989 ging Johannes Paul II. nur auf die Kirche als Mysterium ein, die zu den drängenden Fragen der Menschheit Stellung bezieht und Problemlösungen anbietet. Andere Ausführungen widmeten sich der Priesterausbildung und der Sendung der Laien. Immer wieder klang auch der Wunsch des Papstes durch, an das kulturelle und spirituelle Erbe des Landes zu erinnern, Gedanken an die eigene Reise in die Region aufzufrischen und politische Probleme nicht auszusparen.

Ein weiteres Beispiel für diese kleinen Schritte des Dialogs war eine Begegnung mit den Angehörigen verschiedener Religionen Japans am 5. September 1989 in Castel Gandolfo. Auch in den Sommermonaten seines Pontifikats empfing Johannes Paul II. Besuchergruppen aus vielen Ländern der Welt. Wenn in Castel Gandolfo wissenschaftliche Symposien abgehalten wurden, war es dem Papst ein Anliegen, Forscher und Kulturschaffende in einer Audienz zu begrüßen. Zu ihnen gehörte eine Gruppe japanischer Besucher, die zuvor an einem interreligiösen Gebetstreffen in Warschau teilgenommen hatten. Johannes Paul II. würdigte in seiner kurzen Ansprache den Dialog zwischen den Religionen Japans und der katholischen Kirche und erinnerte zugleich an die Tragik von Nagasaki und Hiroshima: „Die Erinnerung an die Vergangenheit ist die Befähigung für die Zukunft“, so der Papst. In Erinnerung an den großen Saicho, einen führenden Repräsentanten der japanischen Religionen, zitierte der Papst ihn: „Der eigentliche Zielpunkt der Liebe ist es, sich selbst zu vergessen und den anderen zu dienen.“

Diese mehr theoretischen Ansätze wurden bei der 44. Auslandsreise des Papstes nach Indonesien im Herbst 1989 fortgeführt. Außerdem setzte der Papst mit seiner Missionsenzyklika „Redemptoris missio“ vom 7. Dezember 1990 weitere Maßstäbe. Darin wird Mission zwar als wesentliches Element der Arbeit innerhalb der katholischen Kirche gesehen, die besonders von muslimischer Seite – aber auch von einigen Vertretern der asiatischen Religionen – geäußerten Bedenken, die Kirche wolle mit neuen Missionsstrategien Gläubige werben, waren wohl überzogen. Eine neue Missionierungsphase – wie zum Beispiel das malayische Religionsministerium in der Enzyklika zu lesen meinte – ist jedenfalls nicht beabsichtigt.

Um auf die nationalen Bischofskonferenzen einzuwirken, nutzt Johannes Paul II. außer den Pastoralreisen und Ad-limina-Besuchen auch Briefe an tagende Versammlungen. Als Beispiel sei seine Botschaft an die Vollversammlung der Vereinigung der Asiatischen Bischofskonferenzen (FABC) vom 23. Juni 1990 genannt. In ihr appellierte der Papst erneut an die Bewahrung und den Einsatz für die Religionsfreiheit: „Die Frage der Menschenrechte bringt uns dazu, die Zeichen religiöser Intoleranz zur Kenntnis zu nehmen, die in einigen asiatischen Ländern zu erkennen sind. Unter dem Druck bestimmter Gruppen haben zum Beispiel gewisse Regierungen in Nationen, in denen es viele Anhänger des Islam gibt, Haltungen eingenommen, die sich nicht mit jener Toleranz vereinbaren lassen, die ein Teil der ehrwürdigen islamischen Tradition sind. Manchmal wurden Versuche zu Gesetzesänderungen unternommen und Maßnahmen ergriffen, die effektiv die Rechte religiöser Minderheiten bestreiten. Die unnachgiebigen Haltungen einiger, die anderen Religionen keinen Raum lassen, erkennen nur das als echt asiatisch an, was innerhalb der eigenen religiösen Kategorien Ausdruck finden kann. Das bedauernswerte Phänomen der Intoleranz ist aber nicht auf irgendeine einzelne religiöse Tradition beschränkt."

Auch die eigenen Bildungsinstitute erinnerte der Papst an ihre Verpflichtung zum Dialog. Bei seiner Ansprache vor der Päpstlichen Universität Urbaniana in Rom am 11. April 1991 betonte er: „Die Kirche Christi empfindet immer das tiefe Bedürfnis, mit den Vertretern aller Religionen in Kontakt und Dialog zu treten." Ein weiteres Friedenstreffen der Religionen war darüber hinaus die Initiative der Gemeinschaft Sant'Egidio, die im Oktober

1991 zum fünften Internationalen Treffen für den Frieden nach Malta eingeladen hatte. Am 7. Oktober empfing der Papst eine Gruppe Angehöriger der japanischen Religionen. Jede Religion, so Johannes Paul II., habe eine in sich begründete Verpflichtung, für den Frieden zu beten. Der Papst hat sich während solcher Ansprachen zwar vornehmlich an das Hauptthema des jeweiligen Kongresses gehalten, als „roter Faden" zieht sich aber gerade gegenüber den Vertretern der östlichen Religionen neben dem spirituellen Reichtum vor allem der Aufruf zum Frieden unter den Völkern durch.

Man wird das Verhältnis von Papst Johannes Paul II. zu den östlichen Religionen kaum verstehen, wenn man die Entwicklung auf dem asiatischen Kontinent nicht auch vor den aktuellen politischen Veränderungen der letzten 25 Jahre reflektiert. Wir müssen uns hier auf einige wenige Hinweise beschränken. Erinnert sei an das große Interesse Johannes Paul II. für die chinesische Untergrundkirche. Diese Kirche, im Gegensatz zur patriotischen Kirche Chinas, die sich einer steten Verfolgung durch die chinesischen Behörden ausgesetzt sieht, wurde maßgeblich vom Vatikan gefördert. Bereits im ersten Pontifikatsjahr hatte der Papst eine Reihe von Ausnahmeregelungen für die Feier der Sakramente in der Untergrundkirche erlassen, die sich besonders auf die Weihe von Bischöfen auswirkte. Damit verfolgte Johannes Paul II. das Ziel, keine der Untergrundgemeinden priester- bzw. bischofslos zu lassen, vor allem wenn geweihte Amtsträger seit Jahren oder Jahrzehnten im Gefängnis waren. Die zunehmenden Spannungen der chinesischen Staatsführung gegenüber der Untergrundkirche erreichten einen Höhepunkt, als an der Bischofssynode für Asien (19.4.-14.5.1998) im Vatikan keine Bischöfe aus China teilnehmen konnten, weil ihnen eine Ausreise verweigert wurde. Spannungsvoll wurde es auch, als Johannes Paul II. im Heiligen Jahr, am 1. Oktober 2000, 120 chinesische Märtyrer heilig sprach. Die Behörden in Peking werteten es als grobe Provokation, dass die Heiligsprechung ausgerechnet an dem Tag stattfand, an dem vor 51 Jahren Mao Zedong die Gründung der Volksrepublik China verkündet hatte. Dies war umso verwunderlicher, als es sich bei den Märtyrern um Opfer des Boxeraufstandes (von 1900) und nicht um Märtyrer des kommunistischen China handelte. Mittlerweile hat sich das Verhältnis wieder gebessert. Dies ist auf den Papst zurückzuführen, der in einer Rede am 24. Oktober 2001 während eines internationalen Kongresses in Rom einen Neubeginn des Dialogs mit China forderte und gleichzeitig Fehler und Versagen einiger katholischer Missionare gegenüber China aus vergangenen Jahrzehnten und Jahrhunderten einräumte. Die Bitte um Verzeihung krönte die Rede, die auch in China, besonders von der Staatsführung, aufmerksam registriert wurde.

Die erwähnte Bischofssynode für Asien hatte wichtige Folgen für das Verhältnis zu den dortigen Religionen. Während seines Aufenthalts 1999 in Neu Delhi stellte der Papst die Ergebnisse des Bischofstreffens vor. Nochmals wollte man ihm den neuen Schub einer subtilen Missionsstrategie vorwerfen, was allerdings alles andere als berechtigt war. Im nachsynodalen Schreiben „Ecclesia in Asia" (2000) werden die Bischöfe angehalten, das Gespräch mit den Angehörigen anderer Religionen zu suchen.

Johannes Paul II. ist es in seinem Pontifikat gelungen, mit seiner Missionsenzyklika und dem nachsynodalen Schreiben für die Kirche in Asien in der asiatischen Welt ein Zeichen zu setzen. Für die katholischen Christen, die dort oft in Minderheitensituationen leben, bedeutet die Verbindung mit dem Papst eine persönliche Stärkung und vermittelt das wichtige Gefühl, ganz zur katholischen Weltkirche zu gehören.

Ähnliches gilt auch für den afrikanischen und lateinamerikanischen Kontinent. Allerdings geht es hier nicht um eine Minderheitensituation, sondern um das Bewusstsein für die Universalität der katholischen Kirche. Deshalb sind auch die verschiedenen Begegnungen mit dem – bereits weiter oben erwähnten – lateinamerikanischen Kontinent ein weiteres, wichtiges Moment im Pontifikat Johannes Paul II. Mehrfach ging der Papst dabei vor allem auf die Sektenproblematik ein, aber auch auf die historischen und kulturellen Werte der indogenen Völker. Zu den Feierlichkeiten des 500. Jahrestages der Evangelisierung Amerikas befand sich der Papst in Santo Domingo. Berühmt wurde seine Ansprache zur Eröffnung der vierten Vollversammlung der lateinamerikanischen Bischöfe am 12. Oktober 1992, in der er eine Vermittlung von Neuevangelisierung und Wahrung der eigenen kulturellen, Identität stiftenden Traditionen versuchte. Auch eine Botschaft an die afroamerikanische Bevölkerung bemühte sich um diesen Tenor: Hier erinnerte der Papst nicht nur an die Leiden der nach Amerika verschleppten Afrikaner, er appellierte angesichts eines pluralistischen Weltanschauungsangebots vor allem dafür, die eigenen Wurzeln nicht aufzugeben. Johannes Paul II. hatte nicht die Absicht, auf afrikanische Stammes- oder Naturreligionen einzugehen. Er wandte sich an die katholische Bevölkerung und auch an die Ureinwohner, die möglicherweise nicht katholisch sind, um sie sie zu einem Dialog miteinander zu ermutigen.

Das Gespräch mit den Angehörigen der traditionellen Religionen des afrikanischen Kontinents, mit den dort lebenden Muslimen sowie mit den Mitgliedern anderer christlicher Kirchen und Gemeinschaften kam in Rom vor allem während der Sondersynode für Afrika im Jahr 1994 zum Ausdruck. In einer eigenen Botschaft unterstrich der Papst am 8. Mai 1994 die Verpflichtung der Kirche zum Dialog. Vor allem die traditionellen Religionen garantierten eine besondere Pflege der eigenen Kultur. Durch den Dialog der Angehörigen dieser Religionen sei das kulturelle Erbe über Jahrhunderte tradiert worden, so der Papst.

Johannes Paul II. hat sich an die nicht-monotheistischen Religionen langsam herangetastet. Die Begegnung mit ihnen und das gemeinsame Suchen nach einer spirituellen Grundlage standen dabei für ihn im Vordergrund. Konkrete Handlungsoptionen, vor allem für die Religionsfreiheit und eine Welt in Frieden und Gerechtigkeit, erfolgten erst im Lauf des Pontifikats. Dabei geht heute der Aspekt der Kultur stiftenden Identität eines Volkes in den Analysen des Pontifikats Johannes Paul II. schnell unter – sie soll daher an dieser Stelle wenigstens Erwähnung finden. Übrigens hat der Papst diese Verbindung von Kultur und Religion bereits während seiner ersten Lateinamerikareise angesprochen, als er am 29. Januar 1979 in Cuilapan sagte: „Papst und Kirche sind mit euch und lieben euch und eure Kultur; eure Tradition und eure großartige Vergangenheit sind eine Ermutigung für die Gegenwart und eine Hoffnung für die Zukunft.“

7. Mai 1980: Ansprache an die Vertreter der hinduistischen Gemeinschaft in Nairobi (Kenia)

Die erste Auslandsreise auf den afrikanischen Kontinent brachte Johannes Paul II. vor allem mit muslimischen Vertretern zusammen. Umso auffallender war es, dass er in Nairobi auch mit einer relativ großen Gruppe von Hindus zusammentraf und sich in einer knappen Ansprache speziell an sie wandte. Dabei betonte der Papst seinen Willen, einen Beitrag zur Inkulturation der Gesellschaften zu leisten und gleichzeitig am eingeschlagenen Weg des interreligiösen Dialogs festzuhalten.

Eure Wurzeln reichen in die altehrwürdige Geschichte Asiens zurück, vor der wir große Achtung haben. Indem ich euch begrüße, erinnere ich bewusst an die brüderliche Haltung der ganzen Kirche allen nichtchristlichen Religionen gegenüber, die das Zweite Vatikanische Konzil mit seiner Erklärung „Nostra aetate" zum Ausdruck gebracht hat. Auch hat sie so ihren Auftrag kundgetan, die Einheit und Liebe unter Einzelpersonen und Nationen zu fördern und sich für die Förderung brüderlichen Geistes unter allen Menschen einzusetzen. Der Hinduismus wurde in diesem Dokument eigens erwähnt; ebenso wurde auf die religiösen Werte hingewiesen, die seine Anhänger vertreten.

Heute steht die Kirche mit all ihren Brüdern in einem bereitwilligen Dialog, der das Geheimnis des Menschen und das Geheimnis Gottes zum Gegenstand hat. Der Sinn des Lebens, die Natur des Guten, der Weg zum Glück, die Bedeutung des Todes und das Ende unserer irdischen Pilgerfahrt – all diese Wahrheiten sind Gegenstand gemeinsamen Interesses. Gleichzeitig führen sie uns zu einem gemeinsamen Dienst am Menschen in seinen vielfältigen Nöten und zur Förderung seiner vollen Menschenwürde. Im Zeichen dieser Menschenwürde und Brüderlichkeit grüße ich euch heute mit aufrichtiger, brüderlicher Liebe.

21. Februar 1981: Radiobotschaft an die Völker Asiens, gehalten in Manila (Philippinen)

Während seiner langen Asienreise traf Papst Johannes Paul II. an verschiedenen Stellen mit den Führern unterschiedlicher Religionen zusammen. Vor allem ging es dem Papst bei dieser Reise darum, das historische Erbe der asiatischen Völker zu würdigen: Er finde das Erbe aller nationalen Kulturen vor, die das bemerkenswerte Element spirituellen Wachstums tragen. Jeder sei deshalb in die Verantwortung genommen, zum Zusammenleben der Völker brüderlich beizutragen. Um sein Anliegen deutlich zu machen, nutzte er den in Manila beheimateten katholischen Hörfunksender „Radio Veritas", um sich in einer Botschaft an den ganzen asiatischen Kontinent zu wenden. Dabei sprach er alle Religionen an und verstand unter den Kulturen der Länder nicht nur die asiatischen Religionen, sondern auch den Islam.

Die Kirche Jesu Christi empfindet in diesen Tagen zutiefst das Verlangen, mit all diesen Religionen in Kontakt zu treten und den Dialog aufzunehmen. Sie erweist den zahlreichen ethischen Werten, welche diese Religionen in sich tragen, sowie auch dem Reichtum geistlichen Lebens, welcher die Traditionen und Kulturen ganzer Gesellschaften so nachhaltig beeinflussen, ihre höchste Ehrerbietung. Was Christen und Anhänger anderer Religionen zueinander zu führen scheint und einander nahe bringt, ist das Verlangen nach dem Gebet als Ausdruck der menschlichen Geistigkeit, die sich dem Absoluten zuwendet. Selbst wenn dieses Absolute für manche das große Unbekannte ist, bleibt es dennoch in Wirklichkeit der gleiche lebendige Gott …

Alle Christen müssen sich daher zum Dialog mit den Anhängern aller Religionen verpflichtet fühlen, so dass gegenseitiges Verstehen und Zusammenarbeit ständig zunehmen, die ethischen Werte gefestigt werden und die ganze Schöpfung Gottes preist. Es müssen überall Wege zur Verwirklichung des Dialogs gefunden werden, vor allem in Asien, dem Kontinent, der die Wiege aller Kulturen und Religionen ist.

22. Februar 1981: Predigt bei der Messe mit den Eingeborenenstämmen in Baguio City (Philippinen)

Der Papst traf auf seiner Asienreise nicht nur mit den Vertretern verschiedener Religionen zusammen, sondern auch mit den Eingeborenen. Auf der einen Seite wusste das Kirchenoberhaupt den missionarischen Geist der katholischen Kirche zu würdigen, auf der anderen Seite zeigte der Papst seine Überzeugung, dass die traditionellen Werte und Kulturen ein reiches Erbe und eine Verpflichtung der Menschen darstellten. Dabei war es Johannes Paul II. ein besonderes Anliegen, die Einheit stiftende Kraft des Evangeliums zu betonen.

Meine Brüder und Schwestern in Christus, ihr habt erkannt, dass das Evangelium den Fortbestand eurer Kulturen nicht bedroht und eure echten Traditionen nicht zerstört. Denn alles, was wahrhaft menschlich ist, alles, was zum Wohl und zur Förderung des Menschen beiträgt, wird vom Evangelium gestärkt und vom Glauben an Christus vorangetrieben … Nun da ihr den augenblicklichen Problemen im Zusammenhang mit der sozialen und wirtschaftlichen Entwicklung in eurem Lande gegenübersteht, versichere ich euch, dass die Kirche eins mit euch ist in eurem Verlangen, eure einzigartigen Kulturen zu bewahren, und in eurem Wunsch, an Entscheidungen, die euer Leben und das Leben eurer Kinder betreffen, teilzuhaben. Denn die Kirche distanziert sich niemals von den zeitlichen Problemen ihrer Mitglieder. Sie bleibt den Armen und Leidenden nahe; sie verlangt nach Gerechtigkeit und Frieden; und sie kümmert sich um die konkreten Bedürfnisse der Gläubigen.

24. Februar 1981: Ansprache an die Vertreter der nichtchristlichen Religionen in Tokio (Japan)

Johannes Paul II. war während des gesamten Pontifikats und besonders auf seinen Reisen bemüht, die guten Verbindungen zu einzelnen Religionen zu unterstreichen. Verschiedene Delegationen hatten ihn in Rom aufgesucht, deshalb ging er während seiner Reisen häufig auf solche Begegnungen ein. Bei seinem Aufenthalt in Japan wiederholte er den tiefen Respekt der katholischen Kirche vor den anderen Religionen und Kulturen. Deutlicher allerdings als in seiner Radiobotschaft an den asiatischen Kontinent erinnerte der Papst hier auch an die Grenzen der Gemeinsamkeiten.

Was kann der Papst, der aus Rom kommt, Ihnen bei seinem ersten Besuch in diesem berühmten Land des Fernen Ostens sagen? Sie sind Erben und Hüter altehrwürdiger Weisheit. Diese Weisheit hat Japan und dem ganzen Fernen Osten eine hohe Ethik der Lebensführung aufgeprägt. Sie hat Sie gelehrt, das „reine, klare und aufrichtige Herz" zu verehren. Sie hat Sie gelehrt, in jedem Geschöpf, insbesondere in jedem Menschen, die göttliche Gegenwart wahrzunehmen. Sie hat Ihnen „Selbstlosigkeit und Dienst am Nächsten als Gipfelpunkt der Freundschaft und des Mitleids" eingegeben …

Ja, in vielen Dingen sind Sie bereits mit uns. Doch müssen wir Christen auch sagen, dass unser Glaube Jesus Christus ist; Jesus Christus ist es, den wir verkünden … Deshalb tragen wir seinen Namen und seine Frohbotschaft unter alle Völker und, obgleich wir ihre Kulturen und Traditionen aufrichtig ehren, laden wir sie mit aller Achtung ein, Jesus zu hören und ihm ihre Herzen zu öffnen. Wenn wir den Dialog aufnehmen, dann tun wir es, um von Christi Liebe Zeugnis zu geben …

Als religiöse Menschen müssen wir der Förderung herzlicher gesellschaftlicher Beziehungen besondere Aufmerksamkeit zuwenden und einen Lebensstil annehmen, der von persönlicher Einfachheit und ehrlichem Respekt für die Schönheit der Welt gekennzeichnet ist, in der wir leben. Mehr denn je obliegt uns diese Verpflichtung in der heutigen Zeit, wo die Menschheit von materialistischen Ideologien bedroht und gefahrvollen Formen von Industrialismus ausgesetzt ist, der den Menschen seiner Würde berauben könnte. Ich weiß, dass zu diesem Zweck sowohl in Japan als auch in Rom der Dialog und die Zusammenarbeit zwischen der katholischen Kirche und den von Ihnen vertretenen religiösen Organisationen aufgenommen wurden. Nochmals danke ich Ihnen für die Achtung und das Vertrauen, das Sie so unmissverständlich dem Papst und der katholischen Kirche in Japan gegenüber bewiesen haben. Die Kirche wiederum wird durch den Dialog mehr und mehr katholisch, d. h. mehr und mehr universal, und dies entspricht ihrer Natur und ihrer Mission, die Liebe Christi allen Menschen zu verkünden und zu bezeugen.

3. Mai 1984:
Ansprache bei der Ankunft auf dem Flughafen in Seoul (Korea)

Die 21. Auslandsreise führte Papst Johannes Paul II. erstmals nach Korea. Bereits am Flughafen würdigte er das Land und dessen Engagement für ein rasches Wirtschaftswachstum. Die Koreaner werden – so der Papst – noch mehr als Volk bewundert werden, das „Fortschritt und Wohlstand erzielt, wo alle um ihrer vollen Menschenwürde als Kinder Gottes willen geliebt und geachtet werden".

Die Teilung Koreas sei ein schmerzlicher Moment in der gegenwärtigen Geschichte. Neben dem gesellschaftspolitischen Aspekt ging es dem Papst aber auch um die Erinnerung an die spirituellen Quellen Koreas.

Ihr seid ein stolzes und starkes Volk, das bei allen Begegnungen mit großen Kulturen und benachbarten Mächten seiner Identität treu geblieben ist und einzigartige Früchte der Kunst, der Religion und der Lebensweisheit hervorgebracht hat. Eure Vorfahren haben so überwältigende Geistesströmungen wie den Konfuzianismus und den Buddhismus angenommen, sich zu Eigen gemacht, weitergeführt, nach ihnen gelebt und sie an andere weitergegeben … Eure Herzen stehen offen und sind voll Wärme, Güte und Humor; es sind edelmütige Herzen, die viel gelebt und gelitten und doch nie die Hoffnung verloren haben. Eure hervorragenden Persönlichkeiten hätten nicht aus sich allein so bewundernswerte Früchte hervorbringen können; sie waren dazu nur als Söhne eines großen und guten Volkes imstande, eines Volkes, das ihr alle seid, die ihr im täglichen Leben liebend und mitteilsam allzeit die Wahrheit sucht …

Erlaubt mir nun, meine herzlichen Wünsche auch an die verehrungswürdige buddhistische Gemeinschaft zu richten, die am 8. Mai das Kommen Buddhas feiert.

6. Mai 1984: Ansprache bei der Begegnung mit Vertretern verschiedener Religionen in Seoul (Korea)

Die Pastoralreise des Papstes nach Korea war von einer Ermutigung der katholischen Christen geprägt. Während der verschiedenen Gottesdienste ging es Johannes Paul II. vornehmlich um eine spirituelle Stärkung der eigenen Schwestern und Brüder. Die Ausführungen vor dem diplomatischen Korps nutzte er, um auf politische Probleme und die Schwierigkeiten eines internationalen Dialogs zu verweisen. Dezidiert sprach er die anderen Religionen erst bei einer eigenen Begegnung an.

Sie wissen, dass der Hauptgrund meiner Reise die mir übertragene Pflicht ist, die Jünger Jesu Christi, die Glieder der katholischen Kirche sind, in ihrem Glauben zu führen und zu stärken. Doch ich will auch meine hohe Wertschätzung für das Jahrtausende alte, wertvolle Kulturerbe und die bewunderungswürdigen Traditionen ausdrücken, deren Hüter und lebendige Zeugen Sie sind …

Die katholische Kirche ist bemüht, in einem freundlichen Dialog mit allen großen Religionen zu stehen, die die Menschen durch die Geschichte geführt haben. Dies sollten wir fortsetzen, damit unser gegenseitiges Verständnis und unsere Zusammenarbeit wachsen und die geistlichen und sittlichen Werte, die wir hochhalten, den Männern und Frauen unserer Zeit Weisheit und innere Stärke bieten können.

In der Tat, die Religionen haben heute, in einer sich rasch wandelnden Gesellschaft wie in Korea, mehr denn je eine lebensnotwendige Funktion inne. In dem Sinn, wie der Einzelne sein wahres Selbst finden muss, indem er über sich hinausgeht und Harmonie mit dem Universum und mit anderen anstrebt, so muss auch eine Gesellschaft, eine Kultur, eine Gemeinschaft von Menschen versuchen, die geistlichen Werte, die ihre Seele sind, zu pflegen. Und dieser Imperativ ist umso dringender, je tiefer der Wandel ist, von dem unser Leben heute betroffen ist.

In dieser Hinsicht schaut die Welt mit besonderem Interesse auf Korea. Denn das koreanische Volk hat im Laufe der Geschichte mit der großen ethischen und religiösen Einsicht des Buddhismus und Konfuzianismus den Weg zur Selbsterneuerung und zur Festigung des ganzen Volkes in Tugend und in edler Absicht gesucht. Der tiefe Respekt vor Leben und Natur, die Suche nach Wahrheit und Harmonie, die Selbstverleugnung und das Mitleid, das unaufhörliche Streben, über sich hinauszugehen, diese Attribute zählen zu den edelsten Merkmalen Ihrer geistlichen Tradition, die die Nation und die Menschen durch ihre unruhigen Zeiten zum Hafen des Friedens geführt hat und auch weiterhin führen wird.

Unsere Verschiedenheit im religiösen und ethischen Glauben fordert uns auf, den wahren, brüderlichen Dialog zu pflegen und besonders das zu berücksichtigen, was die Menschen gemein haben und was die Einheit unter ihnen fördert. Solch eine konzentrierte Anstrengung wird zweifellos ein Klima des Friedens schaffen, in dem Gerechtigkeit und Erbarmen gedeihen können.

Wir Katholiken haben soeben das Jubiläumsjahr der Erlösung gefeiert. In dieser Zeit der Gnade waren wir bestrebt, das Geschenk der Versöhnung zu leben, das uns durch Christus gewährt wurde, und haben uns bemüht, uns selbst mit Gott und unseren Mitmenschen zu versöhnen. Wäre es nicht eine gute Sache, wenn auch zwischen den Gläubigen verschiedener Traditionen und zwischen den Religionen selbst eine ähnliche Begegnung der Geister und Herzen verwirklicht werden könnte durch unseren gemeinsamen guten Willen und unsere Pflicht, dem echten Wohl der Menschheitsfamilie zu dienen?

10. Mai 1984: Ansprache bei der Begegnung mit dem König von Thailand in Bangkok (Thailand)

Nach Südkorea besuchte der Papst verschiedene weitere Staaten, unter anderem Thailand. Johannes Paul II. war es hier vor allem wichtig, an die bedeutenden Anstöße für einen Dialog der Religionen durch seine Vorgänger zu erinnern, ohne konkrete Handlungsoptionen für die Zukunft vorzuschlagen.

Mein Besuch ist ein Tribut an die langen und freundschaftlichen Beziehungen zwischen Thailand und dem Heiligen Stuhl. Indem ich hierher komme, habe ich die Ehre, den Besuch zu erwidern, den Eure Majestäten meinem Vorgänger Johannes XXIII. im Jahr 1960 abgestattet haben. Ebenso sehe ich dem bevorstehenden Treffen mit Seiner Heiligkeit dem Höchsten Patriarchen im Rachabophit-Tempel voll Erwartung entgegen …

Gast zu sein in dem Land, das Freiheit als konstitutives Merkmal seines Volkes verkündet, ist in der Tat eine große Ehre. In unserer heutigen Welt erinnert die Geschichte der Freiheit der Thai und die sprichwörtliche Toleranz Thailands an das tiefe Sehnen der Menschheitsfamilie, in Frieden, Harmonie und Brüderlichkeit zu leben. Besonders ihre Achtung des Menschenrechts auf Religionsfreiheit gereicht Ihrem Land zu großer Ehre.

11. Mai 1984:
Ansprache vor dem Abflug auf dem Flughafen von Bangkok (Thailand)

Während seines Pastoralbesuchs war es Papst Johannes Paul II. vor allem ein politisches Anliegen gewesen, auf das grassierende Flüchtlingselend in Thailand aufmerksam zu machen. Neben vielen liturgischen Feiern und einer spirituellen Erneuerung ging er zum Schluss des Aufenthalts noch einmal auf das religiöse Miteinander in Thailand ein.

Das Band der gegenseitigen Liebe, das das Volk Thailands mit seinen Herrschern verbindet, tritt klar zutage in der unermüdlichen Sorge Ihrer Majestäten für das Wohlergehen und Glück ihrer Untertanen, was ihnen wieder die bleibende Liebe und Wertschätzung des Thai-Volkes einbringt.

Als „Vertreter aller Religionen" in Thailand hat Seine Majestät der König persönliches Interesse an der freien Ausübung anderer Religionen als des Buddhismus in seinem Land bezeigt … Mein Aufenthalt auf thailändischem Boden hat es mir auch ermöglicht, Seine Heiligkeit den Obersten Patriarchen aller Buddhisten in diesem Land zu begrüßen. Es war ein Vorrecht für mich, diesem ehrwürdigen und hochgeehrten religiösen Führer zu begegnen. Ich bin sicher, dass unsere Begegnung ein gutes Zeichen ist für die Zukunft der buddhistisch-katholischen Beziehungen hier und überall in der Welt …

18. August 1985: Ansprache bei der Begegnung mit Hindus und Muslimen in Nairobi (Kenia)

Während Papst Johannes Paul II. mit Blick vor allem auf die asiatischen Religionen primär die spirituelle Verbindung und das Streben nach einer tiefen geistlichen Prägung thematisiert, nennt er nur selten konkrete Handlungsschritte einer interreligiös motivierten Zusammenarbeit. Das änderte sich bei einer weiteren Reise nach Kenia; hier profitierte der Hinduismus von einer Ansprache des Papstes, die auch gleichzeitig an die Muslime gerichtet war. Weil die Dialogbemühungen bereits weiter vorangeschritten waren, gab es mittlerweile immer häufiger konkrete Ideen einer Zusammenarbeit, die der Papst in Nairobi auf Muslime und Hindus identisch übertrug. Insgesamt baute die Ansprache des Papstes auf der Begegnung mit den Hindus in Nairobi vom 7. Mai 1980 auf.

Vielfältig sind die Bedürfnisse der Menschheit. An erster Stelle stehen die geistigen Bedürfnisse, wie unser beständiges Suchen nach dem Sinn des Lebens und unser Wunsch, so zu leben, dass es unserer menschlichen Würde als Kinder Gottes entspricht. Gleichzeitig können wir nicht von den materiellen Bedürfnissen des Menschen absehen … Angesichts all dieser menschlichen Bedürfnisse – geistig, materiell und sozial – können die Religionen der Welt nicht passiv bleiben. Die Not unserer Brüder und Schwestern ist ein dringender Aufruf zu einer großzügigen Antwort in Liebe, ein Aufruf zu gegenseitiger und wirksamer Zusammenarbeit.

Die engen Bande, die unsere Religionen verbinden – unsere Gottesverehrung und die geistigen Werte, die wir hochschätzen –, sind für uns ein Grund, brüderliche Verbündete zu werden im Dienst für die Menschheitsfamilie ... Die Übel der Verdächtigungen, des unlauteren Wettbewerbs und der Missverständnisse entstehen allzu leicht in unserer modernen Welt; an allzu vielen Orten erleben wir Gewalt, Konflikte und Krieg.

Aber es ist niemals Gottes Wille, dass es Hass gibt in der Menschheitsfamilie, dass wir in Misstrauen und Feindschaft leben. Wir sind alle Kinder desselben Gottes, Mitglieder der großen Familie der Menschheit. Unsere Religionen haben eine besondere Rolle zu erfüllen, wenn es gilt, diesen Übeln Einhalt zu gebieten und Vertrauens- und Freundschaftsbande zu schmieden. Es ist Gottes Wille, dass all diejenigen, die ihn verehren, auch wenn sie nicht die gleiche Verehrungsform haben, dennoch vereint seien in Brüderlichkeit und im gemeinsamen Dienst zum Wohl aller.

Unser heutiges Zusammensein – Hindus, Muslime und Christen in Freundschaft versammelt – ist ein hoffnungsvolles Zeichen in einer pluralistischen Welt voller Spannungen. Keine religiöse Gruppe kann es sich leisten, isoliert zu handeln und zu leben. Im gegenseitigen Respekt vor eines jeden Überzeugung brauchen wir die gegenseitige Hilfe ... Die heute an uns gerichtete Herausforderung ist, der Welt zu helfen, in Frieden und Eintracht zu leben, in Hochachtung vor der Menschenwürde aller. In diesem Bemühen wird der Gott der Liebe und des Friedens mit uns sein.

1. Februar 1986:
Ansprache bei der Ankunft auf dem Flughafen von Neu-Delhi (Indien)

Nach 1964 betrat im Frühjahr 1986 erstmals wieder ein Papst indischen Boden. Während die katholische Kirche in einem überwiegend hinduistischen Land aus dem sozialen und erzieherischen Sek-

tor des täglichen Lebens kaum wegzudenken ist, war es Johannes Paul II. vor allem ein Anliegen, das Gemeinsame von Hinduismus und Christentum auf dieser Reise zu unterstreichen. Der rote Faden des Pontifikats, die Frage nach der Religionsfreiheit, wurde vom Papst gleich bei der Ankunft in Neu-Delhi dargestellt.

Meine Absicht, nach Indien zu kommen, hat sowohl eine religiöse wie eine menschliche Ausrichtung. Ich komme, um den Katholiken Indiens einen Pastoralbesuch abzustatten, und ich komme in Freundschaft mit d em tiefen Verlangen, Ihrem ganzen Volk und Ihren verschiedenen Kulturen meine Ehre zu erweisen. Ich ergreife gleich zu Beginn die Gelegenheit, mein aufrichtiges Interesse an allen Religionen Indiens zum Ausdruck zu bringen – ein Interesse, das von aufrichtiger Achtung, von Aufmerksamkeit für das uns Gemeinsame und von einem Verlangen gekennzeichnet ist, den Dialog zwischen den Religionen und die fruchtbare Zusammenarbeit zwischen Menschen verschiedenen Glaubens zu fördern.

In diesem Zusammenhang erwähne ich mit besonderer Bewunderung, dass die indische Verfassung mit ihrer offiziellen Anerkennung der Religionsfreiheit die Würde jeder Person in ihrer heiligsten Dimension ehrt und zugleich die Förderung echter geistlicher Werte gestattet, die so grundlegend für das gesamte Leben der Gesellschaft sind …

Gleichzeitig bin ich lebhaft interessiert an den verschiedenen Kulturen Indiens: an den vielen alten kulturellen Ausdrucksformen, die in eurer Kunst und Architektur, in eurer Literatur und eurem Brauchtum enthalten sind; und an jenen kulturellen Ausdrucksformen des modernen Indiens, die eine feine Mischung von Altem und Neuem reflektieren, sowie an jenen Formen, die sich zum Teil aus den unvermeidlichen und oft dringend notwendigen sozialen Veränderungen und als Antwort auf die Herausforderungen der modernen Industrie und Technik ergeben haben. Das alles ist Zeichen einer lebendigen und dynamischen Gesellschaft.

1. Februar 1986: Ansprache am Grabmal Mahatma Gandhis in Neu Delhi (Indien)

Während seines Pastoralbesuchs in Indien legte Johannes Paul II. einen Kranz am Grabmal des „Vaters der Nation" nieder, den er in einem Gebet als „herausragenden Zeugen für Wahrheit, Liebe und Gewaltlosigkeit" bezeichnete. Der Papst würdigte die Gewaltlosigkeit und das soziale Engagements Gandhis, ohne explizit auf die indische Religion einzugehen.

Mein Besuch in Indien ist eine Pilgerfahrt des guten Willens und des Friedens und die Erfüllung eines Wunsches, die wahre Seele eures Landes persönlich zu erleben ...

Einen Augenblick lang schien das Licht erloschen zu sein. Doch seine [Gandhis] Lehren und das Beispiel seines Lebens leben im Geist und in den Herzen von Millionen Männern und Frauen weiter ... Ja, das Licht leuchtet noch, und das Erbe Mahatma Gandhis spricht noch immer zu uns. Und heute bin ich als Pilger des Friedens hierher gekommen, um Mahatma Gandhi, dem Helden der Menschlichkeit, meine Huldigung zu erweisen.

Von diesem Ort aus, der für immer mit dem Andenken an diesen außergewöhnlichen Mann verbunden ist, will ich den Menschen Indiens und der Welt meine tiefe Überzeugung zum Ausdruck bringen, dass der Friede und die Gerechtigkeit, deren die heutige Gesellschaft so dringend bedarf, nur auf dem Weg erlangt werden wird, der den innersten Kern seiner Lehre ausmachte: die Vorherrschaft des Geistes und satya graha, die „Macht der Wahrheit", die ohne Gewalt, allein mit der Kraft siegt, die einer gerechten Handlung innewohnt ...

Die Macht der Wahrheit führt uns dahin, dass wir mit Mahatma Gandhi die Würde, Gleichheit und brüderliche Solidarität aller Menschen anerkennen, und sie veranlasst uns, jede Form der Diskriminierung abzulehnen. Sie weist uns erneut darauf hin, wie dringend notwendig in der pluralistischen Gesellschaft des modernen Indiens und überall in der Welt gegenseitiges Verständnis, Annahme und Zusammenarbeit zwischen den verschiedenen religiösen Gruppen sind …

Von diesem Ort aus, der in gewissem Sinn zur Geschichte der ganzen Menschheitsfamilie gehört, will ich jedoch erneut die Überzeugung bekräftigen, dass mit Gottes Hilfe die Errichtung einer besseren Welt in Frieden und Gerechtigkeit für die Menschen erreichbar ist …

Mögen diese und andere Worte in den heiligen Büchern der großen religiösen Überlieferungen, die auf dem fruchtbaren Boden Indiens vorhanden sind, allen Völkern und ihren Führern eine Quelle der Inspiration sein bei ihrer Suche nach Gerechtigkeit unter den Menschen und Frieden zwischen allen Nationen der Welt.

Mahatma Gandhi lehrte, dass eine neue Weltordnung – eine Gesellschaft im Zeichen der Liebe – erreicht werden kann, wenn sich alle Männer und Frauen trotz aller und wie immer gearteten Unterschiede zwischen ihnen voll Achtung für die einmalige Würde jedes Menschen an die Wahrheit halten. Und heute vernehmen wir noch immer seine dringende Bitte an die Welt: „Besiegt den Hass durch Liebe, Unwahrheit durch Wahrheit, Gewalt durch Leiden."

1. Februar 1986: Ansprache an die indischen Bischöfe in Neu Delhi (Indien)

Wie üblich bei seinen Pastoralreisen, wandte sich der Papst auch speziell an die nationalen Bischofskonferenzen. Während der Ansprache in Neu Delhi ging der Papst auf die pastoralen Herausforderungen der katholischen Kirche ein. Auffallend war ein eigener Abschnitt zum Dialog mit den Religionen.

Eine andere Sache, der euer Eifer gilt, ist der Dialog zwischen den Religionen. Auch er ist ein wichtiger Teil eures apostolischen Dienstes. Der Herr ruft euch, besonders in den partikulären Verhältnissen, in die ihr hineingestellt seid, alles nur Mögliche zu tun, um diesen Dialog dem Auftrag der Kirche entsprechend zu fördern … Als Bischöfe verkörpert ihr die liebende Kirche Christi, die offen sein will für die ganze Welt, um zu hören und Freundschaft und Dienst anzubieten. Der Dialog, zu dem ihr aufgerufen seid, ist ein Dialog, der von liebenswürdiger Achtung, Sanftmut und Vertrauen geprägt ist und aus dem jede Art von Rivalität und Polemik ausgeschlossen ist. Es ist ein Dialog, der aus dem Glauben erwächst und in demütiger Liebe geführt wird … Und dieser Dialog ist von Natur aus auf Zusammenarbeit zugunsten des Menschen und seines geistigen und materiellen Wohlergehens ausgerichtet … In diesem Dialog der Religionen untereinander, der seiner Natur nach Zusammenarbeit einschließt, ist das oberste Kriterium Liebe und Wahrheit …

2. Februar 1986:
Ansprache bei der Begegnung mit Vertretern des religiösen, kulturellen, gesellschaftlichen und wirtschaftlichen Lebens in Neu Delhi (Indien)

Die lange Reise des Papstes auf den indischen Subkontinent brachte es zu einer Reihe verschiedenster Begegnungen. So gab es an unterschiedlichen Orten ausführliche Ansprachen vor Vertretern aus Religion, Kultur und Gesellschaft. Diese waren vor allem vom Gedanken des konstruktiven Dialogs geprägt, der immer den Menschen als spirituell reflektierendes Wesen in den Vordergrund stellen müsse.

Indien hat der Welt so viel zu bieten, gerade was die Aufgabe des Verstehens des Menschen und der Wahrheit seiner Existenz betrifft. Was Indien insbesondere bietet, ist eine vornehmlich spirituelle Auffassung vom Menschen – der Mensch, ein Pilger des Absoluten, der einem Ziel entgegengeht und das Antlitz Gottes sucht. Drückte sich nicht Mahatma Gandhi folgendermaßen aus: „Was ich erzielen möchte – wonach ich gestrebt und was zu erreichen ich mich gesehnt habe … ist die Selbstverwirklichung – Gott von Angesicht zu Angesicht schauen. Ich lebe und bewege mich und habe mein Sein in der Verfolgung dieses Ziels."

Will man eine ganzheitliche menschliche Entwicklung erreichen, so muss man für das Größte und Vornehmste im Menschen eintreten: Man muss über sein Wesen, sein Leben und seine Bestimmung nachdenken. Mit einem Wort, die ganzheitliche menschliche Entwicklung erfordert eine spirituelle Auffassung vom Menschen … Bei all dem kommt der Sendung Indiens eine entscheidende Bedeutung zu, hat doch Indien ein Gespür für die spirituelle Natur des Menschen. Tatsächlich kann es Indiens größtes Geschenk für die Welt sein, ihr eine spirituelle Auffassung vom Menschen anzubieten. Die Welt wird gut daran tun, wohlwollend diese alte Weisheit anzunehmen und in ihr eine Bereicherung für das menschliche Leben zu finden …

Während ich meine eigenen Überlegungen zum Ausdruck bringe, ist es mir bewusst, dass vieles, was ich sage, mit der alten Weisheit dieses Landes im Einklang steht. In dieser Weisheit finden wir heute eine alte und immer wieder neue Grundlage für die brüderliche Solidarität in der Sache des Menschen und daher letztlich im Dienst Gottes. Die spirituelle Auffassung vom Menschen, die Indien der Welt mitteilt, ist die Auffassung vom Menschen, der das Antlitz Gottes sucht … Die Religion richtet unser Leben ganz auf Gott aus; gleichzeitig muss unser Leben ganz von unserer Beziehung zu Gott durchdrungen sein – so, dass unsere Religion unser Leben wird. Die Religion sorgt sich um die Menschheit und um alles, was zur Menschheit gehört, und gleichzeitig lenkt sie alles, was in uns menschlich ist, zu Gott hin … Da die Religion um die Förderung des Reiches Gottes in dieser Welt bemüht ist, strebt sie danach, der ganzen Gesellschaft zu helfen und die transzendente Bestimmung des Menschen zu fördern.

In der heutigen Welt ist eine Zusammenarbeit aller Religionen erforderlich, um der Sache der Menschheit zu dienen, und zwar vom Standpunkt der spirituellen Natur des Menschen aus. Heute finden wir uns als Hindus, Muslime, Sikhs, Buddhisten, Jains, Parsen und Christen in brüderlicher Liebe zusammen, um diese durch eure Gegenwart zu bekräftigen … Die Arbeit, die auf die Erreichung und Bewahrung aller menschlichen Rechte – einschließlich des grundlegenden Rechtes auf eine Gottesverehrung nach den Gesetzen des Gewissens und auf äußerliche Kundgabe des Glaubens – abzielt, muss mehr und mehr zum Gegenstand der interreligiösen Zusammenarbeit auf allen Ebenen werden. Diese interreligiöse Zusammenarbeit muss auch dem Kampf gegen Hunger, Elend, Unwissenheit, Verfolgung, Diskriminierung und gegen jede Form der Versklavung des menschlichen Geistes gelten. Die Religion ist die Triebkraft der Gesellschaft für die Gerechtigkeit, und die interreligiöse Zusammenarbeit muss dies in der Praxis neuerlich bestätigen …

Die wahre Befreiung des Menschen wird nur dann zustande kommen, wenn auch all das überwunden wird, was sich seiner Würde entgegenstellt; wenn die spirituelle Auffassung vom Menschen geachtet und hochgehalten wird. Nur in diesem Rahmen kann die Welt entsprechend den zahlreichen Problemen der Gerechtigkeit, des Friedens und der ganzheitlichen Entwicklung gegenübertreten, die dringend eine Lösung erfordern …

Dies ist der Humanismus, der uns heute verbindet und zu brüderlicher Zusammenarbeit einlädt. Dies ist der Humanismus, den wir allen heute hier anwesenden Jugendlichen und auch den Jugendlichen der Welt anbieten. Dies ist der Humanismus, zu dem Indien einen unvergänglichen Beitrag leisten kann. Was hier auf dem Spiel steht, ist das Wohl der gesamten menschlichen Gesellschaft …

3. Februar 1986: Ansprache bei der Begegnung mit Vertretern des Kultur- und Geisteslebens und der nichtchristlichen Religionen in Kalkutta (Indien)

In seiner zweiten interkulturell-interreligiösen Rede würdigte der Papst vor allem den schöpferischen Reichtum des indischen Geisteslebens. Zitate von Rabindranath Tagore aber auch der Konzilserklärung „Nostra aetate" prägten den Text, mit dem Johannes Paul II. noch einmal an den unwiderruflichen Auftrag der katholischen Kirche zu einem Mitwirken im interreligiösen Dialog erinnerte.

Ich habe mich auf diese Begegnung im Geist des brüderlichen Dialogs, voller Gefühle der Solidarität mit Ihnen, die Sie in vielen verschiedenen Formen des Dienstes an Ihren Mitbürgern engagiert sind, gefreut …

Religiöse Führer haben einen besonderen Grund, für die Leiden und Nöte der Menschheit empfänglich zu sein … Hier eröffnet sich ein breites Feld für den Dialog zwischen den verschiedenen Philosophien und religiösen Traditionen zur Beantwortung dieser Fragen sowie für die gegenseitige Zusammenarbeit bei der Suche nach einer konkreten Antwort auf die Herausforderungen der Entwicklung und Hilfe insbesondere für die Ärmsten … In unseren Tagen wird unser religiöses und soziales Gewissen, das bemüht ist, das Elend von Einzelnen und Gruppen zu lindern, ebenso herausgefordert durch die Fragen, welche die wachsende Ungleichheit zwischen hochentwickelten Gebieten auf der einen und zunehmend abhängigen Gebieten auf der anderen Seite aufwerfen … Unser religiöser Glaube, der uns den Wert und die Würde jedes Lebens lehrt, drängt uns, unsere Kräfte mit dem Bemühen der Menschen guten Willens, in erster Linie der Armen selbst, zu vereinen, um eine Änderung jener Haltungen und Strukturen herbeizuführen, die für die vom Menschen geschaffene Armut und das drückende Leiden verantwortlich sind …

Es ist eine tiefe religiöse Erkenntnis, dass der „Dienst an den Menschen Gottesdienst ist" – wie es Swami Vivekananda, eine der berühmten Gestalten, die mit dieser Stadt verbunden sind, formulierte – und dass wir, wenn wir in brüderlicher Liebe zu unseren Brüdern und Schwestern hinausgehen, mehr von ihnen empfangen, als wir ihnen geben. Das ist auch eine zutiefst indische Erkenntnis, die eure heiligen Bücher und das Zeugnis so vieler religiöser Männer und Frauen bestätigen.

Ich möchte wieder bekräftigen, dass sich die katholische Kirche den Entwicklungsprozessen verpflichtet weiß, die zu größerer Gerechtigkeit für alle führen. Ich fordere die katholische Gemeinschaft in Bengalen und ganz Indien auf, ernsthaft auf dieses Ziel hinzuarbeiten, und ich gebe der Hoffnung Ausdruck, dass die Anhänger aller religiösen Überzeugungen sich in der Errichtung einer neuen Gesellschaft im Zeichen des Friedens und der Liebe zusammenschließen werden …

In der katholischen Kirche werden Sie einen bereitwilligen Partner im Dialog der Wahrheit und im Dienst am Menschen finden; Sie werden einen beharrlichen Verbündeten finden, der Sie dazu ermutigt, Ihren unersetzlichen Beitrag für die Menschheit zu leisten …

5. Februar 1986:
Ansprache bei der Begegnung mit Führern der nichtchristlichen Religionen in Madras (Indien)

Die dritte Religionsrede während des Besuchs von Johannes Paul II. in Indien war ohne Zweifel eine Rede über Sinn und Zweck, Notwendigkeit und Verpflichtung zum Dialog. In unterschiedlichen Aspekten gestaltete der Papst den Begriff des Dialogs aus. Hier ging er über die Interpretation des Menschen als spirituelles Wesen, das zum Dialog schlechthin veranlagt ist, hinaus, und stellte unterschiedliche Möglichkeiten, aber auch Aufgaben des Dialogs zwischen den Reli-

gionen dar. Zurecht darf die Ansprache des Papstes als entscheidende Fortsetzung der Enzyklika Papst Paul VI., „Ecclesiam suam", gewertet werden.

Indien ist in der Tat die Wiege uralter religiöser Traditionen. Der Glaube an eine den Menschen betreffende Wirklichkeit, die jenseits der materiellen und biologischen Wirklichkeit liegt, der Glaube an das Höchste Wesen, das die Tatsache erklärt, rechtfertigt und ermöglicht, dass der Mensch sämtliche Bereiche seines materiellen Seins übersteigt, dieser Glaube wird in Indien zutiefst erfahren. Eure Meditationen über unsichtbare und geistige Dinge haben auf die Welt tiefen Eindruck gemacht. Euer überwältigender Sinn für den Vorrang der Religion und die Größe des höchsten Wesens ist ein machtvolles Zeugnis wider eine materialistische und atheistische Lebensauffassung gewesen …

Die katholische Kirche erkennt die Wahrheiten an, die in den religiösen Traditionen Indiens enthalten sind. Diese Anerkennung ermöglicht einen echten Dialog. Hier und heute möchte die Kirche wiederum ihre echte Wertschätzung des großen Erbes religiösen Geistes aussprechen, der sich in ihrer Kulturtradition kundtut. Die Annäherung der Kirche an andere Religionen geschieht mit aufrichtiger Achtung; sie sucht Zusammenarbeit mit ihnen. Diese Achtung ist zweifach: Achtung vor dem Menschen auf seiner Suche nach Antworten auf die tiefsten Fragen seines Lebens und Achtung vor dem Wirken des Geistes im Menschen …

Die katholische Kirche hat immer wieder der Überzeugung Ausdruck gegeben, dass alle Menschen, Glaubende und Nichtglaubende, sich verbinden und zusammenarbeiten müssen an der Aufgabe der Verbesserung dieser Welt, in der sie alle gemeinsam leben … Ein Dialog, der vom „inneren Antrieb der Liebe" („Ecclesiam suam", Nr. 64) ausgeht, ist ein wirksames Mittel der Zusammenarbeit zwischen Menschen bei der Ausrottung des Bösen aus dem Leben des Menschen und der Gemeinschaft, bei der Errichtung einer rechten Ordnung in der menschlichen Gesellschaft und trägt damit zum Gemeinwohl aller Menschen jeden Standes bei.

Der Dialog zwischen Mitgliedern verschiedener Religionen vermehrt und vertieft die gegenseitige Achtung und bahnt den Weg für Beziehungen, auf die es bei der Lösung der Probleme menschlichen Leidens entscheidend ankommt. Ein Dialog, der voll Achtung und offen für die Meinungen anderer ist, kann Einigkeit und eine Bindung an dieses edle Anliegen fördern. Außerdem vermittelt die Erfahrung des Dialogs ein Gefühl der Solidarität und den Mut, Schranken und Schwierigkeiten beim Aufbau einer Nation zu überwinden. Denn ohne Dialog können die Schranken des Vorurteils, des Argwohns und des Missverständnisses nicht wirksam beseitigt werden … Der moderne Mensch sucht den Dialog als ein geeignetes Mittel, um zwischen Einzelnen oder Gruppen gegenseitiges Verständnis, Achtung und Liebe herzustellen und zu entfalten …

Die Frucht des Dialogs ist Vereinigung unter den Menschen und Vereinigung der Menschen mit Gott, der die Quelle aller Wahrheit ist und sie offenbart und dessen Geist die Menschen nur dann in die Freiheit führt, wenn sie einander in aller Aufrichtigkeit und Liebe begegnen. Durch den Dialog lassen wir Gott in unserer Mitte gegenwärtig sein … Als Anhänger verschiedener Religionen sollten wir uns zusammenschließen bei der Förderung und Verteidigung gemeinsamer Ideale in den Bereichen von Religionsfreiheit, menschlicher Brüderlichkeit, Erziehung, Kultur, sozialer Wohlfahrt und bürgerlicher Ordnung. Bei all diesen großen Vorhaben sind Dialog und Zusammenarbeit möglich.

Im Zusammenhang mit dem religiösen Pluralismus ist der Geist der Toleranz, der seit jeher zum indischen Erbe gehört, nicht nur wünschenswert, sondern geboten und muss in einem Rahmen praktischer Hilfsmaßnahmen verwirklicht werden. Es ist die Lehre der Kirche, dass die menschliche Person das Recht auf religiöse Freiheit hat … Es ist … Pflicht aller Bürger, insbesondere der Führer im religiösen Leben, diesen wertvollen Grundsatz, der insbesondere das Recht „auf Bekenntnis, Ausübung und Verbreitung der Religion" einschließt, zu unterstützen und zu bewahren. Das geschieht am besten dadurch, dass seine Wirksamkeit in der Realität des öffentlichen Lebens sichtbar gemacht wird. Jedermann ist aufgerufen, diese religiöse Freiheit zu unterstützen und für Frieden und Harmonie unter Menschen verschiedener religiöser Traditionen, unter Gesellschaften und unter Nationen zu arbeiten …

9. September 1987: Ansprache an christliche und Zen-Mönche im Vatikan

Während eines Austauschs über das östliche und westliche Mönchtum waren Teilnehmer eines Treffens erneut zu einer Audienz bei Papst Johannes Paul II. eingeladen. Er würdigte die gemeinsame Initiative von Anhängern des japanischen Zen und Klöstern der Benediktiner und Zisterzienser. Der bei dieser Begegnung praktizierte Dialog zwischen den Angehörigen verschiedener Mönchsgemeinschaften sei ein Zeichen für den Dialog zwischen allen Religionen, so der Papst, der ausdrücklich noch einmal die Präsenz der Zen-Anhänger während des Friedensgebets in Assisi würdigte.

Durch das aufmerksame Zuhören und den gegenseitigen Respekt, die diesen Austausch charakterisieren, kann der interreligiöse Dialog auf ein noch höheres und profundes Niveau anwachsen … Euer Beitrag zu diesen Initiativen besteht nicht nur im ausdrücklichen Bekenntnis zu diesem expliziten Dialog, sondern gleichzeitig in der Förderung einer tiefen spirituellen Begegnung. Das bezieht sich vor allem auf euer Leben, das aus ehrfürchtiger Stille, Gebet und dem Zeugnis des gemeinschaftlichen Lebens besteht. Vieles, was ihr tut, geschieht durch Gastfreundschaft. Im Öffnen eurer Häuser und eurer Herzen – so wie ihr es in diesen

Tagen getan habt – folgt ihr der Tradition eures spirituellen Vaters, dem heiligen Benedikt. Gegenüber euren mitbrüderlichen Mönchen, die von der ganzen Welt und von unterschiedlichen religiösen Traditionen hierher kommen, setzt ihr das eindrucksvolle Kapitel eurer Regel um, wenn ihr Gäste aufnehmt. Während ihr so handelt, bietet ihr eine Grundlage an, auf der Geist und Seele Platz nehmen können; diese Begegnung ist charakterisiert durch den gemeinsamen Sinn von Brüderlichkeit in der einen Menschheitsfamilie, die den Weg zu einem tieferen spirituellen Dialog eröffnet.

20. September 1989: Ansprache an christliche und buddhistische Mönche in Rom (Vatikan)

Die Basisgemeinschaft Sant'Egidio und einzelne Ordensgemeinschaften haben es sich in den vergangenen Jahren zur besonderen Aufgabe gemacht, eigene Impulse im Dialog der Religionen zu setzen. So trafen sich erneut im Spätsommer 1989 christliche und buddhistische Mönche auf Einladung des Abtprimas der Benediktiner in Rom. Dort tagte die Kommission für den monastischen interreligiösen Dialog. Wie üblich im Pontifikat Johannes Paul II. wurde die Gruppe in einer Privataudienz empfangen.

Ihr wurdet willkommen geheißen durch die Benediktiner, deren ureigenstes Motto „pax“, Frieden, heißt. Ihr habt euch gegenseitig ermutigt, diesen Frieden zu fördern, den unsere Welt so dringend braucht. Alle Menschen, die sich den gegenwärtigen Wirklichkeiten auf der Erde bewusst sind, müssen sich selbst dem Grund des Friedens verpflichten, durch Dienst und durch Verhandlungen. Als Mönche benutzt ihr die Mittel, die für euch typisch sind: Das Gebet und die Suche nach dem inneren Frieden. Es ist so, wie der heilige Benedikt den Mitbrüdern zu Beginn seiner Regel sagt: „Suche den Frieden und folge ihm.“

Wir haben das während der Weltgebetstags für den Frieden in Assisi erfahren. Wenn das Gebet abgelehnt wird, wird das gesamte Gebäude des Friedens brüchig und gefährlich. Euer Dialog auf der monastischen Ebene ist wahrhaftig eine religiöse Erfahrung, eine Begegnung in der Tiefe der Herzen, motiviert durch den Geist der Armut, gegenseitiges Vertrauen und einen grundlegenden Respekt vor euren eigenen Traditionen. Diese Erfahrung kann nicht immer angemessen in Worte übertragen werden. Am besten kann sie ausgedrückt werden in einer vom Gebet erfüllten Stille.

10. Oktober 1989: Ansprache vor Vertretern verschiedener Religionen in Djakarta (Indonesien)

Die Worte von Johannes Paul II. während seiner Reise nach Indonesien sind eine generelle Reflexion zum Dialogbegriff, den er allerdings in einzelnen Facetten konkret auf die sozio-religiöse Situation des Landes anwendet. Sie konzentriert sich also nicht auf eine spezielle Religion – ein Faktum, das bei den Asien-Reisen des Papstes mehrfach festzustellen ist. Auch diese Rede ist geprägt von der Forderung nach Religionsfreiheit und einer positiven Verhältnisbestimmung des religiösen Lebens, das sich nach der indonesischen Verfassung frei entfalten darf.

Dieses Land umfasst innerhalb seiner weiten Grenzen verschiedene Völker mit einem großen Reichtum an Sprachen und Sitten. An vielen Orten sind noch die traditionellen, einheimischen religiösen Kulturen zu finden. Alte religiöse Traditionen wie der Buddhismus und der Hinduismus nähren ihre Anhänger mit der uralten Weisheit des Ostens. Auch der Konfuzianismus hat seine charakteristische Note beigetragen, während der Islam der religiöse Weg für die Mehrheit der Indonesier geworden ist … Dieses beeindruckende Erbe religiöser Traditionen wird weithin als eine bedeutsame Dimension des indonesischen nationalen Lebens anerkannt, ein Erbe, das von all seinen Bürgern große Achtung fordert.

Viele religiöse Traditionen sehen das Universum als ein organisches Ganzes, dessen Teile in einem großen Netz von Beziehungen verknüpft sind. Aus dieser Vision leiten sich die Achtung vor der Natur, die Empfindsamkeit in menschlichen Beziehungen, die Hochachtung für Liebe und Zusammenarbeit innerhalb der Familie, ein starker Gerechtigkeitssinn und die Anerkennung der Rechte jeder einzelnen Person ab. Der Glaube an Gott als den Schöpfer aller Dinge ist ein starker Antrieb, den respektvollen Dialog zwischen den Anhängern verschiedener Religionen zu fördern. Zweifellos besteht dann, „wenn Christen und Anhänger anderer Religionen vereint sind in ihrem Glauben an den Schöpfer, … eine feste Basis für gegenseitiges Verständnis und friedlichen Austausch" (Ansprache an die indonesischen Bischöfe am 20. Mai 1989).

Diese Art respektvollen Dialogs und Austauschs kann eine mächtige Rolle spielen bei dem Aufbau einer friedlichen und vereinten Gesellschaft. Ich möchte meiner Hoffnung Ausdruck geben, dass, allen voran, die Indonesier, die sich zu einem religiösen Glauben bekennen, den tiefen Respekt für andere zeigen, der anhaltende Harmonie zwischen den verschiedenen Völkern dieser Nation fördern kann …

Dies ist keine kleine Herausforderung. Denn das Vorhaben, in gegenseitigem Respekt zusammenzuarbeiten, bedeutet oftmals, neue Standpunkte einnehmen zu müssen, vergangene Spannungen oder Feindseligkeiten zu vergessen und gemeinsam in die Zukunft zu schauen. Jeder von uns ist aufgefordert, eine Haltung großzügiger Hilfsbereitschaft gegenüber den anderen und zu aller Gunsten einzunehmen … Mit anderen Worten, es bedeutet, was so oft der „Dialog des Lebens" genannt wird, das heißt, Menschen streben danach, in einem offenen und nachbarschaftlichen

Geist zu leben, ihre Freuden und ihren Kummer, ihre menschlichen Probleme und Sorgen zu teilen.

Aber dann gibt es auch den „Dialog der Tat“: Zusammenarbeit für die integrierte Entwicklung aller Bürger. Dazu kann man noch den wichtigen Dialog theologischen Austausches hinzufügen, in dem die Partner darauf abzielen, zu wachsen im Verständnis ihrer gegenseitigen religiösen Traditionen und in der Anerkennung ihrer gegenseitigen Werte. Und schließlich kann es den Dialog religiöser Erfahrung geben, in dem Menschen, die in ihren religiösen Traditionen verwurzelt sind, ihre geistigen Reichtümer wie Gebet und Kontemplation teilen.

In diesem Zusammenhang verdient eine besondere Frage Aufmerksamkeit. Es ist die nach der Wahrheit selbst, nach ihren Forderungen an die Gläubigen und den Bedingungen für einen ehrlichen und respektvollen Dialog. Wenn man an diese Dinge nicht geradlinig und ehrlich herantritt, wird eine dauerhafte und fruchtbare Zusammenarbeit zwischen Gläubigen nicht möglich sein …

Respektvoller Dialog mit anderen ermöglicht es uns auch, durch ihre Einsichten bereichert und von ihren Fragen herausgefordert zu werden, unsere Kenntnis der Wahrheit zu vertiefen. Weit davon entfernt, den Dialog zu ersticken oder überflüssig zu machen, macht die Treue zur Wahrheit der eigenen religiösen Tradition schon aufgrund ihrer Natur den Dialog mit anderen vielmehr notwendig und fruchtbar …

31. Mai 1990:
Ansprache an die brasilianischen Bischöfe anlässlich ihres Ad-limina-Besuchs in Rom (Vatikan)

Bei verschiedenen Gelegenheiten während seines Pontifikats hat Papst Johannes Paul II. immer wieder vor einer Ausbreitung der Sekten gewarnt. Eine seiner wichtigsten Ansprachen war an eine Grup-

pe brasilianischer Bischöfe gerichtet, die sich im Frühjahr 1990 zu ihrem Ad-limina-Besuch in Rom aufhielt. Sicherlich ist eine Dokumentation dieser Ansprache im Kapitel über die asiatischen und Naturreligionen nicht ganz folgerichtig eingeordnet. Sie soll aber zur Vollständigkeit der Problematik hier Erwähnung finden.

Zwei Aspekte dieses ursprünglichen Sinnes für Religiosität wecken ganz besonders unsere Aufmerksamkeit: Der Synkretismus, der auf verschiedenen Gebieten zum Ausdruck kommen kann, und die zunehmende Verbreitung der Sekten, Ergebnis einer oberflächlichen Ausbeutung dieser falsch verstandenen Volksreligiosität. Der religiöse Synkretismus ist eine sehr vielschichtige Erscheinung ... Mit der industriellen Entwicklung Brasiliens und der von ihr verursachten Landflucht ist die Beeinflussung durch spiritistische Praktiken leichter geworden, ebenso wie die folkloristische und auch touristische Auswertung volkstümlicher Symbole, Riten und Feste, in denen diese neuen Kulte sich behaupten und sich ausbreiten. Das Ergebnis dieser Entwicklung ist nur allzu gut bekannt: Mythische und demiurgische Aspekte aus Glaubensrichtungen verschiedenster Herkunft und Ausrichtung vermengen sich auf verwirrende Weise mit den grundlegenden Geheimnissen des christlichen Glaubens.

Der Synkretismus macht sich heute ... in den verschiedensten Bereichen bemerkbar: von schwerwiegenden Abweichungen der Volksreligiosität bis zu einer falsch verstandenen Ökumene; ... vom gewohnheitsmäßigen Zufluchtnehmen zum Aberglauben bis zur unvollständigen Darlegung der wahren Lehre.

Nehmt auch die Tatsache zur Kenntnis, dass sich hier und dort ein Hang zur Überbewertung aller Ausdrucksformen der Volksreligiosität bemerkbar macht, als ob die Evangelisierung in ihnen endlich die sicher geeignete Methode entdeckt hätte, um diesem Volk die wahre Botschaft des Evangeliums zu verkünden ... Selbstverständlich ... sind wir den rechtmäßig anerkannten religiösen Traditionen, wie z. B. den echten afrikanischen, Achtung und Wertschätzung schuldig. Wir können in ihnen hohen Werten begegnen, etwa der Hochschätzung des Lebens und der Natur und einem umfassenden Sinn für die jenseitige Welt, der ständiger Bezugspunkt für das tägliche Leben ist …

Eine andere starke Herausforderung … ist das Aufkommen der Sekten … Ihre Ursachen sind daher zum Teil Gegenstand von Untersuchungen durch Gelehrte und Fachleute. Eine dieser Ursachen ist sicher die gesellschaftliche und kulturelle Entwurzelung breiter Bevölkerungsschichten … Zweifellos haben die Sekten viel Erfolg, und ihr Einfluss auf das christliche Leben eures Volkes ist nachhaltig und kann unheilvoll enden. Es handelt sich hier um eine der dringendsten Herausforderungen für euren Hirteneifer …

24. Mai 1991:
Ansprache beim Ad-limina-Besuch der thailändischen Bischöfe in Rom (Vatikan)

Während des Ad-limina-Besuchs der Bischöfe Thailands erinnerte Johannes Paul II. vor allem an seine Reise im Jahr 1984. Dabei differenzierte er zwischen den eigentlichen Hirtenaufgaben der Bischöfe und dem Dasein der thailändischen Kirche als Missionskirche. Eine Passage der Ansprache betrachtete das Verhältnis zu den Religionen.

Ein zentraler Sendungsauftrag der Kirche … ist ihre Beziehung zu anderen Religionen. In meiner vor kurzem veröffentlichten Enzyklika „Redemptoris missio“ habe ich unterstrichen, dass die Pflicht der Kirche, allen Nationen das Wort Gottes zu predigen, in keiner Weise mangelnden Respekt für die verschiedenen Kulturen bedeutet und für das Gute, das in jeder Religion vorhanden ist … Daher besteht kein Widerspruch zwischen Aufgeschlossenheit gegenüber der Wahrheit Gottes, wo immer sie auch zu finden ist, und dem Bewusstsein, dass Christi Gaben, im geistigen

Gut anderer Traditionen vorhanden, dazu bestimmt sind, zu ihm zurückzuführen, da er – mit den Worten des Konzils – der „Ursprung des Heils für die ganze Welt" („Lumen gentium", Nr. 17) bleibt.

Interreligiöse Dialoge werden auf verschiedenen Ebenen geführt. Nicht unbedeutend darunter, besonders in einer Pastoralsituation wie der euren, ist der „Dialog des Lebens", in dem Gläubige klares Zeugnis für geistliche Werte ablegen, sich gegenseitig helfen, die Lehren des Evangeliums zu leben, und mit allen Frauen und Männern, die willens sind, eine gerechtere und brüderliche Gesellschaft aufzubauen, zusammenzuarbeiten. Indem ihr euer Volk beharrlich ermuntert, seinen Glauben an Christus durch Solidarität und großherzigen Einsatz für das Wohl der einzelnen Menschen und der Gesellschaft zu zeigen, werdet ihr die Türen zu anderen, mehr formellen Wegen des Dialogs und der Zusammenarbeit öffnen …

12. Oktober 1992: Botschaft an die Eingeborenenbevölkerung in Santo Domingo (Dominikanische Republik)

Die Begriffe Kultur und Religion hängen für Johannes Paul II. eng zusammen. Seine Reisen auf den lateinamerikanischen Kontinent haben diese enge Verbindung häufiger vor Augen geführt. Anlässlich der Feierlichkeiten zum 5. Jahrhundert seit Beginn der Evangelisierung „der neuen Welt", wandte sich der Papst insbesondere an die eingeborene Bevölkerung. Zwar ging es ihm in seiner Botschaft nicht vornehmlich um eine Differenzierung der religiösen Traditionen, wohl aber um einen Appell, die eigene Herkunft und Kultur und damit auch die eigene Religion nicht zu verleugnen.

Ihr seid die Nachkommen der Völker …, die sich rühmen können, eine Lebensauffassung zu besitzen, die den sakralen Charakter der Welt und des Menschen anerkennt. Einfachheit, Bescheidenheit, Freiheitsliebe, Gastfreundschaft, Solidarität, Anhänglichkeit an die Familie, Bewusstsein für die Erde und Sinn für Kontemplation sind weitere zahlreiche Werte, die das einheimische Bewusstsein Amerikas bis in unsere Tage bewahrt hat und die einen Beitrag für Amerika darstellen …

Im Licht der christlichen Offenbarung kamen die altüberlieferten Tugenden eurer Vorfahren, wie die Gastfreundschaft, die Solidarität und der Geist der Hochherzigkeit, zu ihrer Fülle in dem großen Gebot der Liebe, das das oberste Gesetz des Christen sein muss …

Daher ermuntert die Kirche die Eingeborenen, die Kultur ihrer Völker mit berechtigtem Stolz zu bewahren und zu fördern: die gesunden Überlieferungen und Gewohnheiten, die eigene Sprache und die eigenen Werte. Wenn ihr eure Identität verteidigt, übt ihr nicht nur ein Recht aus, ihr erfüllt zugleich die Pflicht, eure Kultur den kommenden Generationen weiterzugeben und auf diese Weise die ganze Gesellschaft zu bereichern … Der Schutz und die Achtung der Kulturen, wobei alles Positive in ihnen gewertet wird, bedeutet freilich nicht, dass die Kirche auf ihre Sendung verzichtet, die Sitten zu heben und alles abzulehnen, was der Moral des Evangeliums entgegensteht oder ihr widerspricht …

Innerhalb der ihr eigenen religiösen Sendung scheut die Kirche keine Mühen bei der Förderung all jener Initiativen, die dem Gemeinwohl und der integralen Entwicklung eurer Gemeinschaften zugute kommen …

4. Februar 1993:
Ansprache an die Vertreter des Wodo-Kults in Cotonou (Benin)

Papst Johannes Paul II. ist während seines gesamten Pontifikats an verschiedenen Stellen auf die afrikanischen und asiatischen Naturreligionen eingegangen, wenn auch häufig nur mit einer knappen Erwähnung. Während seiner Afrikareise im Frühjahr 1993 ging er ausführlich auf die Vertreter des Wodo-Kults ein und erinnerte auch sie an das hohe Gut der Religionsfreiheit als unveräußerliches Recht. Insgesamt kann diese Ansprache als ein wesentlicher Durchbruch des Papstes angesehen werden, ausführlicher eher ungewohnte Kultanhänger zu berücksichtigen, um dabei einen gegenseitigen Dialog zu fordern.

Die katholische Kirche ist zum Dialog bereit: zum Dialog mit den Christen anderer Kirchen und kirchlicher Gemeinschaften; zum Dialog mit den Gläubigen anderer geistlicher Familien und auch zum Dialog mit jenen, die sich zu keiner Religion bekennen. Sie möchte positive und konstruktive Beziehungen zu jedem Einzelnen und zu den Gruppen anderer Bekenntnisse aufbauen im Hinblick auf eine gegenseitige Bereicherung …

Ihr fühlt euch der Tradition eurer Ahnen außerordentlich verpflichtet. Es ist berechtigt, den Vorfahren dankbar zu sein, die den Sinn für das Heilige, den Glauben an einen einzigen und guten Gott, den Sinn für Feiertage und die Hochschätzung des sittlichen Lebens und der Harmonie in der Gesellschaft vermittelt haben.

Eure christlichen Brüder schätzen wie ihr all das, was in diesen Traditionen schön ist, denn sie sind wie ihr Söhne und Töchter von Benin. Doch ebenso dankbar sind sie ihren „Vorfahren im Glauben", die von den Aposteln bis hin zu den Missionaren reichen, dafür, dass sie ihnen das Evangelium gebracht haben …

Wenn wir noch weiter in die Geschichte zurückblicken, so sehen wir, dass die Vorfahren dieser aus Europa stammenden Missionare selbst das Evangelium zu einem Zeitpunkt empfangen hatten, als sie bereits einer anderen Religion oder einem anderen Kult anhingen. Durch die Annahme der göttlichen Botschaft haben sie nichts verloren. Im Gegenteil, sie gewannen dadurch, dass sie Jesus Christus kennen lernten und durch die Taufe in ihm zu Söhnen und Töchtern des Gottes der Liebe und des Erbarmens wurden. All das hat sich in Freiheit vollzogen …

Dieser Dialog ist nicht nur auf die Worte der Vergangenheit und der Gegenwart ausgerichtet. Er blickt auch in die Zukunft. Er zielt auf eine Zusammenarbeit aller hin, um gemeinsam einzutreten für „den Schutz und die Förderung der sozialen Gerechtigkeit, der sittlichen Güter und nicht zuletzt des Friedens und der Freiheit für alle Menschen" („Nostra aetate", Nr. 3). Obschon diese Worte des Zweiten Vatikanischen Konzils in einem anderen Kontext gesprochen wurden, sind sie für die Gläubigen eures Landes, wo Christen und Muslime in engem Kontakt zu den Angehörigen der traditionellen afrikanischen Religion stehen, außerordentlich bedeutsam.

Benin braucht für seine Entwicklung die Mitwirkung all seiner Söhne und Töchter, und niemand darf sich in sich selbst verschließen. Die Christen, die Mitglieder der traditionellen Religionen und die Muslime sind dazu aufgerufen, sich bereit zu machen, um gemeinsam für das Wohl des Landes zu arbeiten. Dieses solidarische Handeln der Gläubigen ist für die gesamte Entwicklung, für die Gerechtigkeit und die menschliche Befreiung wichtig. Es wird umso besser vorangehen, je mehr es vom inständigen Gebet zu Gott, dem Schöpfer und Vater, der Quelle alles Guten, begleitet wird. Mögen sich alle Stimmen vereinen und Gott darum bitten, allen Bewohnern dieses lieben Landes Wohlstand und Frieden zu gewähren …

21. Januar 1995:
Ansprache an die Verantwortlichen der Religionen in Colombo (Sri Lanka)

Eine weitere Asienreise führte Papst Johannes Paul II. auch nach Sri Lanka. Noch kurz vor der Abreise hatte er bei der Generalaudienz am 11. Januar in Rom bemerkt, dass er gerade während dieser Reise auch dem Buddhismus begegnen werde: „Gern benütze ich die Gelegenheit, um die Anhänger der buddhistischen Religion meines tiefen

Respekts und meiner aufrichtigen Hochachtung zu versichern. Ich hoffe, dass der Besuch in Sri Lanka und in den anderen Ländern den Dialog und das Verständnis zwischen den Religionen verstärken möge", schloss der Papst damals bei der Audienz. Genau dazu trug eine seiner Ansprachen bei, wobei sich Johannes Paul II. gleichzeitig als ein Mittler für den Frieden zwischen den verfeindeten ethnischen Gruppen sah. Gegenüber den Religionsvertretern betonte er die Präsenz von Buddhismus, Hinduismus, Islam und Christentum in Sri Lanka.

Diese gleichzeitige Anwesenheit großer religiöser Traditionen ist eine Quelle der Bereicherung für die srilankische Gesellschaft. Zugleich ist sie eine Herausforderung für die Anhänger und besonders die Verantwortlichen der Religionen, dafür zu sorgen, dass die Religion selbst stets eine Kraft für Harmonie und Frieden bleibt ... Besonders seit dem Zweiten Vatikanischen Konzil ist die katholische Kirche voll verpflichtet, den Weg des Dialogs und der Zusammenarbeit mit den Mitgliedern anderer Religionen zu gehen. Der interreligiöse Dialog ist ein wertvolles Mittel, wodurch die Anhänger der verschiedenen Religionen gemeinsame Berührungspunkte im geistlichen Leben entdecken, während sie die zwischen ihnen bestehenden Schwierigkeiten anerkennen. Die Kirche respektiert die Freiheit des Einzelnen, die Wahrheit zu suchen und ihr nach den Geboten des Gewissens zu folgen. In diesem Licht weist sie Proselytenmacherei und den Gebrauch von unmoralischen Mitteln, um Konversionen zu erzielen, entschieden zurück.

Die katholische Gemeinschaft hofft, dass alle an eine Religion Glaubenden durch einen fortgesetzten „Dialog des Lebens" bereitwillig für die Verteidigung und Förderung der sittlichen Werte, der sozialen Gerechtigkeit, der Freiheit und des Friedens zusammenarbeiten werden ... Aus diesem Grund appelliere ich an Sie und ermutige Sie als die religiösen Führer des srilankischen Volkes, an das zu denken, was die Anhänger der verschiedenen

Religionen vereint, und nicht so sehr an das, was sie trennt ... Die interreligiöse Zusammenarbeit ist auch ein wirksames Mittel zur Förderung ethisch einwandfreier sozioökonomischer und politischer Maßstäbe. Die Demokratie selbst zieht großen Nutzen aus dem religiös motivierten Einsatz der an eine Religion Glaubenden zugunsten des Gemeinwohls ...

21. Januar 1995: Predigt bei der Seligsprechung von Joseph Vaz in Colombo (Sri Lanka)

Während seiner 63. Auslandsreise sprach Johannes Paul II. auch den Ordensmann Joseph Vaz selig, der als zweiter Gründer der Kirche in Sri Lanka gilt. In seiner Predigt betonte der Papst noch einmal die Hochachtung der katholischen Kirche gegenüber den geistlichen Dingen, die die Kirche Asiens kennzeichneten. Insgesamt war es Johannes Paul II. ein Anliegen, auf das reiche Erbe des Konzilsdokuments „Nostra aetate" zu verweisen.

Die Kirche achtet diese Religionen [der Papst nennt ausdrücklich Buddhismus und Hinduismus als „alte Religionen Asiens"] wegen ihrer Fähigkeit, das Leben ihrer Anhänger mit tiefer religiöser Bedeutung zu erfüllen. Männer und Frauen schauen auf die verschiedenen Religionen, um Antwort zu finden auf die tiefen und verwirrenden Geheimnisse, welche die Existenz des Menschen umgeben: Was ist der Mensch? Welches sind Sinn und Auftrag unseres Lebens? Welches ist der Ursprung und das Anliegen des Leidens? Wie kommen wir zu wahrem Glück? Welches ist der Sinn des Todes, und worin besteht jenes letzte Geheimnis, das unser ganzes Sein umfängt und durchdringt, das Geheimnis, das unser Ursprung ist und auf das hin wir ständig unterwegs sind?

Die katholische Kirche „verwirft nichts, was in anderen Religionen wahr und heilig ist, denn sie sieht in ihnen einen Strahl jener Wahrheit, die alle Menschen erleuchtet". Zugleich ist sie da, um zu verkünden, dass die volle Antwort auf die Fragen des Lebens sich in Jesus Christus findet, dem menschgewordenen Wort Gottes. Er ist das Ewige Wort des Vaters und zugleich der neue Adam …

25. Februar 1995: Ansprache an die japanischen Bischöfe während des Ad-limina-Besuchs in Rom (Vatikan)

Bei einem weiteren Ad-limina-Besuch nutzte Papst Johannes Paul II. die Möglichkeit, erneut auf die Verpflichtung der katholischen Kirche zum Dialog hinzuweisen. Während in seiner Ansprache Schintoismus und Buddhismus kurz Erwähnung fanden, stellte er vor allem den interreligiösen Dialog als gesellschaftspolitische Kraft dar, um durch ihn gegenwärtige Probleme der Menschheit zu bewältigen. Der Aspekt ist interessant, da er in dieser Deutlichkeit bei anderen interreligiösen Begegnungen oder Ansprachen zuvor noch nicht verwendet wurde.

Auf einer anderen Ebene bietet das moderne Japan viele Gelegenheiten für einen ernsten und fruchtbaren interreligiösen Dialog mit den Anhängern anderer Religionen, vor allem des Schintoismus und des Buddhismus. Die Katholiken müssen darauf bedacht sein, diesen Dialog zu fördern, sowohl weil wir alle einen gemeinsamen Ursprung als von Gott gewollte Kreaturen und ein gemeinsames Schicksal in seiner ewigen Liebe haben, als auch weil die Sendung der Kirche in der Welt eine Sendung der Fürsorge für die ganze Menschheitsfamilie ist, und zwar besonders im Hinblick auf ihre Suche nach Wahrheit, Glück und Solidarität mit all denen, die leiden oder in Not sind. Der Dialog zwischen den Katholiken und den Anhängern anderer religiöser Traditionen ist lebenswichtig. Dieser Dialog folgt ganz natürlich aus der Gegenwart der Kirchenmitglieder im sozialen Gefüge, vor allem in der Ausbildung, der Sozialarbeit und den gesellschaftlichen Beziehungen. Besonders die Laien sollten sich der Wichtigkeit ihres Zeugnisses und Beispiels bei der Förderung von Verständnis und Zusammenarbeit zwischen allen Menschen guten Willens bewusst sein. Was euch als Hirten betrifft, so ist es notwendig, weiter über die schwierigen, jedoch lebenswichtigen Fragen nachzudenken, die von der Inkulturation des Glaubens aufgeworfen worden sind. Es handelt sich darum, den Weisungen weiter zu folgen, die ihr schon in dem Büchlein „Richtlinien für Katholiken hinsichtlich der Ahnen und der Toten“ aufgestellt habt.

Vielleicht ist der interreligiöse Dialog der richtige Kontext, in dem die Kirche Japans auf die weitverbreitete „Zivilisationskrise“ eingehen kann. Diese Krise … zeichnet sich vor allem in den technisch hochentwickelten, aber durch das Vergessen oder das An-den-Rand-Drängen Gottes innerlich verarmten Gesellschaften ab. Viele Menschen haben begonnen, ihre einseitige Hingabe an den „wirtschaftlichen Erfolg um jeden Preis“ zu überdenken, da sie den zu hohen Preis in menschlicher und geistiger Hinsicht eingesehen haben. In euren Fünfjahresberichten habt ihr auch von der geistigen Leere berichtet, die die Menschen dazu treibt, neue religiöse Erfahrungen zu suchen, manchmal in Gruppen, die keine feste Grundlage im Christentum besitzen. Hierin liegt eine doppelte Herausforderung für die katholische Gemeinschaft: auf einfache Art und Weise zugänglich und verfügbar zu sein für jene, die ein ehrliches Interesse an der Botschaft der Kirche zeigen, und mit anderen Gläubigen zusammenzuarbeiten, um eine Zivilisation der Liebe aufzubauen, die sich auf die universalen Werte des Friedens, der Solidarität, der Gerechtigkeit und der Freiheit gründet, die in Christus ihre volle Verwirklichung finden …

29. August 1996: Ansprache an die Bischöfe Thailands während des Ad-limina-Besuchs in Rom (Vatikan)

Bei einem der zahlreichen Ad-limina-Besuche asiatischer Bischofskonferenzen ging Papst Johannes Paul II. auch kurz auf den Dialog der Religionen ein. Insgesamt sind diese Ansprachen in einer fortgeschrittenen Phase des Pontifikats vorrangig den pastoralen Fragen der Nation gewidmet. Für den Papst hat die Aufforderung zum Dialog eine tiefere Dimension: „Aufrichtiger interreligiöser Dialog und Verständnis innerhalb der Familien werden nicht durch religiöse Gleichgültigkeit gefördert, sondern durch Liebe zur Wahrheit und durch echte, gegenseitige Achtung."

Ich möchte meine besondere Anerkennung den Ordensfrauen in Thailand aussprechen, die sich ganz dem kontemplativen Leben gewidmet haben, und hoffe, dass bald auch eine kontemplative Gemeinschaft für Männer gegründet werden kann. Durch ihr Zeugnis für die Traditionen der christlichen Askese und Mystik leisten die Mitglieder kontemplativer Orden – in der Stille, aber doch auf wirksame Art und Weise – einen sehr wertvollen Beitrag zum interreligiösen Dialog. Wenn sie ihre Erfahrungen des innigen Gebets, der Meditation und Kontemplation mit anderen teilen, tragen sie zur Kräftigung der Bande zwischen Christen und Buddhisten bei und ebnen den Weg für eine bessere Zusammenarbeit zur Förderung einer ganzheitlichen Entwicklung des Menschen. In diesem Zusammenhang stellt die Soziallehre der Kirche ebenfalls eine Christen und Buddhisten verbindende Brücke dar. Ihr sollt mit euren Mitbürgern anderer religiöser Traditionen in gegenseitiger Achtung und Verständigung zusammenarbeiten, um das menschliche Leben und seine Würde zu verteidigen, um die Familien zu unterstützen und Gerechtigkeit und Frieden in der Gesellschaft zu fördern durch eine enge Kooperation in allen Bereichen im Hinblick auf den Aufbau einer Gesellschaft, die immer menschenwürdiger wird …

19. April 1998: Predigt bei der Eröffnung der Bischofssynode für Asien in Rom (Vatikan)

Papst Johannes Paul II. hat sein Pontifikat in besonderer Weise durch Synoden geprägt. Diese waren vor allem speziellen theologischen Themen, aber auch Kontinenten oder einzelnen Ländern gewidmet. 1998 tagte in Rom die Synode für Asien. Anlässlich der Eröffnung dieser Synode erinnerte der Papst neben einer Reflexion der eigenen, katholischen Theologie vor allem an das reiche kulturelle und geistige Erbe des asiatischen Raums.

Gleichzeitig verlangt die Neuevangelisierung achtungsvolle Aufmerksamkeit gegenüber den „Realitäten Asiens" und eine diesbezügliche gesunde Unterscheidung. Dieser weit ausgedehnte Kontinent, reich an Geschichte und uralter Weisheit, tritt in das heraufdämmernde Jahr 2000 mit all der Verschiedenheit seiner Völker, seiner Kulturen, seiner Traditionen und seiner Religionen. Neben dem Erbe der Kulturen sehen wir die Zeichen von wirklich weit entwickeltem technischem und wirtschaftlichem Fortschritt. Es besteht ein bemerkenswerter Unterschied zwischen Völkern, Kulturen und Lebensweisen. Und doch hat es eine lange Tradition friedlicher Koexistenz und gegenseitiger Toleranz gegeben. Fast überall sind Zeichen des Kampfes um menschliche Förderung sichtbar, und während es nicht an Schwierigkeiten und Gründen zur Besorgnis fehlt, sind doch auch beachtliche Zeichen zu erkennen, die Hoffnung wecken. Die alten Kulturen des Kontinents mit ihrer anerkannten Weisheit bieten solide Grundlagen für den Aufbau des Asiens der Zukunft …

Während der Synode wollen wir bezeugen, was der Geist Christi zu den Kirchen des großen asiatischen Kontinents sagt. Wir werden uns fragen, wie sie auf seine Stimme hören, wie sie in der Gemeinschaft des Wortes Gottes und der Eucharistie leben, wie sie die Evangelisierungstätigkeit unter den Völkern Asiens anregen können.

Wir wollen hellhörig sein für das, was der Geist zu den Kirchen sagt, damit sie Christus im Kontext des Hinduismus, des Buddhismus, des Schintoismus und all jener Denk- und Lebensströmungen zu verkünden verstehen, die in Asien schon verwurzelt waren, ehe die Predigt des Evangeliums dorthin gelangte.

24. Oktober 2001: Botschaft anlässlich des 400. Jahrestages der Ankunft Matteo Riccis SJ in Peking (Vatikan)

Am 24. und 25. Oktober 2001 fand an der Päpstlichen Universität Gregoriana eine internationale Tagung anlässlich des 400. Jahrestages der Ankunft des Jesuiten Matteo Ricci in Peking statt. Mit Ricci begann die Chinamission der katholischen Kirche. Die Tagung stand unter dem Leitwort „Matteo Ricci – für einen Dialog zwischen China und dem Westen". Der Papst richtete an die Teilnehmer eine eigene Botschaft, in der er versuchte, neue Wege der Verständigung und der Zusammenarbeit aufzuzeigen. Die Botschaft kann als Meilenstein für eine Normalisierung der Beziehungen zu China angesehen werden.

Insbesondere in letzter Zeit setzt sich das chinesische Volk für die Erreichung wichtiger Ziele im Bereich des sozialen Fortschritts ein. Die katholische Kirche verfolgt ihrerseits mit Hochachtung diesen erstaunlichen Elan und die vorausblickende Planung von Initiativen und bietet diskret ihren Beitrag an bei der Förderung und Verteidigung der menschlichen Person, ihrer Werte, ihrer Spiritualität und ihrer transzendenten Berufung. Der Kirche liegen bestimmte Werte und Zielsetzungen, die auch für das moderne China von erstrangiger Bedeutung sind, besonders am Herzen: Solidarität, Friede, soziale Gerechtigkeit, eine intelligente Steuerung der Globalisierungsphänomene, der soziale Fortschritt aller Völker.

Wie Pater Ricci schrieb, ... erwartet auch die heutige katholische Kirche von China und seinen politisch Verantwortlichen keine Privilegien, sondern nur, den Dialog wieder aufnehmen zu können, um zu Beziehungen gegenseitiger Achtung und vertiefter Kenntnis zu gelangen ...

Die katholische Kirche hegt die feste Absicht, erneut ihren bescheidenen und selbstlosen Dienst für das Wohl der chinesischen Katholiken und aller Einwohner des Landes zu leisten ...

Die Geschichte erinnert uns leider daran, dass das Wirken der Glieder der Kirche in China nicht immer frei von Fehlern war – als bittere Frucht der Grenzen des eigenen Verstandes und des menschlichen Tuns – und darüber hinaus von schwierigen Situationen geprägt, die sich aus komplexen geschichtlichen Ereignissen und grundsätzlichen politischen Interessen ergaben. Auch fehlte es nicht an theologischen Auseinandersetzungen, die die verschiedenen Positionen verschärften und dem Evangelisierungsprozess erhebliche Hindernisse in den Weg stellten. In einigen Abschnitten der modernen Geschichte erwies sich eine gewisse „Protektion" seitens der europäischen politischen Mächte nicht selten als Beschränkung der Handlungsfreiheit der Kirche mit negativen Auswirkungen auf China: Situationen und Ereignisse, die den Weg der Kirche beeinflussten und sie daran hinderten, jener ihr von ihrem Gründer Jesus Christus anvertrauten Sendung – zugunsten des chinesischen Volkes – voll gerecht zu werden.

Ich empfinde tiefes Bedauern für diese Fehler und Begrenztheiten der Vergangenheit, und es tut mir leid, dass sie in nicht wenigen Menschen den Eindruck einer mangelnden Achtung und Wertschätzung der katholischen Kirche gegenüber dem chinesischen Volk erweckten und den Eindruck hervorriefen, die Kirche hege feindselige Gefühle gegenüber China. Für all das bitte ich all jene, die sich auf irgendeine Weise von solchen Handlungen der Christen verletzt fühlten, um Vergebung und Verständnis.

Die Kirche braucht keine Angst vor der geschichtlichen Wahrheit zu haben, und sie ist – wenn auch erfüllt von tiefem innerem Leid – dazu bereit, die Verantwortung ihrer Kinder zuzugeben. Das gilt auch für ihre vergangenen und aktuellen Beziehungen zum chinesischen Volk. Man muss in Ruhe und Unparteilichkeit und in tief gehender Weise nach der geschichtlichen Wahrheit forschen.

Gemeinsam für den Frieden:

Der Papst und Assisi

Papst Johannes Paul II. war immer für eine Überraschung gut. Seine große Sympathie gegenüber den Religionen der Welt hat er seit Beginn seines Pontifikats wiederholt betont. Zwei Höhepunkte waren fraglos die Rede vor 100.000 muslimischen Jugendlichen im Sportstadion des marokkanischen Casablanca am 20. August 1985 sowie der Besuch in der jüdischen Synagoge von Rom am 14. April 1986. Die bis dahin 31 Reisen waren für den Papst eine willkommene Gelegenheit gewesen, den Religionen zu begegnen. So war die erste Einladung zum Friedensgebet nach Assisi im Herbst 1986 zwar eine weltweite Überraschung, letztlich aber auch die logische und konsequente Fortsetzung dessen, was die bisherigen Reisen geprägt hatte. Doch nun fuhr der Papst nicht mehr nur zu den Religionsvertretern hin oder empfing einzelne Gruppen von ihnen, jetzt lud er sie zum gemeinsamen Gespräch nach Assisi ein. Die Tatsache, dass schon das erste Treffen in Assisi hochrangig besetzt war, ist nicht nur auf die Außergewöhnlichkeit dieser Initiative zurückzuführen; Johannes Paul II. konnte auch die Früchte vieler, nahezu freundschaftlicher Verbindungen zu Religionsvertretern ernten, die er über Jahre mühevoll aufgebaut hatte. Die Assisi-Einladungen des Papstes sind gewissermaßen das Spiegelbild des gesamten Pontifikats. Sie zeigen, was das zentrale Anliegen des Kirchenoberhaupts ist: die Wahrung der Religionsfreiheit. Um den Dialog zwischen den Religionen zu realisieren, braucht es weltweit uneingeschränkte Religionsfreiheit. Nur wer diese akzeptiert – so die Auffassung Johannes Paul II., – kann in einen Dialog treten. 25 Jahre Pontifikat und Dialog der Religionen haben sich dieser Prämisse verschrieben: Ohne die Idee der Religionsfreiheit sind weder Assisi noch der Papst zu verstehen.

Das erste Assisitreffen (Assisi I) war von der ganzen Vitalität des Papstes geprägt. Für den 27. Oktober 1986 hatte er Vertreter aller Religionen der Welt nach Assisi gebeten. Den Ablauf der Zusammenkunft legte Johannes Paul II. schon in seiner Eröffnungsrede dar. Nach einem gemeinsamen Nachdenken über den Frieden, sei zunächst jeder zu einer eigenen Reflexion aufgefordert: „Wir werden von hier aus zu unseren getrennten Gebetsorten gehen. Jede Religion hat so die Zeit und Gelegenheit, sich in ihrem eigenen traditionellen Ritus auszudrücken. Darauf werden wir uns von diesen getrennten Gebetsorten schweigend zum unteren Teil der Franziskusbasilika begeben." Dort hielt der Papst die entscheidende Rede dieses Treffens: Er unterstrich das Friedenspotential der Religionen und warb für eine Welt in Gerechtigkeit und Frieden.

So ausschlaggebend diese Rede zweifelsohne war, so bedeutsam waren auch die Worte des Papstes, die er im Rahmen der Begegnung an die Vertreter der christlichen Konfessionen richtete. Johannes Paul II. ging so weit, ein unmissverständliches Schuldbekenntnis abzulegen: „Unser Gebet hier in Assisi sollte Reue für unsere Versäumnisse als Christen einschließen, dass wir die Sendung, die wir von Christus für Frieden und Versöhnung empfangen haben, noch nicht voll verwirklicht haben." Letztlich hat der Papst damit sein ganzes Anliegen über Sinn und Zweck des Assisitreffens dargestellt. Im weiteren Verlauf der Rede nahm er eine überwiegend spirituell-theologische Reflexion des Friedensbegriffs mit verschiedenen biblischen Bezügen vor. Assisi I war ein weiterer Schritt Johannes Paul II. auf seinem unermüdlichen Weg, dem Dialog zwischen den Religionen ein konkretes Gesicht zu geben. Zugleich hoffte er auf die Kraft des Gebets und setzt –

bis in die Gegenwart – alles dafür ein. Bereits beim ersten Assisi-Treffen war den Religionsvertretern auch klar, was ein solche Zusammenkunft nicht leisten konnte: „Die Tatsache, dass wir hierher gekommen sind, beinhaltet nicht die Absicht, unter uns selbst einen religiösen Konsens zu suchen oder über unsere religiösen Überzeugungen zu verhandeln", so der Papst damals. Es gelte, die Herausforderung der Zeit anzunehmen: „Wahrer Friede oder katastrophaler Krieg?", die in der Verantwortung jeder Religion behandelt werden müsse. „Es gibt keinen Frieden ohne eine leidenschaftliche Liebe für den Frieden. Es gibt keinen Frieden ohne eine unnachgiebige Entschlossenheit, den Frieden auch zu erlangen", lautete die damals fast beschwörende Formel.

Die Tragweite von Assisi I war 1986 noch nicht abschätzbar, da das Bewusstsein eines vertieften Dialogs auch in Rom erst später wuchs. Johannes Paul II. war von den Ereignissen in Assisi so bewegt, dass er in verschiedenen Ansprachen immer wieder darauf einging, etwa in seiner Weihnachtsansprache an die römischen Kurienkardinäle am 22. Dezember 1986: „Dieses Ereignis scheint mir eine so große Tragweite zu haben, dass es uns schon selbst zu einer vertieften Reflexion einlädt, um seine Bedeutung im Licht des unmittelbar bevorstehenden Gedenkens an die Menschwerdung des Gottessohnes noch besser zu erhellen." Assisi war für den Papst ein Ansporn, „Konsequenzen" aus der Begegnung zu ziehen, Assisi sei eine „sichtbare Darstellung, eine Lehre von Tatsachen, eine allen verständliche Katechese", was der vom Zweiten Vatikanischen Konzil empfohlene und eingeleitete ökumenische Einsatz sowie der Dialog zwischen den Religionen voraussetzen und bedeuten, so der Papst.

Eine wesentliche Konkretisierung erfuhr Assisi I, als Johannes Paul II. die römische Basisgemeinschaft Sant'Egidio beauftragte, den Geist von Assisi weiter leben zu lassen und ein jährliches Friedenstreffen durchzuführen. Mittlerweile haben 17 dieser Treffen stattgefunden, zuletzt im September 2003 in Aachen. Tatsächlich ist es der Gemeinschaft Sant'Egidio gelungen, das Anliegen des Papstes nicht nur symbolisch und mit hochrangigen Religionsvertretern aufzugreifen; seit Mitte der 80er Jahren schaltet sie sich auch aktiv in verschiedene Friedensverhandlungen ein. Die Gemeinschaft Sant'Egidio, 1968 in der ersten nachkonziliaren Phase und während der Studentenrevolte gegründet, bemüht sich seit 35 Jahren durch die Verbindung von Gebet und gelebter Caritas um Gerechtigkeit und Frieden in der Welt. Andrea Riccardi, Geschichtsprofessor in Rom, ist der Gründer der Gemeinschaft. Der damalige Rektor des Päpstlichen Bibelinstituts, Pater Carlo Maria Martini, später Kardinal und Erzbischof von Mailand, unterstützte Riccardi in dessen Anliegen, Obdachlosen in Rom zu helfen, Kleiderkammern einzurichten und bei allem karitativen Engagement die spirituelle Formung nicht zu vergessen. In Deutschland wurde die Gemeinschaft Sant'Egidio 1983 gegründet, die kirchenrechtliche Anerkennung folgte drei Jahre später. Seit Assisi I verfolgt Sant'Egidio auch ein starkes politisches Engagement. Durch vielfältige, meist informelle Kontakte schaffte es die Gemeinschaft 1992, den Frieden zwischen den Bürgerkriegsparteien in Mosambik auszuhandeln. Manch anderem politischen Einsatz, wie in Algerien und dem Kosovo, war leider kein Erfolg beschieden. Dennoch kann das grundlegende Ziel der Gemeinschaft ein Vorbild für die Treffen von Religionsvertretern sein: Eine noch so gut gemeinte Diplomatie und jeder Friedensappell der Religionsführer sind nur soweit wirksam, wie sie an der Basis umgesetzt werden. Da solche politischen Appelle in vielen – beispielsweise arabischen – Ländern die Basis jedoch nicht erreichen, braucht es die Gemeinschaft Sant'Egidio, die mit weltweit 40.000 Mitgliedern versucht, den Geist von Assisi lebendig zu halten und zu verbreiten.

Während sich Assisi I auf eher reflektorisch-spiritueller Ebene mit dem Friedensbegriff auseinandersetzte, kam es beim zweiten Gebetstreffen in Assisi, zu dem der Papst für den 9. und 10. Januar 1993 einlud, zu einer wesentlichen Konkretisierung. Direkter Anlass für Assisi II waren die – teilweise aufgrund der religiösen Zugehörigkeit – ausufernden Konflikte auf dem Balkan. Auf Einladung Johannes Paul II. kamen zu diesem interreligiösen Friedensgipfel neben Vertretern der einzelnen Religionen des Balkans vorrangig die Beauftragten aller europäischen Bischofskonferenzen nach Assisi. In seiner ersten Ansprache erklärte der Papst die Vorgehensweise dieser Begegnung. Als Einstieg in den Tag und Vorbereitung habe man sich gedacht, „Zeugnisse von Personen anzuhören, die auf die eine oder andere Weise vom Krieg oder von den Gewalttaten betroffen sind, die Europa derzeit erschüttern. Aus diesem Grund haben wir eine ökumenische und eine interreligiöse Delegation aus den Balkanländern eingeladen, die die Zeichen des Leidens und der Sinnlosigkeit des Krieges, dieses Krieges und aller anderen, an sich tragen".

Während der nächtlichen Gebetswache erläuterte Johannes Paul II. den Zweck von Assisi II: „Alle Männer und Frauen in Europa, die für religiöse Werte aufgeschlossen sind, sollten gleichsam am eigenen Leib die Wunden des Krieges empfinden … Wir haben uns noch mehr davon überzeugt, dass diese Übel etwas sind, das auf unseren Schultern lastet und unsere Herzen bedrückt. Angesichts einer solchen Tragödie können wir nicht gleichgültig bleiben und die Augen verschließen." In seinen Ausführungen gegenüber den Vertretern der christlichen Konfessionen orientierte sich der Papst – ähnlich wie in Assisi I – an einer theologisch-biblischen Reflexion zum Friedensauftrag; in der Eucharistiefeier betonte er – allen Skeptikern eines solchen Treffens zum Trotz: „Christus betet mit uns".

Nicht immer ist Assisi II als eigentlicher Religionsgipfel in der Öffentlichkeit akzeptiert worden. Doch die intensive Annahme der päpstlichen Einladung sowie der dramaturgische und inhaltliche Aufbau der Feiern entsprachen so sehr Assisi I, dass man zu Recht von einem zweiten Treffen sprechen darf, das letztlich, wenn auch in aller Bescheidenheit, die Früchte der ersten Begegnung aufzugreifen suchte. Sieben Jahre nach Assisi I war der Januar 1993 die konsequente Fortsetzung des Anliegens Johannes Paul II., sichtbare Zeichen für Frieden und Versöhnung zu setzen. Welche andere Religion oder Konfession hat es geschafft, solche – auch öffentlichkeitswirksamen – Symbole zu vermitteln? In diesem Zusammenhang ist an die Bemühungen des Papstes zu erinnern, sich kontinuierlich zu Fragen des interreligiösen Dialogs zu äußern. Auf die einschlägigen Ansprachen vor dem Päpstlichen Rat für den interreligiösen Dialog wurde bereits in Kapitel 4 dieses Buches eingegangen.

Eine Zusammenfassung seiner Bemühungen war beispielsweise auch die gemeinsame Begegnung des Papstes mit den Religionsvertretern von Judentum und Islam während seiner Reise ins Heilige Land am 23. März 2000. Bei dieser Gelegenheit lud Johannes Paul II. die Religionen ein, sich gemeinsam um den Frieden in Jerusalem, der Stadt des Friedens, zu bemühen: „Vielleicht vermittelt keine andere Stätte der Welt diesen Sinn von Transzendenz und der göttlichen Auserwählung, die wir in den Steinen und Monumenten dieser Stadt erkennen, sowie im Zeugnis der drei Religionen, die innerhalb ihrer Mauern Seite an Seite leben. Nicht alles an diesem Miteinander war oder ist leicht. In unserer jeweiligen religiösen Tradition müssen wir aber die Weisheit und höhere Motivation finden, die den Erfolg von gegenseitigem Verständnis und freundschaftlicher Achtung gewährleisten.“ Die Religion, so der Papst, müsse sich wirklich auf Gott ausrichten, denn eine „aufrichtige Anbetung Gottes beinhaltet notwendigerweise die Sorge um unsere Mitmenschen. Als Mitglieder der einen Menschheitsfamilie und als Gottes geliebte Kinder haben wir Pflichten einander gegenüber, die wir – als Gläubige – nicht vernachlässigen dürfen“. Johannes Paul II. benannte aber auch

Grenzen der Religion, weil es nach christlicher Auffassung nicht die Aufgabe religiöser Führer sei, „technische Anleitungen zur Lösung sozialer, wirtschaftlicher und politischer Probleme vorzuschlagen. Ihr Auftrag besteht vor allem darin, die Glaubenswahrheiten und das rechte Verhalten zu lehren und den Menschen – einschließlich der Verantwortungsträger im öffentlichen Leben – zu helfen, sich ihrer Pflichten bewusst zu werden und sie zu erfüllen. Als Führer unserer jeweiligen Religionsgemeinschaften helfen wir den Menschen, ein ganzheitliches Leben zu führen und die vertikale Dimension ihres Verhältnisses zu Gott mit der horizontalen Dimension des Dienstes für den Nächsten in Einklang zu bringen." Mit Blick auf die „Goldene Regel" verlangte der Papst, „dass die Religion sich gegen jedwede Form von Ausgrenzung und Diskriminierung, von Hass und Rivalität, von Gewalt und Konflikten richtet. Religion ist keine Entschuldigung für Gewalt und darf auch nicht dazu werden, besonders wenn sich religiöse Identität mit kultureller und ethnischer Identität deckt. Religion und Frieden gehen Hand in Hand! Religiöse Überzeugung und Praxis können nicht von der Verteidigung des Abbilds Gottes in jedem Menschen getrennt werden. Wir müssen aus dem Reichtum unserer jeweiligen religiösen Tradition schöpfen und das Bewusstsein verbreiten, dass die Probleme der heutigen Zeit nicht gelöst werden können, wenn wir einander nicht kennen und von einander getrennt sind. Wir alle wissen um die Missverständnisse und Konflikte der Vergangenheit, die auch heute noch schwer auf den Beziehungen zwischen Juden, Christen und Muslimen lasten. Wir müssen alles tun, was in unseren Kräften liegt, damit sich das Bewusstsein der vergangenen Kränkungen und Sünden verwandelt in den festen Entschluss zum Aufbau einer neuen Zukunft, in der es zwischen uns nur noch respektvolle und fruchtbare Zusammenarbeit geben wird". Diese Form des Dialogs, so der Papst, sei nicht der Versuch, den anderen die eigene Meinung aufzuzwingen. Diese Rede zeigt auf exemplarische Weise, wie sehr es Johannes Paul II. um das Gespräch zwischen mehreren Religionen geht. Darin wird deutlich, dass die katholische Kirche – zumindest im Heiligen Land – nicht nur einen Dialog, sondern einen „Trialog“ führt.

Ein Beispiel für das respektvolle gegenseitige Hören ist wohl der so genannte „Alexandria-Prozess“, der an dieser Stelle erwähnt werden muss. Diese Initiative ging zwar nicht vom Papst aus, wohl aber hat sich die katholische Kirche, nicht zuletzt auf eindringliche Empfehlung Roms, an diesem Prozess beteiligt. Der Primas der Anglikanischen Kirchengemeinschaft und Erzbischof von Canterbury, George Carey, hatte im Jahr 2000 seinen Mitbruder Canon Andrew White zum Sonderbeauftragten für den Nahen Osten berufen. Im Sommer 2001 wurde White vom israelischen Außenministerium gebeten, herauszufinden, ob irgendetwas unternommen werden könne, die religiösen Führungen in Israel und Palästina in den fast zum Erliegen gekommenen Friedensprozess einzubeziehen. Nach einer Reihe von geheimen Treffen und der wichtigen Kontaktaufnahme zu Yassir Arafat und Ariel Scharon unter der Führung Ägyptens und Jordaniens, konnte für den Januar 2002 zu einem dreitägigen Treffen hoher monotheistischer Religionsführer in die ägyptische Hafenstadt Alexandria eingeladen werden. Zum Abschluss dieses Treffens, an dem unter anderem der Lateinische Patriarch von Jerusalem, Erzbischof Michel Sabbah, teilnahm, verabschiedeten die Gesprächspartner die so genannte „Alexandria-Erklärung“ und vereinbarten, ihre Bemühungen auf verschiedenen Ebenen fortzusetzen, so unter anderem auf dem Ökumenischen Kirchentag in Berlin am 30. Mai 2003. In der Alexandria-Erklärung vom 23. Januar 2002 betonen die Religionsvertreter ihren dringlichen Wunsch nach einem dauerhaften Frieden im Nahen Osten. Juden, Muslime und Christen schreiben gemeinsam: „Wir fühlen uns verpflichtet, die Gewalt und das Blutvergießen zu beenden, die den Menschen das Recht auf Leben und Würde nehmen … Die Gewalt im Heiligen Land ist ein Übel, dem sich alle widersetzen müssen." Der Großmufti der Al-Azhar-Universität und der Oberrabbiner von Jerusalem sowie Patriarchen und Erzbischöfe haben diesen Text unterschrieben und sich verpflichtet: „Als religiöse Oberhäupter geloben wir, das gemeinsame Streben nach einem gerechten Frieden fortzusetzen. Dieser soll zu einer Versöhnung in Jerusalem und im Heiligen Land führen, zum gemeinsamen Wohl aller unserer Völker." Vielleicht ist es nicht ganz angemessen, diese Initiative der anglikanischen Kirche in unmittelbare Nähe zu den Friedensbemühungen des Papstes zu rücken, wohl aber ist sie einer der wenigen Momente, die weltweit wahrgenommen und nicht vornehmlich von der katholischen Kirche angestoßen wurden.

Einen Tag nach der Alexandria-Erklärung fand am 24. Januar 2002 der von Friedensappellen und symbolischen Gesten geprägte dritte Religionsgipfel in Assisi statt. Über 250 Vertreter von Religionen aus aller Welt folgten der Einladung des Papstes. Sie alle einte eines: In manchen Situationen hilft nur noch das Gebet. Schon beim ersten Assisi-Gipfel 1986 hatte der Papst gemeint, „dass wahrer religiöser Glaube eine Quelle gegenseitigen Verständnisses und der Harmonie ist, und dass lediglich die Verkehrung religiöser Gefühle zu Diskriminierung und Konflikt führt". Seit dem 11. September 2001 scheint dieses Wort über Religionsgrenzen hinweg aktueller denn je zu sein. Das war der eine Grund, warum Assisi III jetzt noch hochkarätiger besetzt war als Assisi I und Assisi II. Gleichzeitig konnte Johannes Paul II. 16 Jahre nach Assisi I weitere Früchte seiner unermüdlichen Reisetätigkeit ernten. Viele seiner Besuche in der ganzen Welt haben ihm Sympathien und Freundschaften eingebracht. Großmuftis und Rabbiner, orthodoxe Kirchenführer und Spitzenpersönlichkeiten der aus der Reformation hervorgegangenen Kirchen des Westens waren deshalb am 24. Januar ebenso nach Assisi gekommen wie Delegationen von Hindus, Buddhisten, Schintoisten, Konfuzianern und Naturreligionen. In dieser Zusammensetzung bot das Treffen über den interreligiösen Dialog hinaus noch eine Chance: die des ökumenischen Gesprächs.

Im Friedenszug der Religionen ging es für den Papst und seine Gäste vom Vatikanischen Bahnhof aus nach Assisi. Das Gleisnetz war eigens erneuert worden, die Waggons der italienischen Eisenbahn auf Hochglanz geputzt. Die Medien waren diesem Ereignis sicher, das sich auch die italienische Regierung nicht entgehen ließ. Staatspräsident Carlo Azeglio Ciampi und Ministerpräsident Silvio Berlusconi begrüßten den Pilgerzug persönlich in der Stadt des heiligen Franziskus. Unter Hochdruck hatte der Vatikan kurz vor dem Treffen an Texten, Zeremoniell und Gesten gefeilt. Das Motto sollte alle Gäste vereinen: „Unser Schrei zu Gott für Frieden".

Bereits im Vorfeld hatte Kurienkardinal Walter Kasper, Präsident des Päpstlichen Rats für die Einheit der Christen, klar gemacht, dass es in Assisi keine synkretistischen Tendenzen gebe. Es werde kein gemeinsames Gebet aller Religionen gehalten, wohl aber gebe es Begegnungen und Gespräche untereinander. Zum eigentlichen Gebet werde sich – wie auch bei früheren Begegnungen – jede Religion in eine eigene Räumlichkeit zurückziehen. Neu war, dass alle Religionen Räume und Kapellen im Konvent von San Francesco benutzen konnten, wobei man jeweils auf die religiöse Tradition Rücksicht genommen und beispielsweise im Gebetsraum für die Muslime alle christlichen Symbole vorübergehend entfernt hatte. Johannes Paul II. hielt zu Beginn eine Grundsatzrede, in der er zu einer weltweiten Koalition für Frieden und Versöhnung aufrief. Alle seien als Friedens-Pilger nach Assisi gekommen, um so einen Beitrag zu leisten, „die Nebel des Terrorismus zu zerstreuen … Das Dunkel lässt sich nicht durch Waffen erhellen. Das Dunkel weicht nur, wenn man ein Licht entzündet". Die Welt brauche den Frieden heute mehr denn je, so der Papst. Realisieren lasse sich diese Vision jedoch nur, wenn Friede auf zwei Pfeilern gründe: auf dem Engagement für Gerechtigkeit und auf der Bereitschaft zur Versöhnung. Johannes Paul II. machte deutlich, dass das Gebet die Hoffnung auf den Frieden stärke. Aber er war sich auch bewusst: „Beten bedeutet nicht, der Geschichte und ihren Problemen auszuweichen. Im Gegenteil bedeutet es, die Wirklichkeit nicht allein, sondern mit der Kraft anzugehen, die von oben kommt, mit der Kraft der Wahrheit und der Liebe, deren letzte Quelle Gott selbst ist."

Die Organisatoren waren darauf bedacht, am Vormittag ein breit gefächertes Spektrum von Religionen zu Wort kommen zu lassen. Vertreter einzelner Gemeinschaften trugen ihre Sorge um den Frieden vor, allen voran das Ehrenoberhaupt der Weltorthodoxie und Patriarch von Konstantinopel, Bartholomaios I.: „Wir haben die Pflicht – vor allem jetzt, nach den horrenden Holocausts und der Abschlachtung von so vielen unschuldigen Opfern –, uns in erster Linie die geistigen, aber auch die wirtschaftlichen und anderen Voraussetzungen für den Frieden auf Erden bewusst zu machen. Diese Voraussetzungen sind: Gerechtigkeit; Achtung des heiligen Charakters der menschlichen Person unseres Nächsten, seiner Freiheit und Würde; Versöhnung; wohlwollende und selbstlose Einstellung gegenüber den Mitmenschen und gegenüber dem von Gott gewollten tugendhaften Leben." In der Botschaft des Anglikanischen Primas, George Carey, wurde der Auftrag an die Vereinten Nationen formuliert: „Die Rolle der Diplomatie muss gestärkt werden, um die dem Terrorismus und der Gewalt zugrunde liegenden Ursachen direkt angehen zu können. Die Zielsetzung diplomatischer Beziehungen ist in der gegenwärtigen Situation von größerer Bedeutung als die Schaffung eines Bündnisses für militärische Aktionen." Der buddhistische Vertreter, Geshe Tashi Tersing nannte einen persönlichen Auftrag: „So lange der Weltraum besteht, so lange es empfindungsfähige Wesen gibt, so lange möge auch ich bleiben und das Elend der Welt vertreiben." Aber auch politische Worte fehlten nicht, als die Botschaft des Großmuftis der Al-Azhar Universität von Kairo, Scheich Mohammed Sayed Tantawi, verlesen wurde: „Alle monotheistischen Religionen verkünden, dass der Mensch für Gesetz und Gerechtigkeit eintreten und den rechtmäßigen Anspruch des Eigentümers verteidigen muss. Gern nimmt der Großmufti der Al-Azhar Universität diese Gelegenheit wahr, um dem Vatikan für die lobenswerte Unterstützung des palästinensischen Volkes zu danken." Vielfältig waren also die Worte, die zeigten, dass Religionen gemeinsam über den Frieden nachdenken können – und dass sie fähig sind, gemeinsam an einem Tisch zu sitzen.

Kurz vor der Rückreise verpflichteten sich die Religionen in einer eigenen Erklärung zur Bewahrung und Sicherung des Friedens. Darin wurde die „Goldene Regel" zugrunde gelegt, nach der es heißt: „Was du von dem anderen erwartest, das tu auch für ihn." Gewalt und Terrorismus werden in der Erklärung ebenso verurteilt wie der Rückgriff auf Gewalt und Krieg im Namen Gottes. Es gehe darum, die Menschen zu gegenseitigem Respekt und Hochachtung zu erziehen. Vor allem wolle man das Gespräch auch in Zukunft suchen, so die Religionsvertreter: „Wir verpflichten uns zum aufrichtigen und geduldigen Dialog, nicht um aufzuspüren, wie sehr uns unüberwindbare Mauern trennen, sondern um im Gegenteil zu erkennen, dass die Begegnung mit einer anderen Realität zu besserem gegenseitigen Verständnis beitragen kann." Das könne nur gelingen, wenn die „Irrtümer und Vorurteile in Vergangenheit und Gegenwart" verziehen werden. Außerdem verpflichte man sich, „sich den Schrei derer zu Eigen zu machen, die nicht vor Gewalt und vor dem Bösen resignieren". Noch lange hallte der letzte Wunsch in den Straßen von Assisi wider, mit dem die Religionsführer ihre Erklärung schlossen: „Möge Gott unsere Vorschläge segnen und der Welt Gerechtigkeit und Frieden schenken." Die zehn Verpflichtungen der Erklärung beschloss der Papst mit wenigen Worten: „Nie wieder Gewalt! Nie wieder Krieg! Nie wieder Terrorismus! Im Namen

Gottes bringe jede Religion der Welt Gerechtigkeit und Frieden, Vergebung und Leben, Liebe!“

In der Dunkelheit setzte sich der Pilgerzug wieder Richtung Rom in Bewegung; dort fanden in den folgenden Tagen weitere interreligiöse Gespräche statt. Die Frage „Was bleibt?“ ist aktueller denn je. Jetzt sind die einzelnen Gäste aus Assisi und ihre Religionen aufgefordert, den vielen guten Worten von Assisi III Taten folgen zu lassen. Bei den positiven Resonanzen, die der Vatikan weltweit erfahren hat, erscheint die von Kurienkardinal Joseph Ratzinger von besonderem Interesse. Zunächst war spekuliert worden, ob er diesem Treffen bewusst fern bleiben wolle, weil er wenige Tage vor dem 24. Januar nicht auf der offiziellen Teilnehmerliste zu finden war. Kurzfristig kam er und betonte einen Monat später in der italienischen Monatszeitschrift „30 giorni“, dass die gemeinsame Bahnreise „ein Symbol der menschlichen Pilgerreise durch die Geschichte“ gewesen sei. In Assisi „habe man für einen Augenblick die Gegenwart der Kraft Gottes, der Kraft des Friedens erfahren“. Die Begegnung sei für ihn „Weg und Suche nach Frieden“ gewesen. Keine der Religionen habe versucht, sich profiliert in den Vordergrund zu stellen. Auch sei es nicht darum gegangen, eine – nicht existierende – Gleichheit der Religionen zu behaupten. Assisi, unterstrich Ratzinger, sei „ein glanzvolles Zeichen der Hoffnung“.

Auch im Jahr des silbernen Pontifikatsjubiläums gab es eine viel beachtete Friedensinitiative. Mit dem 17. Friedenstreffen der Gemeinschaft Sant'Egidio vom 7. bis 9. September 2003 in Aachen hat die interreligiöse Friedenssuche von Papst Johannes Paul II. einen weiteren wichtigen Höhepunkt erreicht. In seiner Botschaft an die in Aachen versammelten Religionsvertreter erinnerte der Papst an den 40. Jahrestag der Enzyklika Johannes XXIII., „Pacem in terris“. Dabei fasste Johannes Paul II. noch einmal zusammen, was ihn letztlich zum ersten Friedenstreffen von Assisi bewegt hatte, zu einer Zeit, da „die Welt noch in zwei Blöcke gespalten und von der Angst vor einem Nuklearkrieg bedrückt" war. „Als ich sah, wie drängend das Verlangen der Völker war, den Traum von einer Zukunft in Frieden und Wohlstand für alle fortzusetzen, habe ich die Anhänger der verschiedenen Weltreligionen eingeladen, sich im Gebet für den Frieden zu versammeln." Der Papst spricht von einem Traum, der in Assisi „konkrete und sichtbare Gestalt" angenommen habe, zugleich übt er scharfe Kritik an der „Entwicklung selbstsüchtiger Begehrlichkeiten für die Grenzen des eigenen Landes" und fragt: „Wann werden die Konflikte zum Ende kommen? Wann können die Völker endlich eine befriedete Welt erleben?" Johannes Paul II. blieb in der Botschaft nicht bei der Bestandsaufnahme stehen: „Wir wollen nicht akzeptieren, dass der Krieg das Leben auf der Welt und den Alltag der Völker beherrscht ... Darum stellen wir uns die Frage: Was ist zu tun? Und insbesondere: Was können die Gläubigen tun?" Das Friedensgebet in Aachen und die Begegnungen davor seien bereits eine konkrete Antwort auf diese Fragen, „ihre Früchte des Friedens sind sichtbar", konstatierte der Papst und fügte hinzu: „In einer geteilten Welt, die immer mehr auf Trennungen und Partikularismen zusteuert, herrscht dringender Bedarf an Einheit. Angehörige verschiedener Religionen und Kulturen sind aufgerufen, den Weg der Begegnung und des Dialogs zu entdecken. Einheit heißt nicht Uniformität. Den Frieden aber baut man nicht auf gegenseitiger Unkenntnis auf, sondern vielmehr auf dem Dialog und der Begegnung ... Die Welt braucht Frieden, viel Frieden ... Den Weg, den wir alle beschreiten können, ist der des Dialogs in der Liebe."

Dem heiligen Franziskus, der auf seinen Reisen sogar dem Sultan von Kairo begegnete, sagt man das Wort nach: „Herr, mach mich zu einem Werkzeug deines Friedens." Assisi war deshalb nicht nur ein Ort des Gebets und des Dialogs. Fast ist die Stadt zum Symbol für das einende Element aller Religionen geworden, nämlich den Frieden zu finden. In der Idylle des umbrischen Städtchens hat sich bewiesen, dass die These vom „Kampf der Kulturen“ nicht so eindeutig ist wie häufig vorgetragen. Von Assisi I bis Assisi III und mit allen interreligiösen Friedenstreffen „dazwischen“ ist deutlich geworden: Assisi hat der Welt vor und nach dem 11. September 2001 eine Botschaft mitgegeben: Frieden zwischen den Religionen ist möglich. Das war auch die einhellige Meinung im überwältigenden, weltweiten Presseecho. Selbst die größte deutsche Boulevardzeitung „Bild“ stellt in einem fiktiven Brief am „Tag eins“ nach Assisi III fest: „Lieber Heiliger Vater, Sie sind der unglaublichste Lokführer der Welt.“ Die lobenden Worte enden mit dem Wunsch, „Gute Fahrt für Ihren Wunderzug“.

27. Oktober 1986: Ansprache zu Beginn des Welttags der Religionen für den Frieden in der Basilika Santa Maria degli Angeli in Assisi

Die Auftaktansprache zum Friedenstreffen in Assisi war eine Standortbestimmung, die Papst Johannes Paul II. vornahm. Es gehe nicht um die Schaffung eines interreligiösen Konsenses, sondern man wolle das gemeinsame Friedenspotential, das Religionen innewohne, ausloten. Die Rede des Papstes war das vorsichtige Herantasten, wie viel religiösen Dialog er den Gesprächspartnern zumuten konnte. Sie unterscheidet sich von der Ansprache zum Auftakt von Assisi III, in der Johannes Paul II. wesentlich konkreter wurde.

Die Zusammenkunft so vieler religiöser Führer, um zu beten, ist in sich selbst heute eine Einladung an die Welt, sich dessen bewusst zu werden, dass es noch eine andere Dimension des Friedens und einen anderen Weg der Friedensförderung gibt, die nicht das Ergebnis von Verhandlungen, von politischen Kompromissen oder wirtschaftlichen Verträgen ist. Sie ist das Ergebnis von Gebet, das in der Verschiedenheit der Religionen eine Beziehung mit der höchsten Macht ausdrückt, welche unsere menschlichen Fähigkeiten allein übersteigt …

Die Tatsache, dass wir hierher gekommen sind, beinhaltet nicht die Absicht unter uns selbst einen religiösen Konsens zu suchen oder über unsere religiösen Überzeugungen zu verhandeln. Es bedeutet weder, dass die Religionen auf der Ebene einer gemeinsamen Verpflichtung gegenüber einem irdischen Projekt, das sie alle übersteigen würde, miteinander versöhnt werden könnten, noch ist es eine Konzession an einen Relativismus in religiösen Glaubensfragen, weil jedes menschliche Wesen ehrlich seinem rechtschaffenen Gewissen folgen muss mit der Absicht, die Wahrheit zu suchen und ihr zu gehorchen. Unsere Begegnung bezeugt nur – und das ist ihre wirkliche Bedeutung für die Menschen unserer Zeit –, dass die Menschheit in dem großen Kampf für den Frieden, gerade in ihrer Verschiedenheit, aus ihren tiefsten und lebendigsten Quellen schöpfen muss, von wo ihr Gewissen geformt wird und auf dem das sittliche Handeln der Menschen gründet.

Ich betrachte die heutige Versammlung als ein bedeutsames Zeichen für die Verpflichtung, mit der Sie alle sich der Sache des Friedens verbunden fühlen … Der Friede ist, wo es ihn gibt, äußerst zerbrechlich … Deshalb ist dieser Tag ein Tag, der dem Gebet und all dem gewidmet ist, was mit dem Gebet zusammen geht: Stille, Wallfahren und Fasten …

Die Religionen sind zahlreich und mannigfaltig. Sie spiegeln den Wunsch von Männern und Frauen durch die Jahrhunderte hindurch wider, mit dem absoluten Sein in Beziehung zu treten. Das Gebet verlangt die Bekehrung des Herzens unsererseits. Es bedeutet eine Vertiefung unseres Gespürs für die letzte Wirklichkeit. Das ist der eigentliche Grund für unser Zusammenkommen an diesem Ort …

27. Oktober 1986: Ansprache zum Abschluss des Weltgebetstags der Religionen für den Frieden vor der Franziskus-Basilika in Assisi

Papst Johannes Paul II. fasste in seiner abschließenden Ansprache das Denken und Fühlen aller Religionsvertreter über diesen besonderen Tag zusammen: Die Erstmaligkeit eines solchen Treffens in der Geschichte der Menschheit sei das, was hoffnungsvoll in die Zukunft blicken lasse. Gleichzeitig sprach der Papst ein Schuldbekenntnis für die Vergehen der katholischen Kirche. Gerade dieses Bekenntnis war der Auftakt zu einer Reihe von Schuldeingeständnissen, die diesen Papst und die Kirchengeschichte des zu Ende gehenden 20. Jahrhunderts geprägt haben.

Wenn es auch zwischen uns viele und bedeutsame Unterschiede gibt, so gibt es doch auch einen gemeinsamen Grund, von woher es zusammenzuarbeiten gilt für die Lösung dieser dramatischen Herausforderung unserer Zeit: wahrer Friede oder katastrophaler Krieg?

Ja, es gibt die Dimension des Gebets, die sogar in der tatsächlichen Verschiedenheit der Religionen eine Verbindung mit der Macht über allen menschlichen Kräften auszudrücken versucht. Der Friede hängt grundlegend von dieser Macht ab, die wir Gott nennen und die, wie die Christen glauben, sich selbst in Christus geoffenbart hat. Das ist der Sinn dieses Weltgebetstags. Zum ersten Mal in der Geschichte sind wir, christliche Kirchen und kirchliche Gemeinschaften und Weltreligionen, von überall her zusammengekommen an diesem heiligen, dem heiligen Franziskus geweihten Ort, um vor der Welt jeder entsprechend seiner eigenen Überzeugung vom transzendenten Wert des Friedens Zeugnis zu geben. Die Form und der Inhalt unserer Gebete sind sehr verschieden, wie wir gesehen haben, und es kann keine Frage sein, sie auf eine Art gemeinsamen Nenner zu reduzieren.

Dennoch haben wir in dieser tatsächlichen Verschiedenheit vielleicht neu entdeckt, dass es hinsichtlich des Friedensproblems und seiner Beziehung zur religiösen Verpflichtung etwas gibt, was uns miteinander verbindet … Das erste ist der innere Imperativ des moralischen Gewissens, das uns einschärft, menschliches Leben zu achten, zu schützen und zu fördern vom Mutterleib an bis zum Totenbett, für einzelne Menschen und Völker, besonders aber für den Schwachen, den Notleidenden, den Verlassenen: der Imperativ, Selbstsucht, Gier und den Geist der Rache zu überwinden. Die zweite Gemeinsamkeit ist die Überzeugung, dass der Friede die menschlichen Kräfte weit übersteigt, besonders in der gegenwärtigen Lage der Welt, und dass deshalb seine Quelle und Verwirklichung in jener Wirklichkeit zu suchen ist, die über uns allen ist …

Aber zur selben Zeit und im selben Atemzug bin ich bereit anzuerkennen, dass Katholiken nicht immer treu zu dieser Glaubensaussage gestanden haben. Wir sind nicht immer „Friedensstifter" gewesen. Deshalb ist für uns selbst, aber vielleicht auch in einem gewissen Sinn für alle diese Begegnung in Assisi ein Akt der Buße … Entweder lernen wir, in Frieden und Harmonie miteinander zu gehen, oder wir werden vom Wege abgetrieben und zerstören uns selbst und die anderen. Wir hoffen, dass die Pilgerreise nach Assisi uns erneut gelehrt hat, uns des gemeinsamen Ursprungs und des gemeinsamen Schicksals der Menschheit bewusst zu werden …

Dieser Tag in Assisi hat uns geholfen, uns unserer religiösen Verpflichtung mehr bewusst zu werden. Er hat aber auch die Welt, die durch die Medien auf uns geschaut hat, der Verantwortung jeder Religion für das Problem von Krieg und Frieden bewusster gemacht. Mehr vielleicht als je zuvor in der Geschichte ist die innere Verbindung zwischen einer aufrichtigen religiösen Haltung und dem großen Gut des Friedens allen deutlich geworden …

Es gibt keinen Frieden ohne eine leidenschaftliche Liebe für den Frieden. Es gibt keinen Frieden ohne eine unnachgiebige Entschlossenheit, den Frieden auch zu erlangen. Der Friede wartet auf seine Propheten … Der Friede wartet auf seine Erbauer … Der Friede ist eine Werkstatt, die allen offen steht, nicht nur Fachleuten, Gebildeten und Strategen. Der Friede ist eine universale Verantwortung …

Es ist lebenswichtig, den Frieden und die Mittel zu wählen, um ihn zu erhalten. Der Friede, der von so anfälliger Gesundheit ist, erfordert ständige und intensive Pflege. Auf diesem Pfad sollten wir sicheren und schnelleren Schrittes voranschreiten, denn zweifellos haben die Menschen niemals zuvor so viele Mittel wie heute gehabt, den wahren Frieden zu erbauen. Die Menschheit ist in eine Ära erhöhter Solidarität und größeren Hungers nach sozialer Gerechtigkeit eingetreten. Darin liegt unsere Chance. Es ist auch unsere Aufgabe, die das Gebet uns zu meistern hilft …

9. Januar 1993: Ansprache zur Eröffnung des Gebetstreffens für den Frieden in Europa in Assisi

Zum zweiten Assisi-Treffen machte Papst Johannes Paul II. noch einmal die Friedenssehnsucht der Menschen deutlich. Gleichzeitig unterstrich er das Faktum, dass bestehende Unterschiede zwischen den Religionen nicht einfach aufgelöst werden könnten. Das Gebet stellte er als das geeignete Mittel dar, in dem alle Religionen – über Grenzen hinweg – ihre Verantwortung für den Frieden in der Welt wahrnehmen könnten.

Angesichts dieser gemeinsamen Überzeugung, die sich für die hier vertretenen Religionen aus der eigenen religiösen Auffassung und einem klaren Verständnis für die Würde der menschlichen Person ergibt, muss uns das Schauspiel des Schreckens des Krieges auf dem Kontinent, zumal auf dem Balkan, unbedingt veranlassen, zum Gebet als jenem Mittel Zuflucht zu nehmen, das für den Glaubenden kennzeichnend ist. Hierin liegt unsere Stärke; dies ist unsere Waffe. Angesichts der tödlichen Zerstörungsmittel, angesichts der Gewaltanwendung und Grausamkeit bleibt uns nichts anderes als die Zuflucht zu Gott mit unseren Worten und unseren Herzen. Wir sind weder stark noch mächtig, doch wir wissen, dass Gott das Gebet derer nicht unbeantwortet lässt, die sich mit aufrichtigem Glauben an ihn wenden, zumal wenn das gegenwärtige und zukünftige Schicksal von Millionen von Personen auf dem Spiel steht …

Ich möchte hinzufügen, dass diese unsere Begegnung und die Gebete, die später an den verschiedenen Orten dieses heiligen Konvents folgen sollen, in sich selber ein lebendiges Zeugnis und gleichsam eine glückliche Vorwegnahme des Geschenkes sein wollen, um das wir für unsere Schwestern und Brüder in Europa und in der übrigen Welt bitten möchten.

Ein jeder von uns ist von der Treue zur eigenen religiösen Tradition getrieben hergekommen, zugleich aber in dem Bewusstsein und in der Achtung vor der Überlieferung anderer, denn wir sind zum gleichen Zeitpunkt hergekommen, nämlich um für den Frieden zu beten und zu fasten.

Unter uns herrscht Frieden. Ein jeder nimmt den anderen an, wie er ist, achtet ihn als Bruder und Schwester im gemeinsamen Menschsein und in den persönlichen Überzeugungen. Die Unterschiede, die uns trennen, bleiben. Der wesentliche Punkt und der Sinn dieser Begegnung und der Gebete, die später folgen werden, liegen aber darin: allen sichtbar zu machen, dass das Geheimnis einer am Ende versöhnten Menschheit und eines seiner wahren Berufung würdigen Europas nur in der gegenseitigen Annahme des anderen und in der daraus folgenden gegenseitigen Achtung zu finden ist, die von der Liebe noch vertieft wird. Den Kriegen und Konflikten wollen wir demütig, aber auch nachdrücklich das Bild unserer Eintracht in Achtung vor Identität jedes einzelnen entgegenstellen …

10. Januar 1993: Ansprache beim Angelus-Gebet zum Abschluss des Gebetstags für den Frieden in Europa in Assisi

Seine Worte zum Abschluss des zweiten Assisi-Treffens wählte Papst Johannes Paul II. so, dass er noch einmal den Schutz aller Menschen forderte und die Welt dazu aufrief, ein Ende zu finden, den „traurigen Preis des Krieges zu zahlen“. Auch wenn in Assisi keine Lösungs-

möglichkeiten für den Balkankonflikt aufgezeigt werden konnten, galten Begegnung und Reden als stille Zeichen der Hoffnung.

Tatsächlich hat der Appell, den ich zusammen mit Vertretern der europäischen Episkopate am 1. Dezember formulierte, einstimmige und hochherzige Antwort in der katholischen Kirche gefunden und auch bei euch in den anderen christlichen Kirchen und Gemeinschaften wie auch bei den Vertretern des Judentums und des Islams. Das ist ein klares Zeichen dafür, dass das Gewissen der für religiöse Werte empfänglichen Frauen und Männer und aller, die nach dem Wohl der Menschheit trachten, immer wacher wird für die Probleme des leidenden Menschen, der Opfer von Konflikten ist, von denen er weder Grund noch Zweck versteht. In allen schärft sich der Sinn für den Einsatz zur Beendigung jeden Krieges und für einen Frieden, der auf Gerechtigkeit und Versöhnung untereinander gegründet ist …

Dieses Treffen war besonders dem Gebet für den Frieden in Europa gewidmet, unter besonderer Berücksichtigung der schwierigen Lage der Bevölkerung auf dem Balkan. Wir haben diese Begegnung gemeinsam erlebt. Mit uns verbunden waren die Teilkirchen des gesamten europäischen Kontinents. Unser gemeinsames Ziel war, unsere ständige Sorge für alle Menschen, die durch die Verhärtung und Blindheit der Herzen anderer leiden, zu bekunden und fruchtbar zu machen: die Sorge für alle – Kinder, Frauen, Männer, Alte, wehrlose Bürger, Einzelpersonen und Völker –, die gezwungen sind, den traurigen Preis des Krieges zu zahlen, den sie nicht gewollt, aber erlitten haben.

Unser Einsatz soll tatkräftig sein und konkrete Gestalt im eifrigen und ständigen Gebet annehmen, dem eine uneigennützige humanitäre Hilfsaktion folgen muss. Wir wollen uns auch dazu verpflichten, die Kultur des Friedens zu fördern durch tägliche Gesten der Achtung vor den Rechten der anderen und durch ein geduldiges Mitwirken an der Versöhnung …

24. Januar 2002: Ansprache beim Gebetstreffen für den Frieden in der Welt in Assisi

Die zentrale Rede von Papst Johannes Paul II. zum dritten Assisi-Treffen knüpfte an seine Ansprache an, die er am 8. Dezember 2001 in Rom gehalten hatte. Drei Monate nach dem 11. September erinnerte er dort an die finsteren Wolken am Horizont, die den Weltfrieden gefährdeten. Auf diese Wolken ging er jetzt in Assisi ebenso ein, wie er die Verpflichtung der Weltreligionen zum Frieden noch eindringlicher formulierte als jemals zuvor im Pontifikat. Seine zentrale Aussage hieß: „Die Religionen dienen dem Frieden.“

Wir wollen unseren Beitrag dazu leisten, dass die Wolken des Terrorismus, des Hasses, der bewaffneten Konflikte vertrieben werden, denn in den vergangenen Monaten haben sich die Wolken am Horizont der Menschheit besonders verdichtet. Deshalb wollen wir aufeinander hören, weil das schon ein Zeichen des Friedens ist, das fühlen wir. Darin liegt ja schon eine Antwort auf die besorgten Fragen, die uns beunruhigen. Das dient bereits dazu, die Nebel des Misstrauens und Unverständnisses zu lichten. Die Finsternis kann nicht mit Waffen aufgehellt werden; die Finsternis weicht, wenn Lichter angezündet werden. Hass wird nur durch Liebe besiegt …

Wir haben uns hier in Assisi eingefunden, wo alles von einem einzigartigen Propheten des Friedens Zeugnis gibt, der Franziskus genannt wird. Er wird nicht nur von den Christen, sondern auch von vielen Andersgläubigen geliebt, von Menschen, die der Religion fern stehen, aber sich zu seinen Idealen der Gerechtigkeit, der Versöhnung und des Friedens bekennen …

Im Lauf der Geschichte gab und gibt es Männer und Frauen, die sich gerade aufgrund ihres Glaubens als Zeugen des Friedens auszeichneten. Durch ihr Beispiel lehren sie uns, dass es möglich ist, zwischen Einzelnen und zwischen Völkern Brücken zu bauen, um einander zu begegnen und zusammen den Weg des Friedens zu gehen. Wir wollen auf sie schauen und uns von ihnen inspirieren lassen für unseren Einsatz im Dienst an der Menschheit. Sie ermutigen uns in der Hoffnung, dass es auch in dem soeben begonnenen neuen Jahrtausend nicht an Männern und Frauen des Friedens fehlen wird, die imstande sind, das Licht der Liebe und der Hoffnung in die Welt auszustrahlen.

Der Friede! Die Menschheit braucht immer den Frieden, aber heute braucht sie ihn mehr denn je, das heißt nach den tragischen Ereignissen, die ihr Vertrauen erschüttert haben und die Welt durch die fortdauernden Brandherde und leidvollen Konflikte in Angst versetzen. In der Botschaft vom 1. Januar des Jahres habe ich besonders zwei Stützpfeiler hervorgehoben, auf denen der Frieden gründet: den Einsatz für die Gerechtigkeit und die Bereitschaft zur Vergebung. An erster Stelle die Gerechtigkeit, denn es gibt keinen wahren Frieden ohne die Achtung der Würde der Personen und der Völker, der Rechte und der Pflichten eines jeden und der gleichen Verteilung von Wohltaten und Lasten zwischen den Einzelnen und der Gesamtheit. Nicht zu vergessen ist, dass den Akten von Gewalt und Terrorismus oft Situationen von Unterdrückung und Ausgrenzung zugrunde liegen. Und dann auch die Vergebung, weil die menschliche Gerechtigkeit der Brüchigkeit und den Grenzen der Egoismen von Einzelpersonen und Gruppen ausgesetzt ist. Nur die Vergebung heilt die Wunden der Herzen und stellt die gestörten menschlichen Beziehungen im Innern wieder her.

Erforderlich sind Demut und Starkmut, um in dieser Richtung fortzuschreiten. Der Kontext der heutigen Begegnung, das heißt des Dialogs mit Gott, bietet uns die Gelegenheit, zu bekräftigen, dass wir in Gott die herausragende Vereinigung der Gerechtigkeit und Barmherzigkeit finden. Er ist sich selbst und dem Menschen in höchstem Maß treu, auch wenn sich der Mensch von Ihm entfernt. Die Religionen dienen deshalb dem Frieden. Sie und vor allem ihre Führer haben die Aufgabe, in den Menschen unserer Zeit ein neues Bewusstsein zu wecken hinsichtlich der Dringlichkeit, den Frieden aufzubauen.

Das haben die Teilnehmer der Interreligiösen Konferenz anerkannt, die im Oktober 1999 im Vatikan stattfand; sie bekräftigten, dass die religiösen Traditionen die notwendigen Fähigkeiten besitzen, um die Spaltungen zu überwinden und die gegenseitige Freundschaft und Achtung unter den Völkern zu fördern. Bei dieser Gelegenheit wurde auch anerkannt, dass die tragischen Konflikte oft aus der unrechten Verbindung der Religion mit nationalistischen, politischen, wirtschaftlichen oder anderen Interessen erwachsen. Wir, die hier versammelt sind, bekräftigen noch einmal, dass derjenige, der die Religion dazu benützt, um die Gewalt zu schüren, ihrem eigentlichen inneren Antrieb widerspricht. Darum ist es unsere Pflicht, dass die Personen und religiösen Gemeinschaften der Gewalt, jeder Form von Gewalt, eine ganz klare und radikale Absage erteilen, angefangen von der Gewalt, die den Anspruch erhebt, sich als Religiosität zu bemänteln, indem sie sogar den heiligen Namen Gottes anruft, um den Menschen zu beleidigen. Die Beleidigung des Menschen ist letztlich eine Beleidigung Gottes. Niemals kann eine religiöse Zielsetzung die Gewaltanwendung des Menschen gegen den Menschen rechtfertigen ...

Wenn der Friede ein Geschenk Gottes ist und in ihm seinen Ursprung hat, wo könnten wir ihn suchen, und wie könnten wir ihn bauen, wenn nicht in einer engen und tiefen Beziehung zu Ihm? Den Frieden in der Ordnung, Gerechtigkeit und Freiheit aufzubauen, erfordert deshalb an erster Stelle das Bemühen des Gebets, das Offenheit, Hören, Dialog und zuletzt Vereinigung mit Gott ist, dem eigentlichen Ursprung des wahren Friedens. Beten heißt nicht, vor der Geschichte und den Fragen, die sie aufwirft, zu fliehen. Im Gegenteil, es bedeutet die Entscheidung, die Wirklichkeit nicht allein, sondern mit der Kraft, die von oben kommt, mit der Kraft der Wahrheit und der Liebe, anzugehen, deren ursprüngliche Quelle in Gott ist. Der religiöse Mensch weiß, dass er angesichts der Nachstellungen des Bösen auf Gott, den absoluten Willen zum Guten, zählen kann; er weiß, dass er ihn um den Starkmut bitten kann, die Schwierigkeiten zu überwinden, auch die härtesten, mit persönlicher Verantwortlichkeit und ohne in Fatalismus oder impulsive Reaktionen zu fallen.

Brüder und Schwestern, die ihr aus so vielen Teilen der Welt hierher gekommen seid! In Kürze begeben wir uns an die vorbereiteten Plätze, um von Gott das Geschenk des Friedens, der rechten Beziehungen zu Gott und zwischen uns zu erkennen. Bitten wir Gott, unsere Herzen zu öffnen für die Wahrheit über ihn und über den Menschen. Das Ziel ist eines, und das Anliegen ist das gleiche, aber wir werden in unterschiedlichen Formen beten und die religiösen Traditionen der anderen achten. Auch das ist im Grunde genommen eine Botschaft: Wir wollen der Welt zeigen, dass der aufrichtige Gebetsimpuls nicht zur Gegenüberstellung und noch weniger zur Verachtung des andern antreibt, sondern zum konstruktiven Dialog, in dem jeder, ohne in irgendeiner Weise dem Relativismus oder Synkretismus nachzugeben, sich noch stärker der Pflicht der Zeugenschaft und Verkündigung bewusst wird. Es ist Zeit, diese Versuchungen zur Anfeindung, an denen es auch in der Religionsgeschichte der Menschheit nicht gefehlt hat, entschlossen zu überwinden. Wenn sie sich auf die Religion berufen, zeigen sie in Wirklichkeit eine sehr unreife Seite von ihr. Denn das ehrliche religiöse Empfinden leitet dazu an, in irgendeiner Weise das Geheimnis Gottes zu spüren, jenes Ursprungs der Güte, und das ist eine Quelle der Achtung und des Verstehens zwischen den Völkern: Genau darin liegt das wichtigste Gegenmittel gegen Gewalt und Konflikte … Schreitet der Zukunft entgegen, und haltet die Fackel des Friedens hoch. Die Welt verlangt nach diesem Licht.

24. Januar 2002: Gemeinsame Verpflichtung für den Frieden

Zum Abschluss des von Papst Johannes Paul II. initiierten dritten interreligiösen Friedensgipfels von Assisi haben die Vertreter von zwölf Religionen und 31 christlichen Kirchen und Gemeinschaften eine gemeinsame Erklärung verabschiedet. Sie schließt die vorliegende Dokumentation des Buches über das Verhältnis von Papst Johannes Paul II. zu den Religionen der Welt ab, denn diese Erklärung beinhaltet viele Impulse, die vom Papst selbst im Lauf des Pontifikats forciert wurden. Nachdem die Erklärung in Assisi verlesen wurde, fügte Johannes Paul II. wenige persönliche Sätze in der Öffentlichkeit hinzu, die hier ebenfalls dokumentiert werden. Sie brauchen keinen Kommentar. Die Erklärung und der Zusatz des Papstes sprechen für sich: Sie reflektieren ein ganzes Pontifikat und stellen gewissermaßen das Erbe Johannes Paul II. dar.

Hier in Assisi versammelt, haben wir gemeinsam über den Frieden reflektiert, der Geschenk Gottes und Gut der gesamten Menschheit ist. Auch wenn wir unterschiedlichen religiösen Traditionen angehören, bekräftigen wir, dass es zum Aufbau des Friedens nötig ist, den Nächsten zu lieben und die „Goldene Regel" zu beachten: „Tu dem anderen das, was du willst, das dir getan wird." In dieser Überzeugung werden wir nicht müde, in der großen Baustelle des Friedens zu arbeiten und halten fest:

1. Wir verpflichten uns, unsere feste Überzeugung zu proklamieren, dass Gewalt und Terrorismus im Kontrast zu einem echten religiösen Geist stehen. Wir verurteilen jeden Rückgriff auf Gewalt und Krieg im Namen Gottes oder der Religion und verpflichten uns, alles Mögliche zu tun, um die Ursachen des Terrorismus auszumerzen.

2. Wir verpflichten uns, die Menschen zu gegenseitigem Respekt und gegenseitiger Hochachtung zu erziehen, damit sich ein friedliches und solidarisches Zusammenleben zwischen den Angehörigen unterschiedlicher Ethnien, Kulturen und Religionen realisieren lässt.

3. Wir verpflichten uns, die Kultur des Dialogs zu fördern, damit gegenseitiges Verständnis und Vertrauen zwischen den Einzelnen und Völkern wachsen, die Voraussetzung für einen echten Frieden sind.

4. Wir verpflichten uns, das Recht jeder menschlichen Person auf ein würdiges Leben gemäß seiner eigenen kulturellen Identität zu verteidigen – und auf die freie Gründung einer eigenen Familie.

5. Wir verpflichten uns zum aufrichtigen und geduldigen Dialog, nicht um aufzuspüren, wie sehr uns unüberwindbare Mauern trennen, sondern um im Gegenteil zu erkennen, dass die Begegnung mit einer anderen Realität zu besserem gegenseitigen Verständnis beitragen kann.

6. Wir verpflichten uns, uns gegenseitig die Irrtümer und Vorurteile in Vergangenheit und Gegenwart zu verzeihen. Wir müssen uns im gemeinsamen Bemühen unterstützen, Egoismus und Missbrauch, Hass und Gewalt zu besiegen, und aus der Vergangenheit zu lernen, dass Friede ohne Gerechtigkeit kein echter Friede ist.

7. Wir verpflichten uns, an der Seite der Leidenden und Verlassenen zu stehen und uns zur Stimme derer zu machen, die selbst keine Stimme haben. Wir müssen konkret an der Überwindung solcher Situationen mitwirken, in der Überzeugung, dass niemand allein glücklich sein kann.

8. Wir verpflichten uns, uns den Schrei derer zu Eigen zu machen, die nicht vor Gewalt und vor dem Bösen resignieren. Wir wollen mit all unseren Kräften dazu beitragen, der Menschheit unserer Zeit eine echte Hoffnung auf Gerechtigkeit und Frieden zu geben.

9. Wir verpflichten uns, jede Initiative zu ermutigen, die Freundschaft zwischen den Völkern fördert, in der Überzeugung, dass technologischer Fortschritt ein steigendes Risiko von Zerstörung und Tod für die Welt einschließt, wenn solidarisches Einverständnis unter den Völkern fehlt.

10. Wir verpflichten uns, die Verantwortlichen der Nationen aufzufordern, alle Anstrengungen zu unternehmen – auf nationaler wie auf internationaler Ebene –, dass eine Welt in Solidarität und Frieden erbaut und gefestigt wird – auf der Grundlage von Gerechtigkeit.

Wir, Angehörige unterschiedlicher religiöser Traditionen, werden nicht müde, zu proklamieren, dass Frieden und Gerechtigkeit nicht voneinander zu trennen sind, und dass Frieden in Gerechtigkeit der einzige Weg ist, auf dem die Menschheit in eine Zukunft der Hoffnung gehen kann. Wir sind überzeugt, dass in einer Welt mit immer offeneren Grenzen und immer kürzeren Entfernungen, in der die Beziehungen durch ein dichtes Netz der Kommunikation immer leichter werden, Sicherheit, Freiheit und Frieden nicht durch Gewalt, sondern nur durch gegenseitiges Vertrauen garantiert werden können.

Möge Gott unsere Vorschläge segnen und der Welt Gerechtigkeit und Frieden schenken.

Und der Papst fügte persönlich hinzu:

Nie wieder Gewalt! Nie wieder Krieg! Nie wieder Terrorismus! Im Namen Gottes bringe jede Religion der Welt Gerechtigkeit und Frieden, Vergebung und Leben, Liebe!

Aus dem Programm des Verlags Neue Stadt

GOTT STEHT AUF DER SEITE DES MENSCHEN
Hundert Worte von Johannes Paul II.

Ein schön gestalteter Band mit prägnanten Worten und Kurztexten des Papstes, die einen Querschnitt durch sein Denken geben.
Herausgegeben von Gudrun Griesmayr und Stefan Liesenfeld.

112 Seiten, gebunden, ISBN 3-87996-576-5

Francis Arinze
BEGEGNUNG MIT MENSCHEN ANDEREN GLAUBENS
Den interreligiösen Dialog verstehen und gestalten

Kardinal Arinze, langjähriger Präsident des Päpstlichen Rates für den interreligiösen Dialog, geht auf oft gestellte Fragen ein:
Ist Dialog möglich und sinnvoll?
Welche Risiken, welche Chancen bietet er?
Wie steht die Kirche zur Vielheit der Religionen und zum Dialog?

104 Seiten, gebunden, ISBN 3-87996-399-1